PONS

Kleines Fachwörterbuch Wirtschaft

Englisch – Deutsch
Deutsch – Englisch

von
Peter Collin
Sigrid Janssen
Anke Kornmüller
Rupert Livesey

W0274730

Ernst Klett Verlag
Stuttgart · Düsseldorf · Leipzig

PONS **Kleines Fachwörterbuch Englisch-Deutsch / Deutsch-Englisch**

von/by P. H. Collin, Sigrid Janssen, Anke Kornmüller, Rupert Livesey

unter Mitwirkung der Verlagsredaktion Wörterbücher

Originalausgabe erschienen bei Peter Collin Publishing Ltd, 1995

Warenzeichen

Wörter, die unseres Wissens eingetragene Warenzeichen darstellen, sind als solche gekennzeichnet. Es ist jedoch zu beachten, daß weder das Vorhandensein noch das Fehlen derartiger Kennzeichnungen die Rechtslage hinsichtlich eingetragener Warenzeichen berührt.

1. Auflage 1996 - Nachdruck 1999
© Copyright Peter Collin Publishing Ltd 1995
© Copyright dieser Ausgabe Ernst Klett Verlag GmbH, Stuttgart 1996
Internetadresse: http://www.pons.de
Alle Rechte vorbehalten

Einbandentwurf: Ira Häußler, Stuttgart; Erwin Poell, Heidelberg
Cover Illustration: Gary Weston
Druck: Gotha Druck GmbH, Wechmar
Printed in Germany
ISBN 3-12-517935-1

Vorwort

Dieses Glossar ist für alle Geschäftsleute oder Reisende geeignet, die mit einer Fremdsprache geschäftlich zu tun haben. Es enthält über 5.500 der wesentlichsten Wirtschaftstermini mit klaren, präzisen Übersetzungen.

Hinweise zur Benutzung des Glossars

Das PONS Kleines Fachwörterbuch Wirtschaft ist in zwei Teile gegliedert. Der erste Teil führt englische Ausdrücke mit deutschen Übersetzungen auf; der zweite Teil enthlt deutsche Ausdrücke mit den entsprechenden englischen Übersetzungen.

Im Glossar werden die folgenden Abkrzungen verwendet:

adj	Adjektiv	adjective
adv	Adverb	adverb
f	Femininum	feminine
fpl	feminin Plural	feminine plural
jdm	jemandem	
m	Maskulinum	masculine
mf	Maskulinum und Femininum	masculine and feminine
mn	Maskulinum oder Neutrum	masculine or neuter
mpl	maskulin Plural	masculine plural
n	Neutrum; Substantiv, Hauptwort	neuter; noun
npl	Neutrum Plural	neuter plural
pl	Plural	plural
v	Verb	

Preface

This glossary is for any business person or traveller who needs to deal with a foreign business language. It contains over 5,500 essential business terms with clear and accurate translations.

How to use this glossary

The PONS Kleines Fachwörterbuch Wirtschaft is arranged in two main sections. The first lists English terms with a German translation, the second half lists German terms with the equivalent English translation.

Throughout the Business Glossary we have used a number of abbreviations:

adj	Adjektiv	adjective
adv	Adverb	adverb
f	Femininum	feminine
fpl	feminin Plural	feminine plural
jdm	jemandem	
m	Maskulinum	masculine
mf	Maskulinum und Femininum	masculine and feminine
mn	Maskulinum oder Neutrum	masculine or neuter
mpl	maskulin Plural	masculine plural
n	Neutrum; Substantiv, Hauptwort	neuter; noun
npl	Neutrum Plural	neuter plural
pl	Plural	plural
v	Verb	verb

English-German
Englisch-Deutsch

Aa

A1 1A *od* erstklassig

abandon aufgeben

abandon an action eine Klage zurückziehen

abatement Senkung (f) *od* Kürzung (f)

abroad ins *od* im Ausland

absence Abwesenheit (f)

absent abwesend

absolute monopoly absolutes *od* unbeschränktes Monopol

accelerated depreciation beschleunigte Abschreibung *od* Sonderabschreibung (f)

accept (v) *[agree]* annehmen *od* akzeptieren

accept (v) *[take something]* annehmen *od* akzeptieren

accept a bill einen Wechsel akzeptieren

accept delivery of a shipment eine Warensendung abnehmen

accept liability for something für etwas Haftung übernehmen

acceptable akzeptabel

acceptance Annahme (f)

acceptance of an offer Annahme (f) eines Angebotes

acceptance sampling Abnahmekontrolle (f) mittels Stichproben

acceptance sampling Abnahmekontrolle (f) mittels Stichproben

accommodation address Briefkastenadresse (f)

accommodation bill Gefälligkeitswechsel (m)

according to laut *od* gemäß

account Konto (n) *od* Rechnung (f)

account executive Kundenbetreuer/-in

account for Rechenschaft (f) ablegen *od* sich verantworten

account in credit Konto (n) mit Habensaldo

account on stop gesperrtes Konto

account: on account als Anzahlung

accountant Fachmann/Fachfrau des Rechnungswesens

accounting Buchhaltung (f); Rechnungswesen (n)

accounts department Buchhaltung (f)

accounts payable Verbindlichkeiten (fpl); Kreditoren (mpl)

accounts receivable Außenstände (mpl); Debitoren (mpl)

accrual Auflaufen (n) *od* Zuwachs (m)

accrual of interest Zinsthesaurierung (f) *od* Zinszuwachs (m)

accrual of interest Zinsthesaurierung (f) *od* Zinszuwachs (m)

accrue auflaufen *od* anwachsen

accrued interest aufgelaufene Zinsen (mpl)

accumulate akkumulieren *od* anhäufen

accurate genau *od* fehlerfrei

acknowledge receipt of a letter den Empfang eines Schreibens bestätigen

acknowledgement Empfangsbestätigung (f)

acquire a company ein Unternehmen übernehmen

acquisition Erwerb (m); Übernahme (f)

across-the-board allgemein *od* generell

act (v) *[do something]* handeln

act (v) *[work]* fungieren *od* handeln

act of God höhere Gewalt

acting stellvertretend

acting manager stellvertretende(r) Leiter/-in

action *[lawsuit]* Klage (f) *od* Prozeß (m)

action *[thing done]* Handlung (f) *od* Vorgehen (n)

action for damages Schadenersatzklage (f)

actual tatsächlich *od* effektiv

actuals Ist-Zahlen (fpl)

actuarial tables versicherungsstatistische Tabellen (fpl)

actuary Versicherungsmathematiker/-in

ad valorem dem Wert nach

ad valorem tax Wertsteuer (f)

add hinzufügen

add on 10% for service 10% für Bedienung aufschlagen

add up a column of figures eine Zahlenkolonne addieren

addition *[calculation]* Addition (f)

addition *[thing added]* Ergänzung (f) *od* Zusatz (m)

additional zusätzlich

additional charges Aufpreis (m)

additional premium Beitragszuschlag (m) *od* Prämienzuschlag (m)

address (n) Adresse (f) *od* Anschrift (f)

address (v) adressieren *od* richten an

address a letter *or* **a parcel** einen Brief *od* ein Paket adressieren

address label Adressenaufkleber (m) *od* Adressenanhänger (m)

address list Adressenliste (f)

addressee Adressat/-in; Empfänger/-in

adequate adäquat *od* angemessen

adjourn vertagen

adjourn a meeting eine Konferenz vertagen

adjudicate in a dispute Schiedsrichter/-in in einem Disput sein

adjudication Beschluß (m); Gerichtsentscheidung (f)

adjudication tribunal Schlichtungskommission (f)

adjudicator Schlichter/-in; Schiedsrichter/-in

adjust angleichen; korrigieren

adjustment Angleichung (f); Korrektur (f)

administration Verwaltung (f)

administrative verwaltungstechnisch *od* Verwaltungs-

administrative expenses Verwaltungskosten (pl)

admission Eintritt (m) *od* Zutritt (m)

admission charge Eintritt (m) *od* Eintrittsgeld (n)

admit *[confess]* zugeben *od* eingestehen

admit *[let in]* Zutritt (m) gewähren; aufnehmen

advance (adj) im voraus *od* vorab

advance (n) *[increase]* Fortschritt (m); Erhöhung (f)

advance (n) *[loan]* Vorschuß (m); Darlehen (n)

advance (v) *[increase]* steigen *od* anziehen

advance (v) *[lend]* vorschießen; leihen

advance booking Vorbestellung (f); Vorverkauf (m)

advance on account Kontokorrentkredit (m); Überziehungskredit (m)

advance payment Vorauszahlung (f); Vorschußzahlung (f)

advertise inserieren *od* werben

advertise a new product Werbung für ein neues Produkt machen

advertise a vacancy ein Stellenangebot inserieren *od* ausschreiben

advertisement Anzeige (f) *od* Werbung (f)

advertiser Inserent (m); Anzeigenkunde (m)

advertising Werbebranche (f) *od* Werbung (f)

advertising agency Werbeagentur (f)

advertising budget Werbeetat (m)

advertising campaign Werbekampagne (f)

advertising manager Werbeleiter/-in

advertising rates Anzeigenkosten (pl); Werbetarif (m)

advertising space Werbefläche (f); Anzeigenraum (m)

advice note Versandanzeige (f) *od* Avis (m *od* n)

advise *[tell what happened]* in Kenntnis (f) setzen *od* informieren

advise *[what should be done]* raten *od* empfehlen

adviser *or* **advisor** Berater/-in; Ratgeber/-in

affidavit eidesstattliche Versicherung

affiliated angeschlossen *od* Schwester-

affirmative bejahend *od* zustimmend

afford sich leisten (können); aufbringen

after-sales service Kundendienst (m)

after-tax profit Gewinn (m) nach Steuern

agency Vertretung (f) *od* Agentur (f)

agenda Tagesordnung (f) *od* Programm (n)

agent *[representative]* Vertreter/-in

agent *[working in an agency]* Makler/-in *od* Agent/-in

AGM (= annual general meeting) ordentliche Jahreshauptversammlung

agree *[accept]* vereinbaren *od* sich einverstanden erklären

agree *[approve]* zustimmen *od* akzeptieren

agree *[be same as]* übereinstimmen

agree to do something sich einverstanden erklären, etwas zu tun

agree with *[be same as]* übereinstimmen mit

agree with *[of same opinion]* übereinstimmen mit

agreed vereinbart *od* abgemacht

agreed price vereinbarter Preis

agreement Vereinbarung (f) *od* Abkommen (n) *od* Vertrag (m)

agricultural landwirtschaftlich *od* Agrar-

aim (n) Ziel (n) *od* Bestrebung (f)

aim (v) streben nach

air Luft

air freight Luftfracht (f)

air freight charges *or* **rates** Luftfrachtkosten (pl)

air letter Luftpostbrief (m)

air terminal Terminal (m) *od* Abfertigungsgebäude (n) in der Innenstadt

airfreight (v) als Luftfracht befördern

airline Fluggesellschaft (f)

airmail (n) Luftpost (f)

airmail (v) per Luftpost schicken

airmail sticker Luftpostaufkleber (m)

airport Flughafen (m)

airport bus Flughafenbus (m)

airport tax Flughafengebühr (f)

airport terminal Terminal (m) *od* Abfertigungshalle (f)

airtight packaging luftdichte Verpackung

all expenses paid Übernahme (f) aller Kosten

all-in einschließlich

all-in price Pauschalpreis (m) *od* Gesamtpreis (m)

all-risks policy Universalversicherung (f)

allocate zuweisen; zurechnen

allow *[agree]* anerkennen *od* stattgeben

allow *[give]* gewähren

allow *[permit]* bewilligen *od* gestatten

allow 10% for carriage 10% für Transportkosten einrechnen

allow for berücksichtigen

allowance for depreciation Wertberichtigung (f) auf Anlagevermögen (npl)

alphabetical order alphabetische Reihenfolge

alter abändern *od* verändern

alteration Änderung (f) *od* Abänderung (f)

alternative (adj) Alternativ-

alternative (n) Alternative (f)

amend abändern *od* ergänzen

amendment Abänderung (f) *od* Ergänzung (f)

American (adj) amerikanisch

American (n) Amerikaner/-in

amortization Amortisation (f) *od* Tilgung (f)

amortize amortisieren *od* tilgen

amount *[of money]* Betrag (m) *od* Summe (f)

amount owing Forderung (f) *od* zu zahlender Betrag (m)

amount paid bezahlter Betrag

amount to sich belaufen auf *od* betragen

analyse *or* **analyze** analysieren *od* auswerten

analyse the market potential das Marktpotential analysieren

analysis Analyse (f) *od* Auswertung (f)

announce ankündigen *od* bekanntgeben

announcement Ankündigung (f) *od* Bekanntgabe (f)

annual jährlich

annual accounts Jahresabschluß (m)

annual general meeting (AGM) ordentliche Jahreshauptversammlung

annual report Jahresbericht (m)

annually jährlich

answer (n) Antwort (f) *od* Bescheid (m)

answer (v) antworten *od* beantworten

answer a letter einen Brief beantworten

answer the telephone den Hörer abnehmen

answering machine Anrufbeantworter (m)

answering service Fernsprechauftragsdienst (m)

antedate zurückdatieren

apologize sich entschuldigen

apology Entschuldigung (f)

appeal (n) *[against a decision]* Rechtsmittel (n) *od* Berufung (f)

appeal (n) *[attraction]* Reiz (m) *od* Anziehungskraft (f)

appeal (v) *[against a decision]* Rechtsmittel (n) *od* Berufung (f) einlegen

appeal to (v) *[attract]* ansprechen *od* reizen

appear erscheinen *od* scheinen

appendix Anhang (m) *od* Zusatz (m)

applicant for a job Stellenbewerber/-in

application Antrag (m) *od* Gesuch (n)

application for a job Stellenbewerbung (f)

application form Antragsformular (n) *od* Bewerbungsformular (n)

apply for *[ask for]* beantragen *od* sich bewerben

apply for a job sich um eine Stelle bewerben

apply in writing sich schriftlich bewerben

apply to *[affect]* gelten *od* betreffen

appoint ernennen *od* berufen

appointment *[job]* Stelle (f) *od* Amt (n)

appointment *[meeting]* Termin (m) *od* Verabredung (f)

appointment *[to a job]* Ernennung (f) *od* Berufung (f)

appointments book Terminkalender (m)

appointments vacant Stellenangebote (npl) *od* offene Stellen (fpl)

appreciate *[how good something is]* schätzen

appreciate *[increase in value]* steigen

appreciation *[how good something is]* Anerkennung (f) *od* Wertschätzung (f)

appreciation *[in value]* Wertzuwachs (m); Aufwertung (f)

appropriate (v) *[funds]* bewilligen *od* zuweisen

approval Genehmigung (f)

approval: on approval auf Probe *od* versuchsweise

approve the terms of a contract die Vertragsbedingungen akzeptieren

approximate ungefähr *od* annähernd

approximately etwa *od* annähernd

arbitrate in a dispute in einem Streitfall vermitteln

arbitration Schlichtung (f) *od* Schiedsgerichtverfahren (n)

arbitration board *or* **arbitration tribunal** Schlichtungskommission (f) *od* Schiedskommission (f)

arbitrator Schlichter/-in *od* Schiedsrichter/-in

area *[of town]* Viertel (n) *od* Gebiet (n)

area *[region]* Gebiet (n) *od* Zone (f)

area *[subject]* Bereich (m)

area *[surface]* Fläche (f) *od* Raum (m)

area code Vorwahl (f) *od* Ortsnetzkennzahl (f)

area manager Bezirksleiter/-in *od* Gebietsleiter/-in

argument Auseinandersetzung (f) *od* Streit (m)

arrange *[meeting]* vereinbaren *od* einrichten

arrange *[set out]* anordnen *od* gruppieren

arrangement *[compromise]* Vergleich (m) *od* Übereinkunft (f)

arrangement *[system]* Vorbereitung (f) *od* Plan (m)

arrears Rückstände (mpl)

arrival Ankunft (f) *od* Eingang (m)

arrivals Ankunft (f)

arrive ankommen *od* eingehen

article *[clause]* Paragraph (m) *od* Absatz (m)

article *[item]* Artikel (m)

articles of association Gesellschaftsvertrag (m) *od* Satzung (f)

articulated lorry *or* **articulated vehicle** Sattelschlepper (m)

as per advice laut Versandanzeige *od* laut Avis

as per invoice laut Rechnung

as per sample gemäß dem Muster

asap (= as soon as possible) baldmögl. (= baldmöglichst)

ask fragen

ask *[someone to do something]* bitten; verlangen

ask for *[ask a price]* verlangen *od* fordern

ask for *[something]* fragen nach *od* bitten

ask for a refund eine Rückerstattung fordern

ask for further details *or* **particulars** weitere Details *od* Einzelheiten erfragen

assembly *[meeting]* Versammlung (f)

assembly *[putting together]* Montage (f) *od* Zusammenbau (m)

assembly line Fließband (n) *od* Fertigungsstraße (f)

assess schätzen; festsetzen

assess damages die Schäden schätzen

assessment of damages Schadenfeststellung (f); Schadenberechnung (f)

asset Aktiva (pl); Vermögenswert (m)

asset value Substanzwert (m)

assets and liabilities Vermögenswerte und Verbindlichkeiten

assign a right to someone jdm ein Recht abtreten

assignee Rechtsnachfolger/-in *od* Bevollmächtigte(r)

assignment *[cession]* Abtretung (f) *od* Übertragung (f)

assignment *[work]* Aufgabe (f) *od* Auftrag (m)

assignor Abtretende(r) *od* Zedent (m)

assist helfen *od* unterstützen

assistance Hilfe (f) *od* Unterstützung (f)

assistant Assistent/-in *od* Mitarbeiter/-in

assistant manager stellvertretende(r) Leiter/-in

associate (adj) verbunden

associate (n) Teilhaber/-in *od* Gesellschafter/-in

associate company Beteiligungsgesellschaft (f)

association Gesellschaft (f) *od* Verband (m)

assurance Versicherung (f)

assurance company Versicherungsgesellschaft (f)

assurance policy Lebensversicherung (f) *od* Lebensversicherungspolice (f)

assure someone's life eine Lebensversicherung für jdn abschließen

attach beifügen; befestigen

attack angreifen

attend (meeting) anwesend sein *od* teilnehmen (an)

attend to sich befassen mit

attention Aufmerksamkeit (f) *od* Beachtung (f)

attorney Bevollmächtigte(r) *od* rechtliche(r) Vertreter/-in

attract anziehen *od* gewinnen

attractive salary verlockendes Gehalt

auction (n) Auktion (f) *od* Versteigerung (f)

auction (v) versteigern

auction rooms Auktionshaus (n)

audit (n) Buchprüfung (f) *od* Revision (f)

audit (v) (Bücher, Rechnungen) prüfen

audit the accounts die Bücher prüfen

auditing Revision (f) *od* Buchprüfung (f)

auditor Revisor/-in; Wirtschaftsprüfer/-in

authenticate beglaubigen *od* beurkunden

authority Befugnis (f) *od* Ermächtigung (f)

authorization Genehmigung (f) *od* Bevollmächtigung (f)

authorize *[give permission]* ermächtigen *od* bevollmächtigen

authorize payment Zahlung anweisen

authorized befugt *od* bevollmächtigt

availability Verfügbarkeit (f) *od* Disponibilität (f)

available erhältlich *od* verfügbar

available capital verfügbares Kapital

average (adj) durchschnittlich

average (n) Durchschnitt (m) *od* Mittelwert (m)

average (n) Durchschnitt (m) *od* Mittelwert (m)

average (n) *[insurance]* Havarie (f)

average (v) durchschnittlich betragen *od* ausmachen

average price Durchschnittspreis (m)

avoid vermeiden *od* umgehen

await instructions auf Anweisungen warten

award (n) Schiedsspruch (m)

award (v) zuerkennen *od* zusprechen

award a contract to someone einen Auftrag an jdn vergeben

Bb

back (n) Rückseite (f)

back orders unerledigte Aufträge (mpl)

back payment Nachzahlung (f) *od* Rückzahlung (f)

back tax Steuerschuld (f)

back up (v) *[computer file]* sichern

back up (v) *[support]* unterstützen

backdate rückdatieren

backer Geldgeber (m) *od* Hintermann (m)

backhander Schmiergeld (n)

backing finanzielle Unterstützung (f)

backlog Rückstand (m)

backup (adj) *[computer]* Sicherungs-

backup copy Sicherungskopie (f)

backwardation Deport (m)

bad buy schlechter Kauf

bad debt uneinbringliche Forderung (f); nicht einziehbare Außenstände (pl)

bag Tüte (f) *od* Tasche (f)

bail someone out jdn gegen Kaution freibekommen

balance (n) Restbetrag (m) *od* Saldo (m)

balance (v) saldieren; ausgleichen

balance (v) *[a budget]* ausgleichen

balance brought down *or* **brought forward** vorgetragener Saldo

balance carried down *or* **carrried forward** übertragener Saldo

balance due to us fälliger Rechnungsbetrag

balance of payments Zahlungsbilanz (f)

balance of trade Handelsbilanz (f)

balance sheet Bilanz (f)

ban (n) Verbot (n)

ban (v) verbieten

bank (n) Bank (f)

bank (v) (auf ein Bankkonto) einzahlen

bank account Bankkonto (n)

bank balance Kontostand (m)

bank base rate Eckzins (m) *od* Leitzins (m)

bank bill (GB) Bankwechsel (m) *od* Bankakzept (n)

bank bill (US) Banknote (f) *od* Schein (m)

bank book Sparbuch (n)

bank borrowings Kreditaufnahmen (fpl) bei Banken

bank charges Bankgebühren (fpl)

bank credit Bankkredit (m)

bank deposits Bankeinlagen (fpl)

bank draft Bankwechsel (m) *od* Banktratte (f)

bank holiday gesetzlicher Feiertag

bank loan Bankkredit (m) *od* Bankdarlehen (n)

bank manager Bankdirektor/-in

bank mandate Bankvollmacht (f)

bank statement Kontoauszug (m)

bank transfer Banküberweisung (f)

bankable paper bankfähiges Papier

banker Bankier (m) *od* Banker (m)

banker's draft Bankwechsel (m) *od* Bankscheck (m)

banker's order Dauerauftrag (m)

banking Bankgeschäfte (npl) *od* Bankwesen (n)

banking hours Banköffnungszeiten (fpl) *od* Schalterstunden (pl)

banknote Banknote (f) *od* Schein (m)

bankrupt (adj) bankrott *od* zahlungsunfähig

bankrupt (n) Konkursschuldner/-in

bankrupt (v) ruinieren *od* in den Konkurs treiben

bankruptcy Bankrott (m) *od* Konkurs (m)

bar chart Balkendiagramm (n) *od* Stabdiagramm (n)

bar code Strichkode (m)

bargain (n) *[cheaper than usual]* Schnäppchen (n) *od* Gelegenheitskauf (m)

bargain (n) *[deal]* Handel (m) *od* Geschäft (n)

bargain (n) *[Stock Exchange]* Börsengeschäft (n) *od* Abschluß (m)

bargain (v) aushandeln *od* handeln

bargain offer Sonderangebot (n) *od* günstiges Angebot

bargain price Spottpreis (m)

bargaining Handeln (n) *od* Aushandeln (n)

bargaining position Verhandlungsposition (f)

bargaining power Verhandlungsstärke (f)

barrier Schranke (f)

barter (n) Kompensationsgeschäft (n) *od* Tauschgeschäft (n)

barter (v) Tauschhandel treiben *od* Kompensationsgeschäfte machen

bartering Tauschhandel (m)

base (n) *[initial position]* Ausgangspunkt (m) *od* Grundlage (f)

base (n) *[place]* Sitz (m) *od* Standort (m)

base (v) *[in a place]* stationieren

base (v) *[start to calculate from]* basieren *od* gründen

base year Basisjahr (n) *od* Vergleichsjahr (n)

basic (adj) *[most important]* hauptsächlich *od* Haupt-

basic (adj) *[simple]* Grund- *od* elementar

basic discount Grundrabatt (m)

basic tax Eingangssteuer (f)

basis Grundlage (f) *od* Basis (f)

batch (n) *[of orders]* Stapel (m) *od* Stoß (m)

batch (n) *[of products]* Los (n) *od* Serie (f)

batch (v) stapeln

batch number Seriennummer (f) *od* Auflagennummer (f)

batch processing Stapelverarbeitung (f) *od* Batch-Verarbeitung (f)

bear (n) *[Stock Exchange]* Baissier (m) *od* Baissespekulant/-in

bear (v) *[carry]* tragen

bear (v) *[interest]* bringen

bear (v) *[pay for]* tragen *od* übernehmen

bear market Baissemarkt (m)

bearer Überbringer/-in *od* Inhaber/-in

bearer bond Inhaberschuldverschreibung (f)

begin anfangen *od* beginnen

beginning Anfang (m) *od* Beginn (m)

behalf: on behalf of im Namen von

belong to gehören

below-the-line expenditure außerordentliche Aufwendungen (fpl)

benchmark Eckwert (m) *od* Maßstab (m)

beneficiary Begünstigte(r); Nutznießer/-in

benefit (n) Leistung (f) *od* Beihilfe (f)

benefit from (v) profitieren von

berth (n) Liegeplatz (m)

berth (v) anlegen

best (adj) beste(r,s)

best (n) der/die/das Beste

best-selling car meistverkauftes Automodell

bid (n) *[at an auction]* Gebot (n)

bid (n) *[offer to buy]* Angebot (n)

bid (n) *[offer to do work]* Kosten(vor)anschlag (m) *od* Angebot (n)

bidder Bieter/-in *od* Submittent/-in

bidding Gebot (n) *od* Abgabe (f) von Angeboten

bilateral bilateral *od* zweiseitig

bill (n) (US) Banknote (f) *od* Schein (m)

bill (n) *[in a restaurant]* Rechnung (f)

bill (n) *[in Parliament]* Gesetzesvorlage (f) *od* Gesetzentwurf (m)

bill (n) *[list of charges]* Rechnung (f)

bill (n) *[written promise to pay]* Wechsel (m) *od* Tratte (f)

bill (v) in Rechnung stellen

bill of exchange Wechsel (m) *od* Tratte (f)

bill of lading Frachtbrief (m) *od* Konnossement (n)

bill of sale Kaufvertrag (m)

billing Rechnungsstellung (f); Fakturieren (n)

billion Milliarde (f)

bills for collection fällige Rechnungen (fpl); fällige Inkassowechsel (mpl)

bills payable Wechselverbindlichkeiten (fpl)

bills receivable Wechselforderungen (fpl)

binding verbindlich *od* bindend

black economy Schattenwirtschaft (f)

black list (n) schwarze Liste

black market Schwarzmarkt (m)

blacklist (v) auf die schwarze Liste setzen

blame (n) Schuld (f)

blame (v) beschuldigen

blank (adj) leer *od* unausgefüllt

blank (n) leere Stelle; Lücke (f)

blank cheque Blankoscheck (m)

blister pack Blisterpackung (f)

block (n) *[building]* Block (m) *od* Wohnblock (m)

block (n) *[of shares]* Paket (n) *od* Partie (f)

block (v) blockieren *od* stoppen

block booking Gruppenbuchung (f)

blocked currency blockierte Währung

blue chip Blue-chip (m)

blue chip Blue-chip (m)

blue-chip investments erstklassige Effekten (pl); Spitzenanlagen (fpl)

board (n) *[group of people]* Ausschuß (m)

board (v) an Bord gehen; einsteigen

board meeting Vorstandssitzung (f)

board of directors Board of Directors (m) *[Aufsichts- und Geschäftsführungsorgan]*

board: on board an Bord

boarding card *or* **boarding pass** Bordkarte (f)

boardroom Sitzungssaal (m)

bona fide in gutem Glauben *od* redlich

bond *[borrowing by government]* Schuldverschreibung (f) *od* Obligation (f)

bonded warehouse Zollager (n)

bonus Prämie (f) *od* Zulage (f)

bonus issue Emission (f) von Gratisaktien

book (n) Buch (n)

book (v) bestellen; buchen; reservieren

book sales Warenausgänge (mpl)

book value Buchwert (m)

booking Buchung (f) *od* Reservierung (f)

booking clerk Kartenverkäufer/-in; Schalterbeamte(r)/Schalterbeamtin

booking office Vorverkaufsstelle (f) *od* Fahrkartenschalter (m)

bookkeeper Buchhalter/-in

bookkeeping Buchführung (f)

boom (n) Boom (m) *od* Hochkonjunktur (f)

boom (v) boomen *od* florieren

boom industry Konjunkturindustrie (f)

booming florierend *od* blühend

boost (n) Auftrieb (m) *od* Aufschwung (m)

boost (v) ankurbeln *od* in die Höhe treiben

border Grenze (f)

borrow leihen *od* Kredit aufnehmen

borrower Kreditnehmer/-in *od* Entleiher/-in

borrowing Kreditaufnahme (f)

borrowing power Kreditfähigkeit (f)

boss (informal) Boß (m) *od* Chef/-in (mf)

bottleneck Engpaß (m)

bottom Tiefpunkt (m) *od* Tiefstand (m)

bottom line Saldo (m)

bought (see BUY) gekauft *od* aufgekauft

bought ledger Einkaufsbuch (n)

bought ledger clerk Einkaufsbuchhalter/-in

bounce *[cheque]* platzen

box number Chiffre (f) *od* Postfach (n)

boxed set in einer Schachtel *od* Kassette verpacktes Set

boycott (n) Boykott (m)

boycott (v) boykottieren

bracket (n) *[tax]* Gruppe (f) *od* Klasse (f)

bracket together zusammenfassen

branch Filiale (f) *od* Zweigstelle (f)

branch manager Filialleiter/-in

branch office Filiale (f) *od* Niederlassung (f)

brand Marke (f)

brand image Markenimage (n) *od* Markenprofil (n)

brand loyalty Markentreue (f)

brand name Markenname (m)

brand new nagelneu

breach of contract Vertragsbruch (m)

breach of warranty Garantieverletzung (f) *od* Verletzung einer vertraglichen Zusicherung

break (n) Pause (f)

break (v) *[contract]* nicht einhalten; lösen

break an agreement ein Abkommen *od* einen Vertrag brechen

break down (v) *[itemize]* aufschlüsseln *od* aufgliedern

break down (v) *[machine]* ausfallen *od* kaputtgehen

break down (v) *[talks]* scheitern

break even (v) kostendeckend arbeiten

break off negotiations Verhandlungen abbrechen

break the law das Gesetz brechen

breakages Bruch (m) *od* Bruchschaden (m)

breakdown (n) *[items]* Aufschlüsselung (f) *od* Aufgliederung (f)

breakdown (n) *[machine]* Betriebsstörung (f); Ausfall (m)

breakdown (n) *[talks]* Scheitern (n)

breakeven point Kostendeckungspunkt (m) *od* Break-Even-Punkt (m)

bribe (n) Bestechungsgeld (n) *od* Schmiergeld (n)

bribe (v) bestechen *od* schmieren

brief (v) instruieren *od* informieren

briefcase Aktentasche (f)

bring bringen *od* mitbringen

bring a civil action jdn verklagen

bring in bringen *od* einbringen

bring out herausbringen

British britisch

brochure Prospekt (m) *od* Broschüre (f)

broke (informal) pleite

broker Makler/-in *od* Broker (m)

brokerage *or* **broker's commission** Maklergebühr (f) *od* Courtage (f)

brown paper Packpapier (n)

bubble pack Blisterpackung (f)

budget (n) *[government]* Staatshaushalt (m) *od* Etat (m)

budget (n) *[personal, company]* Finanzplan (m) *od* Budget (n)

budget (v) (im Budget) einplanen *od* veranschlagen

budget account *[in bank]* Haushaltskonto (n)

budgetary Finanz- *od* Etat-

budgetary control Budgetkontrolle (f) *od* Haushaltskontrolle (f)

budgetary policy Haushaltspolitik (f)

budgeting Aufstellung (f) eines Haushaltsplans (m); Finanzplanung (f)

building society Bausparkasse (f)

built-in eingebaut

bulk Masse (f) *od* Menge (f)

bulk buying Mengeneinkauf (m) *od* Großeinkauf (m)

bulk shipments Massengutversand (m)

bulky sperrig

bull *[Stock Exchange]* Haussespekulant/-in *od* Haussier (m)

bull market Haussemarkt (m)

bulletin Bulletin (n) *od* amtliche Bekanntmachung (f)

bullion Barren (m)

bureau de change Wechselstube (f)

bus Bus (m)

business *[commerce]* Geschäft (n); Gewerbe (n)

business *[company]* Unternehmen (n) *od* Betrieb (m)

business *[discussion]* Angelegenheit (f); Sache (f)

business address Geschäftsadresse (f)

business call Geschäftsbesuch (m)

business card Visitenkarte (f)

business centre Geschäftsviertel (n)

business class Business Class (f)

business equipment Büromaschinen (fpl)

business hours Geschäftsstunden (pl) *od* Geschäftszeit (f)

business letter Geschäftsbrief (m)

business lunch Geschäftsessen (n)

business premises Geschäftsräume (mpl) *od* gewerbliche Räumlichkeiten (fpl)

business strategy Geschäftsstrategie (f)

business transaction Geschäft (n)

business trip Geschäftsreise (f) *od* Dienstreise (f)

business: on business geschäftlich *od* dienstlich

businessman *or* **businesswoman** Geschäftsmann (m) *od* Geschäftsfrau (f)

busy beschäftigt

buy (v) kaufen *od* aufkaufen

buy back zurückkaufen

buy for cash gegen bar kaufen

buy forward auf Termin kaufen

buyer *[for a store]* Einkäufer/-in

buyer *[person]* Käufer/-in

buyer's market Käufermarkt (m)

buying Kaufen (n) *od* Ankauf (m)

buying department Einkauf (m) *od* Einkaufsabteilung (f)

by-product Nebenprodukt (n) *od* Abfallprodukt (n)

Cc

cable address Telegrammanschrift (f)

calculate berechnen *od* kalkulieren

calculation Berechnung (f) *od* Kalkulation (f)

calculator Rechner (m) *od* Rechenhilfe (f)

calendar month Kalendermonat (m)

calendar year Kalenderjahr (n)

call (n) *[for money]* Zahlungsaufforderung (f)

call (n) *[phone]* Anruf (m) *od* Gespräch (n)

call (n) *[Stock Exchange]* Aufruf (m)

call (n) *[visit]* Besuch (m)

call (v) *[ask to do something]* aufrufen

call (v) *[meeting]* einberufen

call (v) *[phone]* anrufen

call off a deal ein Abkommen *od* ein Geschäft rückgängig machen

call on (visit] besuchen

call rate Besuchsrate (f)

callable bond kündbare Schuldverschreibung

campaign Kampagne (f) *od* Aktion (f)

cancel absagen; annullieren; stornieren

cancel a cheque einen Scheck entwerten

cancel a contract einen Vertrag aufheben

cancellation Absage (f) *od* Annullieren (n) *od* Stornierung (f)

cancellation clause Rücktrittsklausel (f)

cancellation of an appointment Terminabsage (f)

candidate Kandidat/-in *od* Bewerber/-in

canvass um Kunden *od* Wahlstimmen werben

canvasser Kundenwerber/-in; Wahlhelfer/-in

canvassing Kundenwerbung (f); Wahlstimmenwerbung (f)

canvassing techniques Akquisitionsmethoden (fpl)

capable of können; fähig sein zu

capacity *[ability]* Befähigung (f) *od* Eignung (f)

capacity *[production]* Kapazität (f); Ertragskraft (f)

capacity *[space]* Fassungsvermögen (n) *od* Kapazität (f)

capacity utilization Kapazitätsauslastung (f)

capital Kapital (n); Aktienkapital (n)

capital account Kapitalkonto (n)

capital assets Anlagevermögen (n)

capital equipment Produktionsmittel (pl) *od* Investitionsgüter (npl)

capital expenditure Investitionsausgabe (f) *od* Investitionen (fpl)

capital gains Veräußerungsgewinn (m)

capital gains tax Veräußerungsgewinnsteuer (f)

capital goods Investitionsgüter (npl) *od* Anlagegüter (npl)

capital loss Kapitalverlust (m)

capital-intensive industry kapitalintensive Industrie

capitalization Kapitalisierung (f)

capitalization of reserves Kapitalisierung (f) von Rücklagen

capitalize kapitalisieren *od* aktivieren

capitalize on Kapital schlagen aus

captive market monopolistischer Absatzmarkt

capture erobern *od* an sich bringen

carbon copy Durchschlag (m)

carbon paper Durchschlagpapier (n) *od* Kohlepapier (n)

carbonless selbstdurchschreibend

card *[business card]* Visitenkarte (f)

card *[material]* Pappe (f) *od* Karton (m)

card *[membership]* Ausweis (m)

card *[postcard]* Karte (f) *od* Postkarte (f) *od* Ansichtskarte (f)

card index (n) Kartei (f)
card phone Kartentelefon (n)
card-index (v) Karteikarten (fpl) anlegen
card-index file Kartei (f)
card-indexing Anlegen (n) von Karteikarten
cardboard Karton (m) *od* Pappe (f)
cardboard box Pappkarton (m)
care of (c/o) bei *od* c/o
cargo Fracht (f) *od* Ladung (f)
cargo ship Frachtschiff (n) *od* Transportschiff (n)
carnet *[document]* Carnet (n)
carriage Transport (m) *od* Transportkosten (pl)
carriage forward Fracht gegen Nachnahme
carriage free frachtfrei
carriage paid frachtfrei *od* frei Haus
carrier *[company]* Spedition (f) *od* Transportunternehmen (n)
carrier *[vehicle]* Transporter (m)
carry *[approve in a vote]* annehmen
carry *[have in stock]* führen *od* auf Lager haben
carry *[produce]* bringen *od* abwerfen
carry *[transport]* befördern
carry forward übertragen
carry on a business ein Geschäft betreiben *od* geschäftlich tätig sein
carry over a balance einen Saldo übertragen
cartel Kartell (n)
carton *[box]* Karton (m) *od* Stange (f)
carton *[material]* Karton (m) *od* Pappe (f)
case (n) *[box]* Kiste (f)
case (n) *[suitcase]* Koffer (m)
case (v) *[put in boxes]* in Kisten verpacken
cash (adv) bar
cash (n) *[money]* Bargeld (n)
cash a cheque einen Scheck einlösen
cash account Kassakonto (n) *od* Kontokorrentkonto (n)
cash advance Barvorschuß (m)
cash and carry Cash and Carry (m) *od* Verbraucherabholmarkt (m)
cash balance Kassenbestand (m) *od* Bankguthaben (n)
cash book Kassenbuch (n)
cash card Geldautomatenkarte (f)
cash deal Bargeschäft (n)
cash deposit Bareinzahlung (f)
cash desk Kasse (f)
cash discount Barzahlungsrabatt (m) *od* Skonto (m *od* n)
cash dispenser Geldautomat (m)
cash float Wechselgeld (n)
cash flow Cash-flow (m)
cash flow forecast Cash-flow-Prognose (f)
cash flow statement Cash-flow-Bericht (m)
cash in hand Barbestand (m) *od* Bargeld (n)
cash offer Barzahlungsangebot (n)
cash on delivery (c.o.d.) per Nachnahme
cash payment Barzahlung (f)
cash price Barzahlungspreis (m) *od* Barpreis (m)
cash purchase Barkauf (m)
cash register Kasse (f)
cash reserves Barreserven (fpl) *od* Liquiditätsreserven (fpl)
cash sale Barverkauf (m) *od* Kassageschäft (n)
cash terms Barzahlungsbedingungen (fpl)
cash till Ladenkasse (f)
cash transaction Barverkauf (m) *od* Kassageschäft (n)
cash voucher Bargeldgutschein (m)
cashable einlösbar
cashier Kassierer/-in
cashier's check (US) Bankscheck (m)
casting vote ausschlaggebende Stimme
casual work Gelegenheitsarbeit (f)
casual worker Gelegenheitsarbeiter/-in
catalogue Katalog (m)
catalogue price Katalogpreis (m)
category Klasse (f) *od* Kategorie (f)
cater for eingestellt sein auf
caveat emptor Ausschluß (m) der Gewährleistung *od* auf Risiko (des) Käufers
ceiling Höchstgrenze (f)
ceiling price Höchstpreis (m)
cellular telephone Funktelefon (n)
central zentral
central bank Zentralbank (f) *od* Notenbank (f)
central purchasing Zentraleinkauf (m) *od* zentraler Einkauf
centralization Zentralisierung (f)
centralize zentralisieren
centre *[important town]* Zentrum (n)
CEO (= chief executive officer) Generaldirektor/-in

certificate Bescheinigung (f) *od* Beglaubigung (f)

certificate of approval Zulassungsbescheinigung (f)

certificate of deposit Einlagenzertifikat (n)

certificate of guarantee Garantiebescheinigung (f)

certificate of origin Herkunftsbescheinigung (f); Provenienzzertifikat (n)

certificate of registration Eintragungsbescheinigung (f) *od* Meldeschein (m)

certificated bescheinigt

certificated bankrupt rehabilitierte(r) Konkursschuldner/-in

certified accountant geprüfte(r) Buchhalter/-in;

certified cheque bestätigter Scheck

certified copy beglaubigte Kopie

certify bescheinigen *od* beglaubigen

cession Abtretung (f) *od* Zession (f)

chain *[of stores]* Kette (f)

chain store Filialgeschäft (n) *od* Kettenladen (m)

chairman *[of committee]* Vorsitzende(r)

chairman *[of company]* Vorsitzende(r)

chairman and managing director Vorsitzende(r) und Geschäftsführer/-in

Chamber of Commerce Handelskammer (f)

change (n) *[cash]* Wechselgeld (n)

change (n) *[difference]* Änderung (f) *od* Wechsel (m)

change (v) *[become different]* sich ändern

change (v) *[money]* wechseln

change hands in andere Hände übergehen *od* den Besitzer wechseln

change machine Wechselautomat (m) *od* Geldwechsler (m)

channel (n) Kanal (m) *od* Weg (m)

channel (v) in eine bestimmte Richtung lenken

channels of distribution Vertriebswege (mpl) *od* Distributionskanäle (mpl)

charge (n) *[in court]* Anklage (f)

charge (n) *[money]* Gebühr (f) *od* Kosten (pl)

charge (n) *[on account]* Belastung (f)

charge (v) (in court] anklagen

charge (v) *[money]* berechnen *od* in Rechnung stellen

charge a purchase einen Kauf in Rechnung stellen

charge account Kundenkreditkonto (n)

charge card Kundenkarte (f)

chargeable anrechenbar *od* zu berechnen

charges forward per Nachnahme *od* Gebühr bezahlt Empfänger

charter (n) Charter (m)

charter (v) chartern *od* mieten

charter an aircraft ein Flugzeug chartern

charter flight Charterflug (m)

charter plane Charterflugzeug (n)

charterer Charterer (m)

chartering Chartern (n) *od* Mieten (n)

chase *[an order]* antreiben *od* vorantreiben

chase *[follow]* verfolgen *od* jagen

cheap billig *od* preiswert

cheap labour billige Arbeitskräfte (fpl)

cheap money billiges Geld

cheap rate niedriger Tarif

check (n) *[examination]* Überprüfung (f) *od* Kontrolle (f)

check (n) *[stop]* Sperre (f) *od* Hemmnis (n)

check (v) *[examine]* überprüfen *od* kontrollieren

check (v) *[stop]* bremsen *od* beschränken

check in *[at airport]* einchecken

check in *[at hotel]* sich anmelden

check-in *[at airport]* Flugabfertigung (f)

check-in counter Abfertigungsschalter (m)

check-in time Eincheckzeit (f)

check out *[of hotel]* abreisen

checkout *[in supermarket]* Kasse (f)

check sample Prüfmuster (n)

cheque Scheck (m)

cheque (guarantee) card Scheckkarte (f)

cheque account laufendes Konto; Girokonto (n)

cheque book Scheckheft (n)

cheque number Schecknummer (f)

cheque stub Scheckabschnitt (m)

cheque to bearer Überbringerscheck (m) *od* Inhaberscheck (m)

chief (adj) erste(r,s) *od* Haupt-

chief clerk Bürochef/-in

chief executive (officer) Generaldirektor/-in

choice (adj) Qualitäts- *od* erstklassig

choice (n) *[choosing]* Wahl (f)

choice (n) *[items to choose from]* Auswahl (f) *od* Sortiment (n)

choice (n) *[thing chosen]* Wahl (f)

choose wählen *od* auswählen

Christmas bonus Weihnachtsgeld (n)

chronic chronisch

chronological order chronologische Reihenfolge

c.i.f. (= cost, insurance and freight) cif (Kosten, Versicherung, Fracht)

circular (n) Rundschreiben (n) *od* Umlauf (m)

circular letter Rundschreiben (n) *od* Umlauf (m)

circular letter of credit Zirkularkreditbrief (m)

circulation *[money]* Umlauf (m) *od* Verbreitung (f)

circulation *[newspaper]* Auflage (f) *od* Auflagenhöhe (f)

civil law Zivilrecht (n) *od* bürgerliches Recht

claim (n) Forderung (f) *od* Anspruch (m)

claim (v) *[insurance]* fordern *od* Ansprüche (mpl) geltend machen

claim (v) *[right]* Anspruch erheben auf

claim (v) *[suggest]* behaupten

claimant Kläger/-in; Antragsteller/-in

claims department Schadenabteilung (f)

claims manager Leiter/-in der Schadenabteilung

class Kategorie (f) *od* Güteklasse (f)

classification Klassifizierung (f) *od* Einstufung (f)

classified ads Kleinanzeigen (fpl)

classified advertisements Kleinanzeigen (fpl)

classified directory Branchenverzeichnis (n)

classify klassifizieren *od* einstufen

clause Klausel (f) *od* Absatz (m)

clawback Rückforderung (f)

clear (adj) *[complete]* ganz

clear (adj) *[easy to understand]* klar *od* verständlich

clear (v) *[stock]* räumen

clear a cheque einen Scheck verrechnen

clear a debt eine Schuld begleichen

clear profit Reingewinn (m) *od* Nettogewinn (m)

clearance certificate Zollabfertigungsschein (m) *od* Ausklarierungsschein (m)

clearance of a cheque Verrechnung (f) eines Schecks

clearing *[paying]* Begleichung (f) *od* Tilgung (f)

clearing bank Clearingbank (f) *od* Geschäftsbank (f)

clerical Büro- *od* Schreib-

clerical error Schreibfehler (m)

clerical staff Schreibkräfte (fpl) *od* Büropersonal (n)

clerical work Schreibarbeit (f) *od* Büroarbeit (f)

clerk Büroangestellte(r) *od* Sachbearbeiter/-in

client Kunde/Kundin *od* Auftraggeber/-in

clientele Kundschaft (f) *od* Kundenkreis (m)

climb steigen *od* klettern

clinch abschließen

clipping service Zeitungsausschnittdienst (m)

close (n) *[end]* Schluß (m) *od* Börsenschluß (m)

close (v) *[after work]* schließen *od* zumachen

close a bank account ein Bankkonto auflösen

close a meeting eine Sitzung schließen

close an account ein Konto auflösen

close down schließen; stillegen

close to nahe daran *od* fast

closed geschlossen

closed circuit TV Fernsehüberwachungsanlage (f)

closed market geschlossener Markt

closing (adj) abschließend *od* Abschluß-

closing (n) Schließung (f)

closing balance Endsaldo (m) *od* Schlußsaldo (m)

closing bid Höchstgebot (n)

closing date Schlußtag (m) *od* letzter Termin

closing price Schlußnotierung (f) *[Börse]*

closing stock Schlußbestand (m)

closing time Geschäftsschluß (m) *od* Ladenschluß (m)

closing-down sale Totalausverkauf (m) *od* Räumungsverkauf (m)

closure Schließung (f) *od* Stillegung (f)

c/o (= care of) bei *od* c/o

co-creditor Solidargläubiger (m)

co-director Mitdirektor/-in

co-insurance Mitversicherung (f)

co-operate kooperieren *od* zusammenarbeiten

co-operation Zusammenarbeit (f) *od* Mitarbeit (f)

co-operative (adj) kooperativ

co-operative (n) Genossenschaft (f) *od* Kooperative (f)

co-opt someone jdn (in ein Komitee) kooptieren

co-owner Mitinhaber/-in; Miteigentümer/-in

co-ownership Miteigentum (n)

COD *or* **c.o.d.** (**= cash on delivery**) per Nachnahme

code Kode (m) *od* Schlüssel (m)

code of practice Verfahrensregeln (fpl)

coding Kodierung (f) *od* Chiffrierung (f)

coin Münze (f) *od* Geldstück (n)

cold call unangemeldeter Vertreterbesuch *od* unangemeldetes Verkaufsgespräch

cold start völliger Neubeginn

cold storage Kaltlagerung (f) *od* Kühlhauslagerung (f)

cold store Kühlhaus (n)

collaborate zusammenarbeiten

collaboration Zusammenarbeit (f)

collapse (n) Sturz (m) *od* Zusammenbruch (m)

collapse (v) zusammenbrechen

collateral (adj) zusätzlich *od* Neben-

collateral (n) Sicherheit (f) *od* Deckung (f)

collect (v) *[fetch]* abholen

collect (v) *[money]* einziehen *od* eintreiben

collect a debt Schulden (fpl) einziehen *od* eintreiben

collect call (US) R-Gespräch (n)

collection *[of goods]* Abholung (f)

collection *[of money]* Einziehung (f) *od* Eintreibung (f)

collection *[postal]* Leerung (f)

collection charges *or* **collection rates** Abholgebühren (fpl)

collective gemeinsam *od* Gemeinschafts-

collective ownership Gemeineigentum (n)

collective wage agreement Lohntarifvertrag (m)

collector Inkassobeauftragte(r); Einziehungsbeamte(r)/-beamtin

commerce Handel (m) *od* Handelsverkehr (m)

commercial (adj) kommerziell *od* Handels- *od* Geschäfts-

commercial (n) *[TV]* Werbespot (m) *od* Werbung (f)

commercial attaché Handelsattaché (m)

commercial college Handelsschule (f)

commercial course kaufmännischer Lehrgang

commercial directory Branchenadreßbuch (n)

commercial district Gewerbegebiet (n)

commercial failure kommerzieller Mißerfolg *od* kommerzielle Pleite

commercial law Handelsrecht (n)

commercial traveller Handelsvertreter/-in

commercial undertaking gewerbliches Unternehmen

commercialization Kommerzialisierung (f)

commercialize kommerzialisieren

commission *[committee]* Kommission (f) *od* Ausschuß (m)

commission *[money]* Provision (f) *od* Maklergebühr (f)

commission agent Kommissionär (m) *od* Provisionsagent/-in

commission rep Provisionsvertreter/-in

commit *[crime]* begehen

commit funds to a project Geldmittel für ein Projekt einsetzen

commitments Verpflichtungen (fpl)

commodity Handelsware (f) *od* Gebrauchsartikel (m)

commodity exchange Warenbörse (f)

commodity futures Warentermingeschäft (n)

commodity market Warenbörse (f)

common *[frequent]* häufig *od* weitverbreitet

common *[to more than one]* gemeinsam *od* Gemeinschafts-

common carrier Transportunternehmen (n) *od* Verkehrsunternehmen (n)

Common Market Gemeinsamer Markt

common ownership Gemeineigentum (n)

common pricing Preisabsprache (f)

communicate sich verständigen *od* in Verbindung stehen

communication *[general]* Verständigung (f) *od* Kommunikation (f)

communication *[message]* Mitteilung (f)

communications Verbindungen (fpl) *od* Verkehrsverbindungen (fpl)

community Gemeinschaft (f) *od* Gemeinde (f)

commute *[exchange]* umwandeln

commute *[travel]* pendeln

commuter Pendler/-in

companies' register Handelsregister (n)

company Firma (f) *od* Unternehmen (n)

company director Direktor/-in *od* Firmenchef/-in

company law Unternehmensrecht (n)

company secretary Prokurist/-in

comparability Vergleichbarkeit (f)

comparable vergleichbar *od* Vergleichs-

compare vergleichen
compare with vergleichen mit
comparison Vergleich (m)
compensate entschädigen
compensation Entschädigung (f)
compensation for damage Schadenersatz (m)
compete with someone *or* **with a company** mit jdm *od* mit einem Unternehmen konkurrieren
competing (adj) konkurrierend
competing firms konkurrierende Unternehmen (npl)
competing products Konkurrenzprodukte (npl)
competition Wettbewerb (m) *od* Konkurrenz (f)
competitive wettbewerbsfähig *od* konkurrenzfähig
competitive price wettbewerbsfähiger *od* konkurrenzfähiger Preis
competitive pricing wettbewerbsfähige *od* konkurrenzfähige Auspreisung
competitive products Konkurrenzprodukte (npl); konkurrenzfähige Produkte (npl)
competitively priced wettbewerbsfähig im Preis
competitiveness Wettbewerbsfähigkeit (f) *od* Konkurrenzfähigkeit (f)
competitor Konkurrent/-in *od* Mitbewerber/-in
complain (about) sich beschweren; beanstanden
complaint Beschwerde (f) *od* Reklamation (f)
complaints department Reklamationsabteilung (f)
complementary Komplementär-
complete (adj) komplett *od* vollständig
complete (v) beenden *od* fertigstellen
completion Abschluß (m) *od* Fertigstellung (f)
completion date Abschlußtermin (m)
completion of a contract Vertragsabschluß (m)
compliance Befolgung (f) *od* Einhaltung (f)
complimentary Frei- *od* Werbe-
complimentary ticket Freikarte (f)
compliments slip ohne Begleitschreiben (n)
comply with entsprechen; befolgen
composition *[with creditors]* Vergleich (m)
compound interest Zinseszins (m)
comprehensive umfassend *od* pauschal
comprehensive insurance kombinierte Haftpflicht- und Vollkaskoversicherung
compromise (n) Kompromiß (m)
compromise (v) einen Kompromiß schließen
compulsory obligatorisch *od* verbindlich *od* Pflicht-
compulsory liquidation Zwangsliquidation (f)
compulsory purchase Enteignung (f)
computer Computer (m) *od* Rechner (m)
computer bureau Rechenzentrum (n) *od* EDV-Servicebüro (n)
computer department EDV-Abteilung (f)
computer error Computerfehler (m)
computer file Computerdatei (f)
computer language Computersprache (f)
computer listing Computerauflistung (f)
computer printer Drucker (m) *od* Zeilendrucker (m)
computer printout Computerausdruck (m)
computer program Computerprogramm (n)
computer programmer Programmierer/-in
computer programming Computer-Programmierung (f)
computer services EDV-Service (m)
computer system Rechnersystem (n)
computer terminal Computerterminal (n)
computer time Rechenzeit (f)
computer-readable computerlesbar
computer-readable codes computerlesbare Codes (mpl)
computerize auf Datenverarbeitung *od* auf EDV umstellen
computerized computerisiert *od* EDV-gesteuert
concealment of assets Vermögensverschleierung (f)
concern (n) *[business]* Unternehmen (n) *od* Firma (f)
concern (n) *[worry]* Besorgnis (f) *od* Sorge (f)
concern (v) *[deal with]* betreffen *od* angehen
concession *[reduction]* Vergünstigung (f)
concession *[right]* Konzession (f)
concessionaire Konzessionär/-in *od* Konzessionsinhaber/-in
conciliation Schlichtung (f)
conclude *[agreement]* abschließen
condition *[state]* Zustand (m)

condition *[terms]* Bedingung (f) *od* Kondition (f) *od* Auflage (f)

condition: on condition that unter der Bedingung, daß ...

conditional mit Auflagen *od* unter Vorbehalt

conditions of employment Arbeitsvertragsbedingungen (fpl)

conditions of sale Verkaufsbedingungen (fpl)

conduct negotiations Verhandlungen führen

conference *[large]* Konferenz (f) *od* Tagung (f)

conference *[small]* Besprechung (f)

conference phone Konferenzschaltung (f)

conference room Besprechungszimmer (n) *od* Konferenzraum (m)

confidence Vertrauen (n)

confidential vertraulich

confidential report vertraulicher Bericht

confidentiality Vertraulichkeit (f)

confirm bestätigen

confirm a booking eine Buchung bestätigen

confirm someone in a job jdn nach einer Probezeit fest anstellen

confirmation Bestätigung (f)

conflict of interest Interessenkonflikt (m)

conglomerate Mischkonzern (m)

connect verbinden

connecting flight Anschlußflug (m)

connection Zusammenhang (m) *od* Verbindung (f)

consider bedenken *od* überlegen

consign schicken

consignee Empfänger/-in; Kommissionär (m)

consignment *[sending]* Versand (m) *od* Versenden (n)

consignment *[things sent, received]* Sendung (f) *od* Lieferung (f)

consignment note Avis (m *od* n)

consignor Absender/-in; Kommittent (m)

consist of bestehen aus *od* sich zusammensetzen aus

consolidate konsolidieren

consolidate *[shipments]* zusammenlegen

consolidated konsolidiert

consolidated shipment Sammelladung (f)

consolidation Zusammenlegung (f)

consortium Konsortium (n)

constant konstant *od* gleichbleibend

consult konsultieren *od* zu Rate ziehen

consultancy Beratung (f)

consultancy firm Beratungsfirma (f)

consultant Berater/-in

consulting engineer Beratungsingenieur/-in

consumables Verbrauchsgüter (npl) *od* Konsumgüter (npl)

consumer Verbraucher/-in *od* Konsument/-in

consumer credit Kundenkredit (m) *od* Abzahlungskredit (m)

consumer durables langlebige Gebrauchsgüter (npl) *od* Konsumgüter (npl)

consumer goods Verbrauchsgüter (npl) *od* Konsumgüter (npl)

consumer panel Verbraucherpanel (n) *od* Verbrauchertestgruppe (f)

consumer price index Verbraucherpreisindex (m)

consumer protection Verbraucherschutz (m)

consumer research Verbraucherforschung (f)

consumer spending Verbraucherausgaben (fpl)

consumption Konsum (m) *od* Verbrauch (m)

contact (n) *[general]* Kontakt (m) *od* Verbindung (f)

contact (n) *[person]* Kontaktperson (f)

contact (v) sich in Verbindung setzen mit *od* Kontakt aufnehmen zu

contain enthalten

container *[box, tin]* Behälter (m)

container *[for shipping]* Container (m)

container port Containerhafen (m)

container ship Containerschiff (n)

container terminal Containerterminal (m)

containerization *[putting into containers]* Verpackung (f) in Container

containerization *[shipping in containers]* Umstellung (f) auf Container(transport)

containerize *[put into containers]* in Container verpacken

containerize *[ship in containers]* auf Container(transport) umstellen

content Gehalt (m)

contents Inhalt (m)

contested takeover angefochtene Übernahme

contingency unvorhergesehenes Ereignis (n); Eventualität (f)

contingency fund Fonds (m) für außerordentliche Rückstellungen

contingency plan Krisenplan (m)

continual wiederholt; ständig

continually wiederholt; ständig

continuation Fortsetzung (f) *od* Fortführung (f)

continue andauern; fortsetzen

continuous kontinuierlich *od* stetig

continuous feed Endlospapiereinzug (m)

continuous stationery Endlospapier (n)

contra account Gegenkonto (n)

contra an entry einen Eintrag gegenbuchen *od* stornieren

contra entry Gegenbuchung (f)

contract (n) Vertrag (m)

contract (v) sich vertraglich verpflichten *od* einen Vertrag abschließen

contract law Vertragsrecht (n) *od* Schuldrecht (n)

contract note Ausführungsanzeige (f)

contract of employment Arbeitsvertrag (m)

contract work vertragliche Leistung

contracting party Vertragspartner/-in

contractor Auftragnehmer/-in

contractual vertraglich *od* Vertrags-

contractual liability Vertragshaftung (f)

contractually vertraglich *od* durch Vertrag

contrary Gegenteil (n)

contrast (n) Gegensatz (m)

contribute beitragen *od* einen Beitrag leisten

contribution Beitrag (m)

contribution of capital Kapitaleinbringung (f) *od* Kapitaleinlage (f)

contributor Beitragsleistende(r); Mitarbeiter/-in

control (n) *[check]* Kontrolle (f) *od* Überwachung (f)

control (n) *[power]* Leitung (f) *od* Beherrschung (f)

control (v) kontrollieren; leiten

control a business die Mehrheitsbeteiligung an einem Unternehmen haben

control key Kontrolltaste (f)

control systems Steuerungssystem (n) *od* Regelkreis (m)

controlled economy gelenkte Wirtschaft; Planwirtschaft (f)

controller (US) Controller (m)

controller *[who checks]* Controller (m)

controlling (adj) Aufsichts-

convene einberufen; zusammenrufen

convenient geeignet; praktisch *od* günstig

conversion Umwandlung (f) *od* Konvertierung (f)

conversion of funds widerrechtliche Aneignung von Geldern

conversion price *or* **conversion rate** Umrechnungskurs (m)

convert tauschen *od* umtauschen

convertibility Konvertierbarkeit (f)

convertible currency frei konvertierbare Währung

convertible loan stock Wandelanleihe (f)

conveyance Eigentumsübertragung (f) *od* Übertragungsurkunde (f)

conveyancer Notar/-in (für Eigentumsübertragungen)

conveyancing Eigentumsübertragung (f)

cooling off period (after purchase) Überlegungsfrist (f) *od* Rücktrittsfrist (f)

cooperative society Genossenschaft (f)

copartner Teilhaber/-in

copartnership Teilhaberschaft (f)

cope zurechtkommen *od* fertig werden

copier Kopierer (m)

copy (n) *[a document]* Ausfertigung (f)

copy (n) *[book, newspaper]* Ausgabe (f) *od* Exemplar (n)

copy (n) *[of document]* Kopie (f) *od* Durchschlag (m)

copy (v) kopieren; einen Durchschlag *od* eine Abschrift machen

copying machine Kopierer (m)

corner (n) *[angle]* Ecke (f)

corner (n) *[monopoly]* Monopol (n)

corner shop Eckladen (m); Tante-Emma-Laden (m)

corner the market monopolisieren

corporate image Firmenimage (n)

corporate name Firmenname (m)

corporate plan Unternehmensplan (m)

corporate planning Unternehmensplanung (f)

corporate profits Unternehmensgewinne (mpl)

corporation Unternehmen (n) *od* Kapitalgesellschaft (f)

corporation tax Körperschaftssteuer (f)

correct (adj) richtig *od* korrekt

correct (v) korrigieren *od* verbessern

correction Korrektur (f) *od* Verbesserung (f)

correspond with someone mit jdm korrespondieren *od* in Briefwechsel stehen

correspond with something (sich) entsprechen *od* übereinstimmen

correspondence Korrespondenz (f) *od* Schriftverkehr (m)

correspondent *[journalist]* Korrespondent/-in

correspondent *[who writes letters]* Briefpartner/-in

cost (n) Kosten (pl) *od* Preis (m)

cost (v) kosten

cost accountant Kostenrechner/-in

cost accounting Kostenrechnung (f)

cost analysis Kostenanalyse (f)

cost centre Kostenstelle (f)

cost factor Kostenfaktor (m)

cost of living Lebenshaltungskosten (pl)

cost of sales Absatzkosten (pl) *od* Vertriebskosten (pl)

cost plus Ist-Kosten (pl) plus prozentualer Gewinnaufschlag

cost price Selbstkostenpreis (m) *od* Einstandspreis (m)

cost, insurance and freight (c.i.f.) Kosten, Versicherung, Fracht (cif)

cost-benefit analysis Kosten-Nutzen-Analyse (f)

cost-cutting Kostensenkung (f)

cost-effective rentabel; kostenwirksam

cost-effectiveness Kostenrentabilität (f) *od* Kostenwirksamkeit (f)

cost-of-living allowance Lebenshaltungskostenzuschuß (m)

cost-of-living bonus Teuerungszulage (f)

cost-of-living increase Gehaltszulage (f) zur Anpassung an gestiegene Lebenshaltungskosten

cost-of-living index Lebenshaltungs(kosten)index (m)

cost-push inflation Kostendruck-Inflation (f)

costing Kostenberechnung (f)

costly teuer *od* kostspielig

costs Kosten (pl); Gerichtskosten (pl)

counsel Anwalt/Anwältin

count (v) *[add]* zählen

count (v) *[include]* mitzählen *od* zählen

counter Ladentisch (m) *od* Tresen (m)

counter staff Verkaufspersonal (n)

counter-claim (n) Gegenforderung (f) *od* Widerklage (f)

counter-claim (v) eine Gegenforderung *od* Widerklage erheben

counter-offer *or* **counterbid** Gegengebot (n)

counterfeit (adj) gefälscht *od* Falsch-

counterfeit (v) fälschen

counterfoil Kontrollabschnitt (m)

countermand widerrufen

countersign gegenzeichnen

country *[not town]* Land (n)

country *[state]* Land (n) *od* Staat (m)

country of origin Ursprungsland (n)

coupon Gutschein (m) *od* Coupon (m)

coupon ad Couponanzeige (f)

courier *[guide]* Reiseleiter/-in

courier *[messenger]* Kurier (m) *od* Eilbote (m)

court Gericht (n)

court case Gerichtsverfahren (n) *od* Prozeß (m)

covenant (n) Vertrag (m) *od* Abkommen (n)

covenant (v) vertraglich vereinbaren

cover (n) *[insurance]* Versicherungsschutz (m)

cover (n) *[top]* Schutz (m) *od* Hülle (f)

cover (v) *[expenses]* decken

cover (v) *[put on top]* abdecken

cover a risk ein Risiko absichern

cover charge Gedeck (n)

cover costs die Kosten decken

cover note vorläufiger Versicherungsschein (m); Deckungszusage (f)

covering letter Begleitbrief (m)

covering note Begleitschreiben (n)

crane Kran (m)

crash (n) *[accident]* Zusammenstoß (m); Absturz (m)

crash (n) *[financial]* Börsenkrach (m) *od* Crash (m) *od* (finanzieller) Zusammenbruch (m)

crash (v) *[fail]* bankrott gehen *od* zusammenbrechen

crash (v) *[hit]* zusammenstoßen; abstürzen

crate (n) Kiste (f)

crate (v) in Kisten verpacken

credit (n) Kredit (m) *od* Darlehen (n)

credit (v) gutschreiben; kreditieren

credit account Kundenkonto (n)

credit agency Kreditauskunftei (f)

credit balance Habensaldo (m) *od* Guthaben (n)

credit bank Kreditbank (f)

credit card Kreditkarte (f)

credit card sale Verkauf (m) auf Kreditkarte

credit ceiling Krediththöchstgrenze (f)

credit column Habenspalte (f)

credit control Kreditüberwachung (f) *od* Kreditkontrolle (f)
credit entry Habenbuchung (f) *od* Gutschrift (f)
credit facilities Kreditmodalitäten (fpl)
credit freeze Einfrieren (n) von Krediten (mpl)
credit limit Kreditlimit (n)
credit note Gutschriftanzeige (f)
credit policy Kreditpolitik (f)
credit rating Kreditwürdigkeit (f) *od* Bonität (f)
credit side Habenseite (f)
creditworthy kreditwürdig
credit: on credit auf Kredit
creditor Gläubiger/-in
cross a cheque einen Scheck zur Verrechnung ausstellen
cross off streichen
cross out durchstreichen
cross rate Kreuzparität (f) *od* indirekte Parität
crossed cheque Verrechnungsscheck (m)
cubic Kubik- *od* Raum-
cubic measure Kubikmaß (n) *od* Raummaß (n)
cum mit *od* cum
cum coupon mit Coupon (m)
cum dividend mit Dividende (f)
cumulative kumulativ *od* anhäufend
cumulative interest Zins und Zinseszins (m)
cumulative preference share kumulative Vorzugsaktie
currency Währung (f)
currency conversion Währungskonvertierung (f)
currency note Banknote (f)
currency reserves Währungsreserven (fpl)
current gegenwärtig *od* aktuell
current account laufendes Konto *od* Girokonto (n)
current assets Umlaufvermögen (n)
current cost accounting Rechnungslegung (f) zum Wiederbeschaffungswert
current liabilities kurzfristige Verbindlichkeiten (fpl)
current price Tagespreis (m) *od* Tageskurs (m)
current rate of exchange Tageskurs (m)
current yield laufende Rendite
curriculum vitae (CV) Lebenslauf (m)
curve Kurve (f)
custom Kundschaft (f) *od* Klientel (f)
custom-built *or* **custom-made** spezialangefertigt
customer Kunde/Kundin; Auftraggeber/-in
customer appeal Anziehungskraft (f) auf den Kunden
customer loyalty Kundentreue (f)
customer satisfaction Zufriedenstellung (f) der Kunden
customer service department Kundendienst (m)
customs Zoll (m) *od* Zollbehörde (f)
Customs and Excise Behörde (f) für Zölle und Verbrauchssteuern
customs barrier Zollschranke (f)
customs broker Zollmakler/-in
customs clearance Zollabfertigung (f)
customs declaration Zollerklärung (f)
customs declaration form Zollerklärungsformular (n)
customs duty Zoll (m) *od* Zollabgabe (f)
customs entry point Zollanmeldestelle (f)
customs examination Zollkontrolle (f)
customs formalities Zollformalitäten (fpl)
customs officer *or* **customs official** Zollbeamte(r)/Zollbeamtin
customs receipt Zollquittung (f)
customs seal Zollverschluß (m) *od* Zollsiegel (n)
customs tariff Zolltarife (mpl)
customs union Zollunion (f)
cut (n) Senkung (f) *od* Kürzung (f)
cut (v) streichen; reduzieren; kürzen
cut down on expenses die Kosten verringern
cut price (n) Niedrigpreis (m) *od* herabgesetzer Preis
cut-price (adj) herabgesetzt *od* ermäßigt
cut-price goods herabgesetzte Waren (fpl) *od* Billigwaren (fpl)
cut-price petrol verbilligtes Benzin
cut-price store Laden (m) mit reduzierten Preisen (mpl)
cut-throat competition mörderischer Wettbewerb
CV (= curriculum vitae) Lebenslauf (m)
cycle Zyklus (m) *od* Kreislauf (m)
cyclical zyklisch *od* konjunkturbedingt
cyclical factors zyklische *od* konjunkturelle Faktoren (mpl)

Dd

daily täglich
daisy-wheel printer Typenraddrucker (m)
damage (n) Schaden (m) *od* Beschädigung (f)
damage (v) beschädigen
damage survey Schadenprüfung (f) *od* Schadenfeststellung (f)
damage to property Sachschaden (m)
damaged beschädigt *od* schadhaft
damages Schadenersatz (m) *od* Entschädigung (f)
data Daten (pl)
data processing Datenverarbeitung (f)
data retrieval Datenrückgewinnung (f)
database Datenbank (f)
date (n) Datum (n)
date (v) datieren
date of receipt Eingangsdatum (n) *od* Empfangsdatum (n)
date stamp Datumsstempel (m)
dated datiert
day *[24 hours]* Tag (m)
day *[working day]* Arbeitstag (m) *od* Tag (m)
day shift Tagschicht (f)
day-to-day täglich *od* Tages-
dead (adj) *[person]* tot *od* verstorben
dead account umsatzloses Konto
dead loss Totalverlust (m)
deadline (letzter) Termin; Stichtag (m)
deadlock (n) Stillstand (m)
deadlock (v) zum Stillstand bringen
deadweight Eigengewicht (n) *od* Leergewicht (n)
deadweight cargo Schwergut (n)
deadweight tonnage Gesamtzuladungsgewicht (n) *od* Ladefähigkeit (f)
deal (n) Abkommen (n) *od* Geschäft (n)
deal in (v) handeln *od* Handel treiben
deal with an order einen Auftrag ausführen *od* bearbeiten
deal with someone mit jdm in Geschäftsverbindung stehen
dealer Händler/-in
dealing *[commerce]* Handel (m)
dealing *[Stock Exchange]* Effektenhandel (m)
dear teuer *od* kostspielig
debenture Obligation (f) *od* Schuldverschreibung (f)
debenture holder Obligationär (m) *od* Inhaber/-in einer Schuldverschreibung
debit (n) Soll (n)
debit an account ein Konto belasten
debit balance Sollsaldo (m)
debit column Sollspalte (f)
debit entry Sollbuchung (f) *od* Belastung (f)
debit note Belastungsanzeige (f) *od* Lastschriftanzeige (f)
debits and credits Soll und Haben
debt Schuld (f)
debt collection Schuldeneintreibung (f)
debt collection agency Inkassobüro (n)
debt collector Inkassobeauftragte(r) *od* Schuldeneintreiber/-in
debtor Schuldner/-in; Kreditnehmer/-in
debtor side Sollspalte (f) *od* Debetspalte (f)
debts due fällige Schulden (fpl)
decentralization Dezentralisierung (f)
decentralize dezentralisieren
decide entscheiden *od* beschließen
decide on a course of action über die Vorgehensweise entscheiden
deciding ausschlaggebend
deciding factor entscheidender Faktor
decimal (n) Dezimalzahl (f)
decimal point Komma (n)
decision Entscheidung (f) *od* Beschluß (m)
decision maker Entscheidungsträger/-in
decision making Entscheidungsfindung (f) *od* Beschlußfassung (f)
decision-making processes Entscheidungsprozeß (m)
deck Deck (n)
deck cargo Deckladung (f)
declaration Erklärung (f) *od* Deklaration (f)
declaration of bankruptcy Konkurseröffnungsbeschluß (m)
declaration of income Einkommenssteuererklärung (f)
declare erklären *od* bekanntgeben
declare goods to customs Waren beim Zoll deklarieren

declare someone bankrupt jemanden bankrott erklären

declared erklärt

declared value angegebener Wert

decline (n) Rückgang (m) *od* Abnahme (f)

decline (v) *[fall]* zurückgehen *od* abnehmen

decontrol freigeben *od* liberalisieren

decrease (n) Abnahme (f) *od* Verminderung (f) *od* Fall (m)

decrease (v) abnehmen *od* fallen *od* sich vermindern

decrease in price Preisrückgang (m)

decrease in value Wertminderung (f)

decreasing (adj) abnehmend

deduct abziehen

deductible abziehbar

deduction Abzug (m) *od* Abziehen (n)

deed Dokument (n) *od* Urkunde (f)

deed of assignment Übereignungsurkunde (f)

deed of covenant Vertragsurkunde (f) *od* Versprechensurkunde (f)

deed of partnership Gesellschaftsvertrag (m)

deed of transfer Zessionsurkunde (f)

default (n) Nichterfüllung (f) *od* Versäumnis (n)

default (v) nicht erfüllen *od* in (Zahlungs)verzug geraten; unterlassen

default on payments mit Zahlungen in Verzug geraten; Zahlungen nicht leisten

defaulter säumige(r) Schuldner/-in; jd, der einer Verpflichtung nicht nachgekommen ist

defect Defekt (m) *od* Störung (f)

defective *[faulty]* defekt *od* schadhaft

defective *[not valid]* unzulänglich *od* anfechtbar

defence *[legal]* Verteidigung (f) *od* Einrede (f)

defence *[protection]* Verteidigung (f) *od* Abwehr (f)

defence counsel Verteidiger/-in *od* Strafverteidiger/-in

defend verteidigen

defend a lawsuit einen Prozeß als Beklagter führen

defendant Beklagte(r) *od* Angeklagte(r)

defer aufschieben *od* vertagen

defer payment die Zahlung aufschieben

deferment Aufschub (m) *od* Vertagung (f)

deferment of payment Zahlungsaufschub (m)

deferred aufgeschoben *od* vertagt

deferred creditor nachrangiger (Konkurs)gläubiger

deferred payment aufgeschobene Zahlung *od* Ratenzahlung (f)

deficit Defizit (n) *od* Minusbetrag (m)

deficit financing Defizitfinanzierung (f)

deflation Deflation (f)

deflationary deflationär *od* Deflations-

defray *[costs]* tragen *od* übernehmen

defray someone's expenses jemandes Auslagen übernehmen

del credere Delkredere (n)

del credere agent Delkrederevertreter/-in

delay (n) Verzögerung (f) *od* Verzug (m)

delay (v) verzögern; aufhalten

delegate (n) Delegierte(r) *od* Bevollmächtigte(r)

delegate (v) delegieren *od* bevollmächtigen

delegation *[action]* Delegierung (f)

delegation *[people]* Delegation (f) *od* Abordnung (f)

delete streichen

deliver liefern *od* zustellen

delivered price Lieferpreis (m)

delivery *[bill of exchange]* Übertragung (f)

delivery *[goods]* Lieferung (f)

delivery date Liefertermin (m)

delivery note Lieferschein (m)

delivery of goods Warenlieferung (f)

delivery order Lieferauftrag (m)

delivery time Lieferzeit (f)

delivery van Lieferwagen (m)

deliveryman Lieferant (m)

demand (n) *[for payment]* Forderung (f) *od* Aufforderung (f)

demand (n) *[need]* Nachfrage (f) *od* Bedarf (m)

demand (v) fordern *od* verlangen

demand deposit Sichteinlage (f)

demonstrate vorführen

demonstration Vorführung (f)

demonstration model Vorführmodell (n)

demonstrator Vorführer/-in

demurrage Liegegeld (n)

department *[in government]* Ministerium (n)

department *[in office]* Abteilung (f)

department *[in shop]* Abteilung (f)

department store Kaufhaus (n) *od* Warenhaus (n)

departmental Abteilungs-

departmental manager Abteilungsleiter/-in

departure *[going away]* Abreise (f) *od* Abfahrt (f); Abflug (m)

departure *[new venture]* neuer Anfang *od* neue Richtung

departure lounge Abflughalle (f); Warteraum (m)

departures Abflug (m)

depend on angewiesen sein auf

depending on abhängig von *od* je nach

deposit (n) *[in bank]* Einzahlung (f) *od* Einlage (f)

deposit (n) *[paid in advance]* Anzahlung (f)

deposit (v) einzahlen; in Verwahrung geben *od* deponieren

deposit account Sparkonto (n)

deposit slip Einzahlungsbeleg (m)

depositor Einzahler/-in *od* Einleger/-in

depository *[place]* Depositorium (n) *od* Hinterlegungsstelle (f)

depot Depot (n) *od* Lagerhaus (n)

depreciate *[amortize]* abschreiben

depreciate *[lose value]* fallen *od* an Wert verlieren

depreciation *[amortizing]* Abschreibung (f)

depreciation *[loss of value]* Wertminderung (f) *od* Abwertung (f)

depreciation rate Abschreibungssatz (m)

depression Depression (f) *od* Flaute (f)

dept (= department) Abt. (= Abteilung) (f)

deputize for someone jdn vertreten *od* als jds Vertreter fungieren

deputy Stellvertreter/-in

deputy manager stellvertretende(r) Geschäftsführer/-in *od* Leiter/-in

deputy managing director stellvertretende(r) geschäftsführende(r) Direktor/-in

deregulation Deregulierung (f)

describe beschreiben *od* bezeichnen

description Beschreibung (f) *od* Schilderung (f)

design (n) Design (n) *od* Entwurf (m)

design (v) entwerfen *od* entwickeln

design department Konstruktionsabteilung (f) *od* Designabteilung (f)

desk Schreibtisch (m)

desk diary Tischkalender (m)

desk-top publishing (DTP) Desktop publishing (DTP) (n)

despatch (= dispatch)

destination Bestimmungsort (m)

detail (n) Detail (n) *od* Einzelheit (f)

detail (v) detailliert aufführen

detailed detailliert *od* ausführlich

detailed account spezifizierte Rechnung; eingehender Bericht

determine bestimmen *od* festsetzen

Deutschmark (Deutsche) Mark (f)

devaluation Abwertung (f)

devalue abwerten

develop *[build]* erschließen; ausbauen

develop *[plan]* entwickeln

developing country Entwicklungsland (n)

development Entwicklung (f)

device Gerät (n) *od* Vorrichtung (f)

diagram Diagramm (n) *od* graphische Darstellung (f)

dial (v) wählen

dial a number eine Nummer wählen

dial direct durchwählen

dialling Wählen (n)

dialling code Vorwahl (f) *od* Ortsnetzkennzahl (f)

dialling tone Wählton (m)

diary Terminkalender (m); Tagebuch (n)

dictate diktieren

dictating machine Diktiergerät (n)

dictation Diktat (n)

differ sich unterscheiden

difference Unterschied (m)

differences in price Preisunterschiede (mpl)

different unterschiedlich *od* verschieden

differential (adj) unterschiedlich *od* verschieden

differential tariffs Differentialtarife (mpl) *od* Staffeltarife (mpl)

digit Ziffer (f)

dilution of equity Wertminderung (f) von Beteiligungen

direct (adj) direkt *od* unmittelbar

direct (adv) direkt *od* unmittelbar

direct (v) leiten *od* führen

direct cost Selbstkosten (pl)

direct debit Abbuchung (f) auf Grundlage einer Einzugsermächtigung *od* Gebühreneinzug per Lastschrift

direct mail Direktversand (m) *od* Postwurfsendung (f)

direct mailing Direktversand (m) *od* Direktwerbung (f)

direct selling Direktverkauf (m)

direct tax direkte Steuer

direct taxation direkte Besteuerung

direct-mail advertising Werbung (f) durch Postwurfsendung

direction Leitung (f) *od* Führung (f)

directions for use Gebrauchsanweisung (f) *od* Benutzerhinweise (mpl)

directive Direktive (f) *od* Verordnung (f)

director Direktor/-in; Mitglied (n) eines Board of Directors

directory Verzeichnis (n)

disburse ausbezahlen *od* auszahlen

disbursement Auszahlung (f) *od* Auslage (f)

discharge (n) *[of debt]* Tilgung (f) *od* Begleichung (f)

discharge (v) *[employee]* entlassen

discharge a debt eine Schuld begleichen

disclaimer Haftungsablehnungserklärung (f); Verzichterklärung (f)

disclose aufdecken *od* enthüllen

disclose a piece of information eine Information enthüllen *od* preisgeben

disclosure Aufdeckung (f) *od* Enthüllung (f)

disclosure of confidential information Enthüllung (f) vertraulicher Informationen

discontinue auslaufen lassen *od* die Produktion einstellen

discount (n) Rabatt (m) *od* Preisnachlaß (m)

discount (v) Rabatt gewähren

discount house *[bank]* Diskontbank (f)

discount house *[shop]* Discountgeschäft (n) *od* Billigladen (m)

discount price Preis (m) nach Abzug des Rabatts

discount rate Diskontsatz (m)

discount store Discountgeschäft (n) *od* Billigladen (m)

discountable diskontfähig *od* diskontierbar

discounted cash flow (DCF) diskontierter Cash-flow

discounter Diskontbank (f); Discounter (m)

discrepancy Diskrepanz (f)

discuss diskutieren *od* besprechen

discussion Diskussion (f); Besprechung (f); Debatte (f)

dishonour nicht honorieren; nicht einhalten

dishonour a bill einen Wechsel nicht annehmen *od* bezahlen

disk Platte (f); Diskette (f)

disk drive Diskettenlaufwerk (n)

diskette Diskette (f)

dismiss an employee einen Arbeitnehmer entlassen

dismissal Entlassung (f)

dispatch (n) *[goods sent]* Sendung (f)

dispatch (n) *[sending]* Versand (m); Beförderung (f)

dispatch (v) *[send]* versenden *od* schicken

dispatch department Versandabteilung (f)

dispatch note Versandschein (m); Avis (m *od* n)

display (n) Auslage (f) *od* Vorführung (f)

display (v) ausstellen; zeigen *od* vorführen

display case Schaukasten (m) *od* Vitrine (f)

display material Auslagematerial (n)

display pack Schaupackung (f)

display stand Auslagenstand (m) *od* Präsentationsstand (m)

display unit Schaukasten (m); Vollsichtregal (n)

disposable Wegwerf- *od* Einweg-

disposal Veräußerung (f); Verfügung (f)

dispose of excess stock überschüssige Warenbestände veräußern

dissolve auflösen *od* aufheben

dissolve a partnership eine Personengesellschaft auflösen

distress merchandise (im Notverkauf) stark herabgesetzte Ware

distress sale Notverkauf (m)

distributable profit ausschüttbarer Gewinn

distribute *[goods]* vertreiben

distribute *[share]* ausschütten *od* verteilen

distribution Vertrieb (m) *od* Verteilung (f)

distribution channels Vertriebswege (mpl) *od* Distributionskanäle (mpl)

distribution costs Vertriebskosten (pl)

distribution manager Vertriebsleiter/-in

distribution network Vertriebsnetz (n) *od* Verteilernetz (n)

distributor Verteiler (m) *od* Vertragshändler/-in

distributorship Vertriebsrecht (n) *od* Vertrieb (m)

diversification Diversifikation (f) *od* Diversifizierung (f)

diversify diversifizieren *od* ausweiten

dividend Dividende (f)

dividend cover Dividendendeckung (f)

dividend warrant Dividendenschein

(m) *od* Dividendenzahlungsanweisung (f)

dividend yield Dividendenertrag (m)

division *[part of a company]* Abteilung (f); Unternehmensbereich (m)

division *[part of a group]* Geschäftsbereich (m); Sparte (f)

dock (n) Dock (n)

dock (v) *[remove money]* kürzen

dock (v) *[ship]* docken *od* eindocken

docket Inhaltsverzeichnis (n) *od* Warenbegleitschein (m)

doctor's certificate Attest (n) *od* ärztliche Bescheinigung (f)

document Dokument (n) *od* Urkunde (f)

documentary dokumentarisch *od* urkundlich

documentary evidence Urkundenbeweis (m); schriftliches Beweisstück (n)

documentary proof Urkundenbeweis (m)

documentation Dokumentation (f) *od* Unterlagen (pl)

documents Dokumente (npl)

dollar Dollar (m) *od* US-Dollar (m)

dollar area Dollarraum (m) *od* Dollarzone (f)

dollar balance Dollarbilanz (f)

dollar crisis Dollarkrise (f)

domestic Innen- *od* einheimisch

domestic market Binnenmarkt (m) *od* Inlandsmarkt (m)

domestic production Inlandsproduktion (f)

domestic sales Inlandsabsatz (m)

domestic trade Binnenhandel (m)

domicile Wohnsitz (m); Sitz (m); Niederlassung (f)

door Tür (f)

door-to-door von Haus zu Haus

door-to-door salesman Hausierer (m) *od* Vertreter (m); Drücker (m)

door-to-door selling Direktverkauf (m) *od* Haustürverkauf (m)

dossier Dossier (n)

dot-matrix printer Matrixdrucker (m)

double (adj) doppelt

double (v) verdoppeln

double taxation Doppelbesteuerung (f)

double taxation agreement Doppelbesteuerungsabkommen (n)

double-book doppelt belegen *od* doppelt buchen

double-booking Doppelbuchung (f) *od* Doppelreservierung (f)

down unten *od* niedrig *od* gefallen

down payment Anzahlung (f)

down time Ausfallzeit (f)

down-market billig *od* auf den Massenmarkt ausgerichtet

downside factor Verlustfaktor (m)

downtown (adv) in der Innenstadt gelegen

downtown (n) Geschäftsviertel (n); Innenstadt (f)

downturn Rückgang (m) *od* Abflauen (n)

downward nach unten *od* rückläufig

dozen Dutzend (n)

drachma *[Greek currency]* Drachme (f)

draft (n) *[money]* Wechsel (m) *od* Tratte (f)

draft (n) *[rough plan]* Entwurf (m) *od* Konzept (n)

draft (v) entwerfen *od* konzipieren

draft a contract einen Vertrag entwerfen

draft a letter einen Brief aufsetzen

draft plan Planskizze (f)

draft project Projektentwurf (m)

draw *[a cheque]* ausstellen

draw *[money]* abheben

draw up aufsetzen *od* aufstellen

draw up a contract einen Vertrag aufsetzen *od* entwerfen

drawee Bezogene(r) *od* Trassat (m)

drawer Aussteller/-in *od* Trassant (m)

drawing account Kontokorrentkonto (n)

drive (n) *[campaign]* Kampagne (f)

drive (n) *[energy]* Elan (m)

drive (n) *[part of machine]* Antrieb (m)

drive (v) *[a car]* fahren

driver Fahrer/-in

drop (n) Rückgang (m)

drop (v) zurückgehen *od* fallen

drop in sales Umsatzrückgang (m) *od* Absatzrückgang (m)

due *[awaited]* erwartet

due *[owing]* fällig

dues *[orders]* Vorbestellungen (fpl)

duly *[in time]* erwartungsgemäß

duly *[legally]* vorschriftsmäßig *od* ordnungsgemäß

dummy Attrappe (f); Blindband (m)

dummy pack Schaupackung (f) *od* Leerpackung (f)

dump bin Wühlkorb (m)

dump goods on a market Waren zu Schleuderpreisen auf den Markt bringen

dumping Dumping (n)

duplicate (n) Duplikat (n) *od* Zweitschrift (f)

duplicate (v) kopieren

duplicate an invoice eine Rechnung kopieren

duplicate receipt *or* **duplicate of a receipt** Quittungsduplikat (n)

duplication Vervielfältigung (f)

durable goods langlebige Güter (npl)

duty *[tax]* Steuer (f) *od* Zoll (m)

duty-free zollfrei

duty-free shop Duty-free Shop (m)

duty-paid goods verzollte Waren (fpl)

Ee

e. & o.e. (errors and omissions excepted) Irrtümer und Auslassungen vorbehalten

early früh *od* vorzeitig

earmark funds for a project Geldmittel für ein Projekt bereitstellen

earn *[interest]* bringen *od* einbringen

earn *[money]* verdienen

earning capacity Verdienstmöglichkeit (f)

earnings *[profit]* Gewinn (m) *od* Ertrag (m)

earnings *[salary]* Einkommen (n) *od* Einkünfte (pl)

earnings per share *or* **earnings yield** Gewinnrendite (f)

easy einfach *od* leicht

easy terms günstige Bedingungen (fpl) *od* Zahlungserleichterungen (fpl)

ECGD (= Export Credit Guarantee Department) staatliche Exportkreditversicherung

economic *[general]* Wirtschafts-

economic *[profitable]* rentabel *od* wirtschaftlich

economic cycle Konjunkturzyklus (m)

economic development wirtschaftliche Entwicklung

economic growth Wirtschaftswachstum (n)

economic indicators Konjunkturindikatoren (fpl)

economic model Wirtschaftsmodell (n)

economic planning Wirtschaftsplanung (f)

economic trends konjunkturelle Entwicklung; Wirtschaftsentwicklung (f)

economical sparsam *od* rationell

economics *[profitability]* ökonomischer Aspekt

economics *[study]* Volkswirtschaft (f) *od* Wirtschaftswissenschaft (f)

economies of scale Größenvorteile (mpl) *od* Größendegression (f)

economist Volkswirt/-in *od* Wirtschaftswissenschaftler/-in

economize einsparen *od* sparsam wirtschaften

economy *[saving]* Sparsamkeit (f) *od* Wirtschaftlichkeit (f)

economy *[system]* Wirtschaft (f)

economy class Touristenklasse (f) *od* Economyklasse (f)

ecu *or* **ECU (= European currency unit)** Ecu *od* ECU (m *od* f)

effect (n) Auswirkung (f) *od* Effekt (m)

effect (v) ausführen *od* durchführen

effective effektiv *od* Effektiv-

effective date Stichtag (m) *od* Tag (m) des Inkrafttretens

effective demand effektive Nachfrage

effective yield Effektivertrag (m) *od* Effektivrendite (f)

effectiveness Wirksamkeit (f) *od* Leistungsfähigkeit (f)

efficiency Fähigkeit (f) *od* Effizienz (f)

efficient leistungsfähig *od* effizient *od* tüchtig

effort Anstrengung (f) *od* Mühe (f)

elasticity Elastizität (f)

elect wählen

election Wahl (f)

electronic mail elektronische Post *od* E-Mail (f)

electronic point of sale (EPOS) elektronisches Kassenterminal (n) *od* Datenkasse (f)

elevator *[goods]* Warenaufzug (m)

elevator *[grain]* Silo (m) *od* Getreidespeicher (m)

email (= electronic mail) elektronische Post *od* E-Mail (f)

embargo (n) Embargo (n) *od* Handelssperre (f)

embargo (v) ein Embargo verhängen

embark (sich) einschiffen

embark on mit etwas neu beginnen

embarkation Einschiffung (f)

embarkation card Bordkarte (f)

embezzle unterschlagen *od* veruntreuen

embezzlement Unterschlagung (f) *od* Veruntreuung (f)

embezzler jemand, der Geld unterschlagen hat

emergency Notlage (f) *od* Notfall (m) *od* Notstand (m)

emergency reserves Notfonds (m)

employ beschäftigen *od* einstellen

employed *[in job]* beschäftigt *od* angestellt

employed *[money]* eingesetzt *od* angelegt

employed *[used]* angewendet

employee Arbeitnehmer/-in; Angestellte(r)

employer Arbeitgeber/-in

employment Beschäftigung (f); Anstellung (f); Stelle (f)

employment agency Stellenvermittlung (f)

employment bureau Stellenvermittlung (f)

empty (adj) leer

empty (v) leerräumen *od* ausräumen

EMS (= European Monetary System) EWS (Europäisches Währungssystem) (n)

encash einlösen

encashment Einlösung (f); Inkasso (n)

enclose beilegen *od* beifügen

enclosure Anlage (f) *od* Beilage (f)

end (n) Ende (n) *od* Beendigung (f)

end (v) enden; beenden

end of season sale Sommerschlußverkauf (m) *od* Winterschlußverkauf (m)

end product Endprodukt (n)

end user Endverbraucher (m) *od* Endbenutzer (m)

endorse a cheque einen Scheck girieren

endorsee Indossatar (m)

endorsement *[action]* Indossierung (f); Indossament (n)

endorsement *[on insurance]* Nachtrag (m) (zu einer Police)

endorser Indossant (m)

energy *[electricity]* Energie (f)

energy *[human]* Energie (f) *od* Kraft (f)

energy-saving (adj) energiesparend

enforce erzwingen *od* durchsetzen

enforcement Erzwingung (f) *od* Durchsetzung (f)

engaged *[telephone]* besetzt

engaged tone Besetztzeichen (n)

enquire sich erkundigen *od* Erkundigungen (fpl) einziehen

enquiry Anfrage (f)

enter *[go in]* eintreten *od* einsteigen

enter *[write in]* eintragen

enter into *[discussion]* aufnehmen *od* eingehen

entering Eintragung (f)

enterprise Unternehmertum (n); Unternehmen (n)

entitle berechtigen

entitlement Anspruch (m) *od* Berechtigung (f)

entrepot port Umschlaghafen (m)

entrepreneur Unternehmer/-in

entrepreneurial unternehmerisch

entrust anvertrauen

entry *[going in]* Eintritt (m) *od* Eingang (m)

entry *[writing]* Eintrag (m)

entry visa Einreisevisum (n)

epos *or* **EPOS (= electronic point of sale)** elektronisches Kassenterminal (n) *od* Datenkasse (f)

equal (adj) gleich

equal (v) gleichen *od* gleichkommen

equalization Ausgleich (m) *od* Angleichung (f)

equip ausrüsten *od* ausstatten

equipment Ausstattung (f) *od* Einrichtung (f)

equities Stammaktien (fpl)

equity Eigenkapital (n)

equity capital Aktienkapital (n)

erode aushöhlen *od* auswaschen

error Fehler (m)

error rate Fehlerquote (f)

errors and omissions excepted (e. & o.e.) Irrtümer und Auslassungen vorbehalten

escalate eskalieren *od* ansteigen

escape clause Befreiungsklausel (f) *od* Rücktrittsklausel (f)

escrow account Treuhandkonto (n)

escudo *[Portuguese currency]* Escudo (m)

essential wesentlich *od* unerläßlich

establish gründen *od* schaffen *od* bilden

establishment *[business]* Geschäft (n) *od* Betrieb (m)

establishment *[staff]* Personalbestand (m)

estimate (n) *[calculation]* Schätzung (f) *od* Überschlag (m)

estimate (n) *[quote]* Kostenvoranschlag (m)

estimate (v) schätzen

estimated geschätzt *od* veranschlagt

estimated figure Schätzwert (m)

estimated sales geschätzter Absatz

estimation Schätzung (f)

EU (= **European Union**) EU (Europäische Union) (f)

Eurocheque Euroscheck (m) *od* Eurocheque (m)

Eurocurrency Eurowährung (f)

Eurodollar Eurodollar (m)

Euromarket Euromarkt (m)

European europäisch

European Investment Bank (EIB) Europäische Investitionsbank

European Monetary System (EMS) Europäisches Währungssystem (EWS)

European Union (EU) Europäische Union (EU)

evade umgehen *od* sich entziehen

evade tax Steuern hinterziehen

evaluate abschätzen *od* berechnen

evaluate costs Kosten berechnen

evaluation Abschätzung (f) *od* Berechnung (f)

evasion Umgehung (f) *od* Ausweichen (n)

ex coupon ohne Coupon

ex dividend ohne Dividende

ex-directory nicht im Telefonbuch aufgeführt

exact genau *od* exakt

exactly genau

examination *[inspection]* Untersuchung (f) *od* Prüfung (f)

examination *[test]* Prüfung (f) *od* Examen (n)

examine untersuchen *od* prüfen

exceed überschreiten *od* hinausgehen über

excellent ausgezeichnet *od* hervorragend

except außer

exceptional außergewöhnlich

exceptional items Sonderposten (mpl)

excess Überschuß (m) *od* Mehrbetrag (m)

excess baggage Übergewicht (n)

excess capacity Überkapazität (f)

excess profits Übergewinn (m) *od* Mehrgewinn (m)

excessive übermäßig

excessive costs übermäßige Kosten (pl)

exchange (n) *[currency]* Devisen (pl)

exchange (v) *[currency]* wechseln *od* tauschen

exchange (v) *[one thing for another]* tauschen *od* umtauschen

exchange control Devisenkontrolle (f)

exchange rate Wechselkurs (m)

exchangeable austauschbar *od* umtauschbar

Exchequer Finanzministerium (n)

excise (v) *[cut out]* entfernen *od* herausschneiden

excise duty Verbrauchssteuer (f)

Excise officer Steuereinnehmer/-in

exclude ausschließen

excluding außer *od* ausgenommen

exclusion Ausschluß (m)

exclusion clause Ausschlußklausel (f) *od* Freizeichnungsklausel (f)

exclusive agreement Exklusivvertrag (m)

exclusive of exklusive *od* ausschließlich

exclusive of tax ohne Steuer

exclusivity Exklusivrecht (n)

execute ausführen

execution Ausführung (f) *od* Durchführung (f)

executive (adj) exekutiv *od* Exekutiv-

executive (n) Führungskraft (f); leitende(r) Angestellte(r)

executive director geschäftsführendes Mitglied des Board of Directors

exempt (adj) ausgenommen *od* befreit

exempt (v) befreien *od* freistellen

exempt from tax steuerfrei *od* von der Steuer befreit

exemption Befreiung (f)

exemption from tax Steuerbefreiung (f)

exercise (n) Anwendung (f) *od* Ausübung (f)

exercise (v) anwenden *od* ausüben

exercise an option ein Optionsrecht ausüben

exercise of an option Ausübung (f) eines Optionsrechts

exhibit (v) ausstellen

exhibition Ausstellung (f)

exhibition hall Messehalle (f) *od* Ausstellungshalle (f)

exhibitor Aussteller/-in

expand vergrößern; expandieren; ausbauen

expansion Vergrößerung (f) *od* Expansion (f) *od* Ausbau (m)

expenditure Ausgaben (fpl) *od* Aufwendungen (fpl)

expense Ausgabe (f) *od* Kosten (pl)

expense account Spesenkonto (n) *od* Spesenrechnung (f)

expenses Kosten (pl) *od* Spesen (pl)

expensive teuer

experienced erfahren *od* sachkundig

expertise Fachwissen (n) *od* Sachkenntnis (f)

expiration Ablauf (m) *od* Erlöschen (n)

expire ablaufen *od* erlöschen

expiry Ablauf (m) *od* Erlöschen (n)

expiry date Ablauftermin (m) *od* Verfallsdatum (n)

explain erklären

explanation Erklärung (f)

exploit nutzen; ausbeuten

explore untersuchen *od* sondieren

export (n) Export (m) *od* Ausfuhr (f)

export (v) exportieren *od* ausführen

Export Credit Guarantee Department (ECGD) staatliche Exportkreditversicherung

export department Exportabteilung (f)

export duty Ausfuhrzoll (m)

export licence *or* **export permit** Ausfuhrgenehmigung (f)

export manager Exportleiter/-in

export trade Exporthandel (m)

exporter Exporteur (m) *od* Exportfirma (f)

exporting (adj) Ausfuhr- *od* Export-

exports Exporte (mpl)

exposure Risiko (n)

express (adj) *[fast]* per Expreß *od* Eil-

express (adj) *[stated clearly]* ausdrücklich

express (v) *[send fast]* per Expreß *od* als Eilsendung schicken

express (v) *[state]* ausdrücken

express delivery Eilzustellung (f)

express letter Eilbrief (m)

extend *[grant]* gewähren

extend *[make longer]* verlängern *od* prolongieren

extended credit verlängerter Kredit

extension *[making longer]* Verlängerung (f) *od* Prolongation (f)

extension *[telephone]* Anschluß (m); Apparat (m)

external *[foreign]* ausländisch

external *[outside a company]* außerbetrieblich *od* extern

external account Auslandskonto (n)

external audit außerbetriebliche *od* unabhängige Revision

external auditor externe(r) *od* außerbetriebliche(r) Revisor/-in

external trade Außenhandel (m)

extra extra *od* zusätzlich

extra charges Nebenkosten (pl)

extraordinary außerordentlich *od* außergewöhnlich

extraordinary items Sonderposten (mpl)

extras Nebenausgaben (fpl) *od* Sonderausgaben (fpl)

Ff

face value Nominalwert (m) *od* Nennwert (m)

facilities Einrichtungen (fpl)

facility *[building]* Anlage (f) *od* Betriebsanlage (f)

facility *[credit]* Fazilität (f) *od* Kredit (m)

facility *[ease]* Erleichterung (f)

factor (n) *[influence]* Faktor (m)

factor (n) *[person, company]* Factor (m)

factor (v) Forderungen (fpl) aufkaufen

factoring Factoring (n)

factoring charges Factoring-Gebühren (fpl)

factors of production Produktionsfaktoren (mpl)

factory Fabrik (f) *od* Werk (n)

factory inspector Gewerbeaufsichtsbeamte(r)/-beamtin

factory outlet Verkaufsaußenstelle (f) einer Fabrik

factory price Fabrikpreis (m) *od* Preis ab Werk

fail *[go bust]* bankrott gehen

fail *[not to do something]* unterlassen

fail *[not to succeed]* scheitern

failing that sonst *od* widrigenfalls

failure Scheitern (n) *od* Versagen (n)
fair (adj) gerecht *od* fair
fair dealing lauterer Handel
fair price angemessener Preis
fair trade Nichtdiskriminierung (f) im Außenhandel
fair trading lauterer Handel
fair wear and tear normale Abnutzungs- und Verschleißerscheinungen (fpl)
fake (n) Fälschung (f) *od* Imitation (f)
fake (v) fälschen *od* imitieren
faked documents gefälschte Papiere (npl)
fall (n) Sinken (n) *od* Rückgang (m)
fall (v) *[go lower]* sinken *od* fallen
fall (v) *[on a date]* fallen *od* liegen
fall behind *[be in a worse position]* zurückfallen hinter
fall behind *[be late]* in Rückstand *od* Verzug geraten
fall due fällig sein *od* werden
fall off zurückgehen *od* fallen
fall through fehlschlagen *od* mißlingen
falling fallend *od* sinkend
false falsch *od* unrichtig
false pretences Vorspiegelung (f) falscher Tatsachen
false weight falsches Gewicht
falsification Verfälschung (f) *od* Fälschung (f)
falsify fälschen
family company Familienunternehmen (n)
FAO (= for the attention of) z.Hd. (zu Händen von)
fare Fahrpreis (m) *od* Flugpreis (m)
farm out work Arbeit *od* Aufträge weitervergeben
fast (adj) schnell
fast (adv) schnell
fast-selling items schnell verkäufliche Artikel (mpl) *od* Selbstläufer (mpl)
fault *[blame]* Verschulden (n) *od* Schuld (f)
fault *[mechanical]* Defekt (m) *od* Fehler (m)
faulty equipment fehlerhafte Ausrüstung
favourable vorteilhaft *od* günstig
favourable balance of trade aktive Handelsbilanz
fax (n) Fax (n) *od* Telefax (n)
fax (v) faxen
feasibility Durchführbarkeit (f) *od* Realisierbarkeit (f)
feasibility report Durchführbarkeitsbericht (m)
fee *[admission]* Gebühr (f)
fee *[for services]* Honorar (n)
feedback Resonanz (f) *od* Feedback (n)
ferry Fähre (f)
fiddle (n) Schiebung (f) *od* Manipulation (f)
fiddle (v) frisieren *od* tricksen
field Feld (n) *od* Acker (m)
field sales manager Außendienstleiter/-in
field work Feldforschung (f)
FIFO (= first in first out) FIFO-Abschreibungsmethode (f) *od* Personalpolitik (f) nach der FIFO-Methode
figure Zahl (f) *od* Ziffer (f)
figures Zahlen (fpl) *od* Ziffern (fpl)
file (n) *[computer]* Datei (f)
file (n) *[documents]* Akte (f) *od* Aktenordner (m)
file (v) *[request]* einreichen *od* vorlegen
file a patent application ein Patent anmelden
file documents Dokumente abheften
filing *[action]* Ablegen (n) *od* Einordnen (n)
filing cabinet Aktenschrank (m)
filing card Karteikarte (f)
fill a gap eine Lücke schließen
final letzte(r,s) *od* Schluß- *od* End-
final demand letzte Mahnung *od* Zahlungsaufforderung
final discharge letzte Tilgungsrate
final dividend Schlußdividende (f) *od* Restdividende (f)
finalize endgültig festlegen *od* zum Abschluß bringen
finance (n) Finanzierung (f); finanzielle Mittel (pl)
finance (v) finanzieren
finance an operation ein Unternehmen finanzieren
finance company Finanzierungsgesellschaft (f)
finance director Leiter/-in der Finanzabteilung
finances Finanzen (pl); Finanzlage (f)
financial finanziell *od* Finanz-
financial asset Vermögenswert (m)
financial crisis Finanzkrise (f)
financial institution Finanzinstitut (n) *od* Kreditinstitut (n)
financial position Finanzlage (f)

financial resources Finanzmittel (pl) *od* finanzielle Mittel (pl)

financial risk finanzielles Risiko

financial settlement finanzielle Abfindung

financial year Finanzjahr (n) *od* Geschäftsjahr (n) *od* Rechnungsjahr (n)

financially finanziell *od* finanz-

financing Finanzierung (f)

fine (adv) *[very good]* gut *od* fein

fine (adv) *[very small]* dünn *od* fein

fine (n) Geldstrafe (f) *od* gebührenpflichtige Verwarnung

fine (v) zu einer Geldstrafe verurteilen *od* eine gebührenpflichtige Verwarnung erteilen

fine tuning Feinabstimmung (f)

finished fertig bearbeitet *od* fertiggestellt

finished goods Fertigwaren (fpl) *od* Fertigprodukte (npl)

fire (n) Feuer (n)

fire damage Brandschaden (m) *od* Feuerschaden (m)

fire insurance Feuerversicherung (f)

fire regulations Brandschutzbestimmungen (fpl)

fire risk Feuerrisiko (n)

fire-damaged goods brandgeschädigte Waren (fpl)

firm (adj) stabil *od* fest

firm (n) Firma (f) *od* Unternehmen (n)

firm (v) sich festigen *od* anziehen

firm price Festpreis (m)

first erste(r,s)

first in first out (FIFO) *[accounting]* FIFO-Abschreibungsmethode (f)

first in first out (FIFO) *[redundancy]* Personalpolitik (f) nach der FIFO-Methode

first option Vorhand (f)

first quarter erstes Quartal

first-class erstklassig *od* Spitzen-

fiscal Finanz- *od* Steuer-; Fiskal-

fiscal measures finanzpolitische Maßnahmen (fpl)

fittings Einbauten (mpl)

fix *[arrange]* beschließen; festlegen

fix *[mend]* in Ordnung bringen *od* reparieren

fix a meeting for 3 p.m. eine Versammlung für 15 Uhr anberaumen

fixed fest *od* gebunden *od* Fest-

fixed assets Anlagevermögen (n)

fixed costs Fixkosten (pl) *od* Gemeinkosten (pl)

fixed deposit Festgeld (n)

fixed exchange rate fester Wechselkurs

fixed income festes Einkommen (n) *od* feste Einkünfte (pl)

fixed interest feste Zinsen (pl)

fixed scale of charges verbindliche Gebührenordnung

fixed-interest investments festverzinsliche Kapitalanlagen (fpl)

fixed-price agreement Festpreisvereinbarung (f)

fixing Festsetzung (f) *od* Festlegung (f)

flat (adj) *[dull]* lustlos

flat (adj) *[fixed]* Pauschal- *od* Grund-

flat (n) Wohnung (f)

flat rate Einheitstarif (m)

flexibility Flexibilität (f)

flexible flexibel

flexible prices flexible *od* marktdeterminierte Preise (mpl)

flexible pricing policy flexible *od* marktdeterminierte Preispolitik (f)

flight *[of money]* Flucht (f)

flight *[of plane]* Flug (m)

flight information Fluginformation (f)

flight of capital Kapitalflucht (f)

flip chart Flip-Chart (f)

float (n) *[money]* Wechselgeld (n); kleine Kasse (f)

float (n) *[of company]* Gesellschaftsgründung (f) (an der Börse)

float (v) *[a currency]* floaten *od* (den Wechselkurs) freigeben

float a company eine Gesellschaft gründen durch Aktienemission an der Börse

floating frei schwankend *od* variabel

floating exchange rates freie *od* frei schwankende Wechselkurse (mpl)

floating of a company Gründung (f) einer Gesellschaft durch Aktienemission an der Börse

flood (n) Flut (f) *od* Strom (m)

flood (v) überschwemmen

floor *[level]* Stock (m) *od* Etage (f)

floor *[surface]* Fußboden (m) *od* Boden (m)

floor manager Abteilungsleiter/-in

floor plan Grundriß (m) *od* Raumverteilungsplan (m)

floor space Grundfläche (f) *od* Bodenfläche (f)

flop (n) Reinfall (m) *od* Pleite (f)

flop (v) ein Reinfall *od* eine Pleite sein

flotation Gesellschaftsgründung (f) (an der Börse)

flourish florieren *od* blühen
flourishing florierend *od* gutgehend
flourishing trade reger *od* florierender Handel
flow (n) Fluß (m)
flow (v) (ruhig) laufen
flow chart Arbeitsablaufdiagramm (n) *od* Flußdiagramm (n)
flow diagram Arbeitsablaufdiagramm (n) *od* Flußdiagramm (n)
fluctuate fluktuieren *od* schwanken
fluctuating fluktuierend *od* schwankend
fluctuation Fluktuation (f) *od* Schwankung (f)
FOB *or* **f.o.b. (free on board)** frei an Bord (f.o.b.)
follow folgen
follow up aufgreifen *od* nachgehen
follow-up letter Erinnerungsschreiben (n)
for sale zu verkaufen
forbid verbieten
force majeure höhere Gewalt
force prices down die Preise drücken
force prices up Preise in die Höhe treiben
forced erzwungen
forced sale Zwangsverkauf (m) *od* Notverkauf (m)
forecast (n) Prognose (f) *od* Vorhersage (f)
forecast (v) voraussagen *od* prognostizieren
forecasting Voraussagen (n) *od* Prognose (f)
foreign ausländisch *od* Auslands-
foreign currency Devisen (pl) *od* Fremdwährung (f)
foreign exchange *[changing money]* Devisenhandel (m)
foreign exchange *[currency]* Devisen (pl)
foreign exchange broker Devisenhändler/-in *od* Devisenmakler/-in
foreign exchange dealer Devisenhändler/-in *od* Devisenmakler/-in
foreign exchange market Devisenmarkt (m) *od* Devisenbörse (f)
foreign investments Auslandsinvestitionen (fpl)
foreign money order Auslandszahlungsanweisung (f)
foreign trade Außenhandel (m)
forfeit (n) Verfall (m) *od* Verwirkung (f)
forfeit (v) verwirken; verfallen lassen
forfeit a deposit eine Anzahlung verwirken
forfeiture Verwirkung (f) *od* Verfall (m)
forge fälschen *od* nachmachen
forgery *[action]* Fälschung (f) *od* Urkundenfälschung (f)
forgery *[copy]* Fälschung (f)
fork-lift truck Gabelstapler (m)
form (n) Formular (n) *od* Vordruck (m)
form (v) gründen
form of words Formulierung (f)
formal offiziell; formell; förmlich
formality Formalität (f)
forward im voraus *od* Voraus-
forward buying Terminkauf (m)
forward contract Terminkontrakt (m)
forward market Terminmarkt (m)
forward rate Terminkurs (m)
forward sales Terminverkäufe (mpl)
forwarding Spedition (f) *od* Expedierung (f)
forwarding address Nachsendeadresse (f)
forwarding agent Spediteur (m)
forwarding instructions Versandanweisungen (fpl)
fourth quarter viertes Quartal
fragile zerbrechlich
franc Franc (m) *od* (Schweizer) Franken (m)
franchise (n) Franchise (n)
franchise (v) auf Franchise-Basis vergeben
franchisee Franchise-Nehmer/-in
franchiser Franchise-Geber/-in
franchising Franchising (n)
franco frei
frank (v) frankieren *od* freimachen
franking machine Frankiermaschine (f)
fraud Betrug (m)
fraudulent betrügerisch
fraudulent transaction Schwindelgeschäft (n)
fraudulently auf betrügerische Weise *od* durch Betrug
free (adj) *[no payment]* kostenlos *od* Frei-
free (adj) *[no restrictions]* frei *od* unabhängig
free (adj) *[not busy]* frei *od* unbesetzt
free (adj) *[not occupied]* frei *od* unbesetzt
free (adv) *[no payment]* kostenlos *od* gratis
free (v) flüssigmachen
free delivery Lieferung frei Haus *od* frei Bestimmungsort

free gift Werbegeschenk (n)
free market economy freie Marktwirtschaft
free of charge kostenlos *od* gebührenfrei
free of duty zollfrei
free of tax steuerfrei
free on board (f.o.b.) frei an Bord (f.o.b.)
free on rail frei Bahn *od* frei Waggon
free port Freihafen (m)
free sample Gratisprobe (f)
free trade Freihandel (m)
free trade area Freihandelszone (f)
free trade zone Freihandelszone (f)
free trial kostenlos zur Probe
free zone Freihafen (m) *od* Zollfreigebiet (n)
freelance (adj) freiberuflich
freelance (n) *or* **freelancer** freie(r) Mitarbeiter/-in
freeze (n) Stopp (m)
freeze (v) *[prices]* einfrieren
freeze credits Kredite (mpl) stoppen *od* sperren
freeze wages and prices einen Lohn- und Preisstopp durchführen
freight *[carriage]* Fracht (f)
freight costs Transportkosten (pl) *od* Frachtkosten (pl)
freight depot Güterbahnhof (m)
freight forward Fracht gegen Nachnahme
freight plane Transportflugzeug (n)
freight rates Frachttarife (mpl)
freight train Güterzug (m)
freightage Frachtkosten (pl)
freighter *[plane]* Transportflugzeug (n)
freighter *[ship]* Frachter (m)
freightliner Containerzug (m)
frequent(ly) häufig *od* oft
frozen gestoppt *od* eingefroren
frozen account gesperrtes Konto
frozen assets eingefrorene Vermögenswerte (mpl) *od* eingefrorenes Guthaben (n)
frozen credits gesperrte Kredite (mpl)
fulfil an order einen Auftrag ausführen
fulfilment Erfüllung (f) *od* Ausführung (f)
full völlig *od* vollständig
full discharge of a debt Schuldentilgung (f) in voller Höhe
full payment Zahlung (f) in voller Höhe
full price voller Preis
full refund Erstattung (f) in voller Höhe
full-scale (adj) total *od* umfassend
full-time ganztags *od* Ganztags- *od* hauptberuflich
full-time employment Ganztagsbeschäftigung (f)
fund (n) Fonds (m); zweckgebundene Mittel (pl)
fund (v) finanzieren
funding (financing) Finanzierung (f)
funding *[of debt]* Fundierung (f) *od* Konsolidierung (f)
further to im Nachtrag *od* über ... hinaus
future delivery Terminlieferung (f)
futures Termingeschäfte (npl) *od* Terminkontrakte (mpl) *od* Terminwaren (fpl)

Gg

gain (n) *[getting bigger]* Zuwachs (m) *od* Zunahme (f)
gain (n) *[increase in value]* Gewinn (m) *od* Wertzuwachs (m)
gain (v) *[become bigger]* steigen *od* an Wert gewinnen
gain (v) *[get]* erwerben *od* erlangen
gap Lücke (f)
gap in the market Marktlücke (f)
GDP (= gross domestic product) BIP (Bruttoinlandsprodukt) (n)
gear ausrichten auf *od* anpassen (an)
gearing Verhältnis (n) Fremdkapital/Eigenkapital; Verschuldungsgrad (m)
general allgemein *od* generell
general audit ordentliche Buchprüfung
general average große Havarie
general insurance allgemeine Versicherung
general manager geschäftsführende(r) Direktor/-in
general meeting Hauptversammlung (f)

general office Zentrale (f) *od* Hauptbüro (n)
general post office Hauptpost (f)
general strike Generalstreik (m)
gentleman's agreement Vereinbarung (f) auf Treu und Glauben
genuine echt
genuine purchaser ernsthafte(r) Käufer/-in
get bekommen *od* erhalten
get along zurechtkommen
get back *[something lost]* zurückbekommen
get into debt sich verschulden *od* Schulden machen
get rid of something etwas abstoßen *od* loswerden
get round *[a problem]* umgehen
get the sack rausgeworfen *od* entlassen werden
gift Geschenk (n)
gift coupon Geschenkgutschein (m)
gift shop Geschenkboutique (f)
gift voucher Geschenkgutschein (m)
gilt-edged securities mündelsichere Staatspapiere (npl)
gilts mündelsichere Staatspapiere (npl)
giro account Girokonto (n) *od* Postgirokonto (n)
giro account number Girokontonummer (f) *od* Postgirokontonummer (f)
giro system Giroverkehr (m)
give *[as gift]* schenken; überreichen
give *[pass]* geben
give away verschenken *od* vergeben
glut (n) Schwemme (f) *od* Überhang (m)
glut (v) überschwemmen
GNP (= gross national product) BSP (Bruttosozialprodukt) (n)
go gehen
go into business ein Geschäft gründen *od* in das Geschäftsleben einsteigen
go-ahead (adj) dynamisch *od* progressiv
go-slow Bummelstreik (m)
going in Betrieb *od* funktionierend
going rate üblicher *od* gängiger Satz
gold card goldene Kreditkarte
good gut
good buy guter Kauf
good management gutes Management
good quality gute Qualität
good value (for money) preiswert *od* preisgünstig
goods Waren (fpl)
goods depot Warenlager (n)
goods in transit Transitwaren (fpl)
goods train Güterzug (m)
goodwill Goodwill (m) *od* (ideeller) Firmenwert
government (adj) staatlich *od* Regierungs- *od* Staats-
government (n) Regierung (f)
government bonds Staatsanleihen (fpl)
government contractor Betrieb (m) mit Staatsaufträgen (mpl)
government stock Staatsanleihen (fpl)
government-backed mit staatlicher Unterstützung (f)
government-controlled staatlich gelenkt *od* unter staatlicher Aufsicht (f)
government-regulated staatlich vorgeschrieben *od* gelenkt
government-sponsored staatlich gefördert
graded advertising rates gestaffelte Anzeigensätze (mpl)
graded hotel Sterne-Hotel (n)
graded tax gestaffelte Steuer
gradual allmählich
graduate trainee Hochschulabgänger/-in in der Berufsausbildung
graduated gestaffelt *od* der Progression unterliegend
graduated income tax gestaffelte Einkommenssteuer
gram *or* **gramme** Gramm (n)
grand total Gesamtsumme (f) *od* Endbetrag (m)
grant (n) Stipendium (n) *od* Zuschuß (m) *od* Subvention (f)
grant (v) gewähren *od* bewilligen
gratis gratis *od* umsonst
grid Planquadrat (n)
grid structure Gitterstruktur (f)
gross (adj) brutto
gross (n) (= 144) Gros (n)
gross (v) brutto verdienen; brutto einnehmen
gross domestic product (GDP) Bruttoinlandsprodukt (BIP) (n)
gross earnings Bruttoeinkommen (n)
gross income Bruttoeinkommen (n) *od* Bruttogehalt (n)
gross margin Bruttomarge (f) *od* Bruttogewinnspanne (f)
gross national product (GNP) Bruttosozialprodukt (BSP) (n)
gross profit Bruttogewinn (m) *od* Rohgewinn (m)

gross salary Bruttogehalt (n)

gross tonnage Bruttoraumzahl (BRZ) (f) *od* Bruttotonnage (f)

gross weight Bruttogewicht (n) *od* Rohgewicht (n)

gross yield Bruttoertrag (m)

group *[of businesses]* Konzern (m) *od* Unternehmensgruppe (f)

group *[of people]* Gruppe (f)

growth Wachstum (n) *od* Zunahme (f)

growth index Wachstumsindex (m)

growth rate Wachstumsrate (f)

guarantee (n) Garantie (f)

guarantee (v) garantieren; sich verbürgen

guarantee a debt für Schulden bürgen

guaranteed minimum wage garantierter Mindestlohn

guarantor Bürge (m)

guideline Richtlinien (fpl)

guild Innung (f) *od* Zunft (f)

guilder *[Dutch currency]* Gulden (m)

Hh

haggle feilschen *od* handeln

half (adj) halb

half (n) Hälfte (f)

half a dozen *or* **a half-dozen** ein halbes Dutzend

half-price sale Verkauf (m) zum halben Preis

half-year Halbjahr (n)

half-yearly accounts halbjährliche Abrechnung

half-yearly payment halbjährliche Zahlung

half-yearly statement Halbjahresbericht (m)

hand in abgeben

hand luggage Handgepäck (n)

hand over übergeben

handle (v) *[deal with]* handhaben *od* sich befassen mit

handle (v) *[sell]* führen *od* handeln mit

handling Handhabung (f) *od* Erledigung (f)

handling charge Bearbeitungsgebühr (f)

handwriting Handschrift (f)

handwritten von Hand geschrieben *od* handgeschrieben

handy praktisch *od* handlich

harbour Hafen (m)

harbour dues Hafengebühren (fpl)

harbour facilities Hafenanlagen (pl)

hard bargain Geschäftsabschluß (m) mit harten Bedingungen

hard bargaining harte Verhandlungen (fpl)

hard copy Ausdruck (m)

hard currency harte Währung

hard disk Festplatte (f)

hard selling aggressive Verkaufsmethoden (fpl)

harmonization Harmonisierung (f)

haulage Transportkosten (pl) *od* Beförderungskosten (pl)

haulage contractor Transportunternehmer (m) *od* Fuhrunternehmer (m) *od* Spediteur (m)

haulage costs *or* **haulage rates** Transportkosten (pl)

head of department Abteilungsleiter/-in

head office Hauptgeschäftsstelle (f) *od* Zentrale (f)

headquarters (HQ) Hauptsitz (m) *od* Zentrale (f)

heads of agreement Hauptpunkte (mpl) eines Vertrags (m)

health Gesundheit (f)

health insurance Krankenversicherung (f)

healthy profit gesunder Gewinn

heavy *[important]* hoch *od* bedeutend

heavy *[weight]* schwer

heavy costs *or* **heavy expenditure** hohe Kosten (pl) *od* hohe Ausgaben (fpl)

heavy equipment Schwermaschinen (fpl)

heavy goods vehicle (HGV) Schwertransporter (m)

heavy industry Schwerindustrie (f)

heavy machinery Schwermaschinen (fpl)

hectare Hektar (m)

hedge (n) Schutz (m) *od* Absicherung (f)

hedging Hedgegeschäft (n); *od* Hedging (n)

HGV (= heavy goods vehicle) Schwertransporter (m)

hidden asset unterbewerteter Vermögenswert

hidden reserves stille Reserven (fpl)

high interest hohe Zinsen (pl)

high rent hohe Miete

high taxation hohe Besteuerung

high-quality Qualitäts- *od* hochwertig

high-quality goods hochwertige Waren (fpl)

highest bidder Höchstbietende(r)

highly motivated sales staff hoch motiviertes Verkaufspersonal

highly qualified hochqualifiziert

highly-geared company Unternehmen (n) mit hohem Fremdkapitalanteil (m)

highly-paid hochbezahlt

highly-priced teuer

hire (n) Mieten (n); Leihen (n)

hire a car *or* **a crane** einen Wagen *od* einen Kran mieten

hire car Leihwagen (m) *od* Mietwagen (m)

hire purchase (HP) Teilzahlungskauf (m) *od* Mietkauf (m)

hire staff Personal (n) einstellen

hire-purchase company Teilzahlungskreditinstitut (n)

historic(al) cost ursprüngliche Anschaffungskosten (pl) *od* Herstellungskosten (pl)

historical figures historische Zahlen (fpl)

hive off abspalten *od* ausgliedern

hoard horten *od* hamstern

hoarding *[for posters]* Reklametafel (f) *od* Plakatwand (f)

hoarding *[of goods]* Horten (n) von Vorräten

hold (n) *[ship]* Laderaum (m)

hold (v) *[contain]* enthalten *od* fassen

hold (v) *[keep]* halten

hold a meeting *or* **a discussion** eine Sitzung *od* eine Diskussion abhalten

hold out for auf etwas bestehen

hold over vertagen *od* verschieben

hold the line please *or* **please hold** bleiben Sie bitte am Apparat *od* bitte warten

hold up (v) *[delay]* verzögern *od* aufhalten

hold-up (n) *[delay]* Verzögerung (f) *od* Stockung (f)

holder *[person]* Besitzer/-in *od* Inhaber/-in

holder *[thing]* Halter (m) *od* Hülle (f)

holding company Holdinggesellschaft (f) *od* Dachgesellschaft (f)

holiday pay Urlaubsgeld (n)

home address Privatadresse (f)

home consumption Inlandsverbrauch (m)

home market Binnenmarkt (m) *od* Inlandsmarkt (m)

home sales Inlandsabsatz (m)

homeward freight Rückfracht (f)

homeward journey Rückreise (f)

homeworker Heimarbeiter/-in

honorarium Honorar (n)

honour a bill einen Wechsel einlösen

honour a signature eine Unterschrift einlösen

horizontal communication horizontale Kommunikation

horizontal integration horizontale Integration

hotel Hotel (n)

hotel accommodation Hotelunterbringung (f)

hotel bill Hotelrechnung (f)

hotel manager Hoteldirektor/-in

hotel staff Hotelpersonal (n)

hour Stunde (f)

hourly stündlich *od* stundenweise

hourly rate Stundensatz (m)

hourly wage Stundenlohn (m)

hourly-paid workers stundenweise bezahlte Arbeiter (mpl)

house *[company]* Haus (n)

house *[for family]* Haus (n)

house insurance Haus- und Hausratversicherung (f)

house magazine Betriebszeitung (f)

house-to-house von Haus zu Haus

house-to-house selling Direktverkauf (m) an der Haustür

HP (= hire purchase) Teilzahlungskauf (m) *od* Mietkauf (m)

HQ (= headquarters) Hauptsitz (m) *od* Zentrale (f)

hurry up vorantreiben *od* beschleunigen

hype (n) (reißerische) Publicity (f) *od* Rummel (m)

hype (v) Publicity machen für

hypermarket Verbrauchermarkt (m)

Ii

illegal illegal *od* ungesetzlich

illegality Illegalität (f) *od* Ungesetzlichkeit (f)

illegally illegal

illicit unerlaubt *od* (gesetzlich) verboten

ILO (= International Labour Organization) IAO (Internationale Arbeitsorganisation) (f)

IMF (= International Monetary Fund) IWF (Internationaler Währungsfonds *od* Weltwährungsfonds) (m)

imitation Kopie (f) *od* Imitation (f)

immediate umgehend *od* sofortig

immediately umgehend *od* gleich *od* sofort

imperfect fehlerhaft

imperfection Mangel (m)

implement (n) Gerät (n) *od* Werkzeug (n)

implement (v) durchführen *od* vollziehen

implement an agreement einen Vertrag erfüllen

implementation Erfüllung (f) *od* Durchführung (f)

import (n) Import (m)

import (v) importieren *od* einführen

import ban Einfuhrverbot (n) *od* Einfuhrstopp (m)

import duty Einfuhrzoll (m)

import levy Einfuhrsteuer (f); (EU) Abschöpfung (f)

import licence *or* **import permit** Importlizenz (f) *od* Importgenehmigung (f)

import quota Einfuhrkontingent (n) *od* Importquote (f)

import restrictions Einfuhrbeschränkungen (fpl)

import surcharge Importabgabe (f); Einfuhrzusatzsteuer (f)

import-export (adj) Import/Export-

importance Wichtigkeit (f) *od* Bedeutung (f)

important wichtig *od* bedeutend

importation Import (m) *od* Einfuhr (f)

importer Importeur (m) *od* Importfirma (f)

importing (adj) Import- *od* Einfuhr-

importing (n) Import (m) *od* Einfuhr (f)

imports Importe (mpl) *od* Einfuhren (fpl)

impose erheben *od* auferlegen

impulse Impuls (m)

impulse buyer Spontankäufer/-in

impulse purchase Impulskauf (m)

in-house betriebsintern *od* innerbetrieblich

in-house training innerbetriebliche Ausbildung

incentive Anreiz (m)

incentive bonus Anreizprämie (f)

incentive payments Leistungszulage (f)

incidental expenses Nebenausgaben (fpl) *od* Nebenkosten (pl)

include einschließen *od* enthalten

inclusive inklusive *od* einschließlich

inclusive charge Inklusivpreis (m) *od* Pauschale (f)

inclusive of tax inklusive Steuer

income Einkommen (n) *od* Einkünfte (pl)

income tax Einkommenssteuer (f) und Lohnsteuer (f)

incoming call eingehendes Telefongespräch

incoming mail Posteingang (m)

incompetent inkompetent *od* unfähig

incorporate eingliedern *od* aufnehmen

incorporate *[a company]* eine Kapitalgesellschaft gründen *od* amtlich eintragen

incorporation Gesellschaftsgründung (f); amtliche Eintragung

incorrect ungenau *od* fehlerhaft

incorrectly falsch *od* ungenau

increase (n) Erhöhung (f) *od* Zunahme (f)

increase (n) *[higher salary]* Lohnerhöhung (f) *od* Gehaltserhöhung (f)

increase (v) (sich) erhöhen *od* zunehmen *od* (an)steigen

increase (v) in price teurer werden

increasing wachsend *od* steigend

increasing profits steigende Gewinne (mpl)

increment (regelmäßige) Gehaltserhöhung

incremental zunehmend *od* Zuwachs-

incremental cost Grenzkosten (pl)

incremental scale Gehaltssteigerungstabelle (f)

incur auf sich nehmen *od* eingehen

incur *[costs]* auf sich nehmen *od* eingehen

incur debts Schulden machen

indebted verschuldet

indebtedness Verschuldung (f)
indemnification Entschädigung (f) *od* Schadenersatz (m)
indemnify entschädigen *od* Schadenersatz leisten
indemnify someone for a loss jdn für einen Verlust entschädigen
indemnity Entschädigung (f) *od* Vergütung (f)
independent unabhängig *od* ungebunden
independent company unabhängiges Unternehmen
index (n) *[alphabetical]* Index (m) *od* Register (n)
index (n) *[of prices]* Index (m)
index (v) indexieren
index card Karteikarte (f)
index number Indexzahl (f) *od* Indexziffer (f)
index-linked indexgebunden *od* der Inflationsrate angeglichen
indexation Indexbindung (f) *od* Indexierung (f)
indicator Indikator (m)
indirect indirekt *od* mittelbar
indirect labour costs Fertigungsgemeinkosten (pl)
indirect tax indirekte Steuer
indirect taxation indirekte Besteuerung
induction Einführung (f) *od* Einweisung (f)
induction courses *or* **induction training** Einführungskurse (mpl) *od* Einführungslehrgang (m)
industrial Industrie- *od* industriell
industrial accident Betriebsunfall (m) *od* Arbeitsunfall (m)
industrial arbitration tribunal Schiedsgericht (n) für wirtschaftliche Streitigkeiten
industrial capacity industrielle Kapazität
industrial centre Industriezentrum (n)
industrial design Industriedesign (n); industrielle Formgebung (f)
industrial disputes Arbeitskampf (m)
industrial espionage Werk(s)spionage (f) *od* Wirtschaftsspionage (f)
industrial estate Industriegebiet (n) *od* Industriegelände (n)
industrial expansion industrielle Expansion
industrial process(es) Herstellungsprozeß (m)
industrial relations Arbeitgeber-Arbeitnehmer- Beziehungen (fpl)
industrial tribunal Arbeitsgericht (n)
industrialist Industrielle(r)
industrialization Industrialisierung (f)
industrialize industrialisieren
industrialized societies Industriegesellschaften (fpl)
industry *[companies]* Branche (f) *od* Wirtschaftszweig (m)
industry *[general]* Industrie (f)
inefficiency Ineffizienz (f) *od* Inkompetenz (f)
inefficient ineffizient *od* unfähig
inflated currency Inflationswährung (f)
inflated prices überhöhte *od* inflationäre Preise (mpl)
inflation Inflation (f)
inflationary inflationär *od* Inflations-
influence (n) Einfluß (m) *od* Auswirkung (f)
influence (v) beeinflussen
inform informieren *od* mitteilen *od* in Kenntnis setzen
information Information (f)
information bureau Information (f) *od* Auskunft (f)
information officer Pressereferent/-in
infrastructure Infrastruktur (f)
infringe verletzen *od* übertreten
infringe a patent das Patentrecht verletzen
infringement of customs regulations Verstoß (m) gegen die Zollbestimmungen
infringement of patent Patentverletzung (f)
initial (adj) anfänglich *od* Anfangs-
initial (v) abzeichnen *od* paraphieren
initial capital Startkapital (n) *od* Gründungskapital (n)
initiate einleiten *od* in Gang setzen
initiate discussions Diskussionen (fpl) einleiten
initiative Initiative (f)
inland Binnen- *od* Inlands-
innovate Neuerungen (fpl) einführen
innovation Innovation (f) *od* Neuerung (f)
innovative innovativ
innovator (n) Neuerer (m)
input information Daten (pl) eingeben
input tax Vorsteuer (f)
inquire sich erkundigen *od* Erkundigungen (fpl) einziehen
inquiry Anfrage (f)
insider Insider (m)
insider dealing Insiderhandel (m)
insolvency Zahlungsunfähigkeit (f) *od* Insolvenz (f)

insolvent zahlungsunfähig *od* insolvent

inspect prüfen *od* kontrollieren

inspection Prüfung (f) *od* Kontrolle (f)

instalment Rate (f)

instant (adj) *[current]* dieses Monats

instant (adj) *[immediate]* sofortig *od* unverzüglich

instant credit Sofortkredit (m)

institute (n) Institut (n)

institute (v) einleiten *od* einrichten

institution Institut (n); Gesellschaft (f)

institutional institutionell *od* Instituts-

institutional investors institutionelle Anleger (mpl); Kapitalsammelstellen (fpl)

instruction Instruktion (f) *od* Anweisung (f)

instrument *[device]* Instrument (n)

instrument *[document]* Urkunde (f) *od* Dokument (n)

insufficient funds (US) unzureichende Kontendeckung

insurable versicherungsfähig *od* versicherbar

insurance Versicherung (f)

insurance agent Versicherungsvertreter/-in

insurance broker Versicherungsmakler/-in

insurance claim Versicherungsanspruch (m); Schadensanspruch (m)

insurance company Versicherungsgesellschaft (f)

insurance contract Versicherungsvertrag (m)

insurance cover Versicherungsschutz (m)

insurance policy Versicherungspolice (f)

insurance premium Versicherungsbeitrag (m)

insurance rates Versicherungsprämiensatz (m)

insurance salesman Versicherungsvertreter (m)

insure versichern *od* Versicherung (f) abschließen

insurer Versicherer (m) *od* Versicherungsträger (m)

intangible immateriell *od* nicht greifbar

intangible assets immaterielle Vermögenswerte (mpl)

interest (n) *[investment]* Beteiligung (f) *od* Anteil (m)

interest (n) *[paid on investment]* Zinsen (mpl) *od* Kapitalertrag (m)

interest (v) interessieren *od* Interesse hervorrufen

interest charges Zinsbelastung (f) *od* Sollzinsen (mpl)

interest rate Zinssatz (m)

interest-bearing deposits zinstragende Bankeinlagen (fpl)

interest-free credit zinsloses Darlehen

interface (n) Schnittstelle (f) *od* Interface (n)

interface (v) sich aufeinander beziehen *od* zusammenarbeiten

interim dividend Abschlagsdividende (f) *od* Zwischendividende (f)

interim payment Abschlagszahlung (f) *od* Interimszahlung (f)

interim report Zwischenbericht (m) *od* Halbjahresbericht (m)

intermediary Vermittler/-in

internal *[inside a company]* intern *od* innerbetrieblich

internal *[inside a country]* Inland(s)- *od* Binnen-

internal audit interne Revision *od* Innenrevision (f)

internal auditor interne(r) Revisor/-in *od* Innenrevisor/-in

internal telephone Haustelefon (n)

international international

international call Auslandsgespräch (n)

international direct dialling internationaler Selbstwählferndienst

International Labour Organization (ILO) Internationale Arbeitsorganisation (IAO)

international law internationales Recht; Völkerrecht (n)

International Monetary Fund (IMF) Internationaler Währungsfonds *od* Weltwährungsfonds (IWF) (m)

international trade internationaler Handel; Welthandel (m)

interpret dolmetschen

interpreter Dolmetscher/-in

intervention price Interventionspreis (m) *od* garantierter Mindestpreis

interview (n) Befragung (f) *od* Interview (n)

interview (n) *[for a job]* Vorstellungsgespräch (n)

interview (v) interviewen

interview (v) *[for a job]* ein Vorstellungsgespräch führen

interviewee Bewerber/-in *od* Befragte(r)

interviewer Gesprächsleiter/-in *od* Interviewer/-in

introduce vorstellen *od* einführen

introduction *[bringing into use]* Einführung (f)

introduction *[letter]* Einführungsbrief (m)

introductory offer Einführungsangebot (n)

invalid ungültig *od* nichtig *od* rechtsunwirksam

invalidate für ungültig *od* nichtig erklären

invalidation Ungültigkeitserklärung (f) *od* Nichtigkeitserklärung (f)

invalidity Ungültigkeit (f) *od* Nichtigkeit (f) *od* Rechtsungültigkeit (f)

inventory (n) *[list of contents]* Inventarverzeichnis (n) *od* Inventarliste (f)

inventory (n) *[stock]* Warenbestand (m)

inventory (v) inventarisieren; Inventar *od* den Bestand aufnehmen

inventory control Lagerhaltungskontrolle (f)

invest investieren *od* (Geld) anlegen

investigate untersuchen *od* ermitteln

investigation Untersuchung (f) *od* Ermittlung (f)

investment Investition (f) *od* Kapitalanlage (f)

investment income Kapitalerträge (mpl); Erträge (mpl) aus Beteiligungen

investor Investor (m) *od* Kapitalanleger (m)

invisible assets unsichtbare Vermögenswerte (mpl)

invisible earnings unsichtbare Einkünfte (pl) *od* Einkünfte aus unsichtbaren Leistungen

invisible trade unsichtbarer Handel

invitation Einladung (f) *od* Aufforderung (f)

invite einladen *od* auffordern

invoice (n) Rechnung (f)

invoice (v) Rechnung ausstellen

invoice number Rechnungsnummer (f)

invoice value Rechnungsbetrag (m)

invoicing Abrechnung (f)

invoicing department Rechnungsabteilung (f)

IOU (= I owe you) Schuldschein (m)

irrecoverable debt uneinbringliche Forderung

irredeemable bond unkündbare Anleihe

irregular vorschriftswidrig *od* nicht ordnungsgemäß

irregularities Unregelmäßigkeiten (fpl) *od* Vorschriftswidrigkeit (f)

irrevocable unwiderruflich

irrevocable acceptance unwiderrufliche Annahme

irrevocable letter of credit unwiderrufliches Akkreditiv

issue (n) *[magazine]* Ausgabe (f)

issue (n) *[of shares]* Ausgabe (f) *od* Emission (f)

issue (v) *[shares]* ausgeben *od* emittieren

issue a letter of credit ein Akkreditiv ausstellen

issue instructions Anweisungen geben

issuing bank Emissionsbank (f)

item *[information]* Posten (m)

item *[on agenda]* Punkt (m)

item *[thing for sale]* Artikel (m)

itemize aufgliedern *od* einzeln aufführen

itemized account aufgegliederte Abrechnung

itemized invoice aufgegliederte Rechnung

itinerary Reiseroute (f)

Jj

job *[employment]* Job (m) *od* Arbeit (f) *od* Stelle (f)

job *[piece of work]* Arbeit (f); Aufgabe (f)

job analysis Arbeitsplatzanalyse (f); Arbeitsanalyse (f)

job application Stellenbewerbung (f)

job cuts Stellenkürzungen (fpl) *od* Arbeitsplatzabbau (m)

job description Stellenbeschreibung (f)

job satisfaction Zufriedenheit (f) am Arbeitsplatz

job security Sicherheit (f) des Arbeitsplatzes

job specification Stellenbeschreibung (f)

job title Berufsbezeichnung (f); Bezeichnung (f) der Tätigkeit

join verbinden *od* anfügen

joint gemeinsam *od* Gemeinschafts- *od* Mit-

joint account gemeinsames Konto *od* Gemeinschaftskonto (n)

joint discussions gemeinsame Beratung

joint management gemeinsame Leitung

joint managing director geschäftsführende(r) Mitdirektor/-in

joint owner Miteigentümer/-in

joint ownership Miteigentum (n) *od* gemeinsames Eigentum

joint signatory Mitunterzeichner/-in

joint venture Joint-venture (n) *od* Gemeinschaftsunternehmen (n)

jointly gemeinsam

journal *[accounts book]* Journal (n)

journal *[magazine]* Zeitschrift (f); Journal (n)

journey order Auftrag (m) an Vertreter

judge (n) Richter/-in

judge (v) beurteilen *od* halten für

judgement *or* **judgment** Gerichtsurteil (n) *od* Urteil (n)

judgment debtor Urteilsschuldner/-in

judicial processes gerichtliche Verfahren (npl)

jump the queue sich vordrängeln

junior (adj) junior; untergeordnet

junior clerk untere(r) Angestellte(r)

junior executive *or* **junior manager** Nachwuchsmanager/-in

junior partner Juniorpartner/-in

junk bonds Risikopapiere (npl) *od* Schundanleihen (fpl)

junk mail Reklamesendungen (fpl); Papierkorb-Werbung (f)

jurisdiction Zuständigkeit (f)

Kk

keen competition scharfer Wettbewerb (m) *od* harte Konkurrenz (f)

keen demand große *od* lebhafte Nachfrage (f)

keen prices günstige Preise (mpl)

keep a promise ein Versprechen halten

keep back zurückhalten *od* einbehalten

keep up hoch halten; aufrechterhalten

keep up with the demand mit der Nachfrage Schritt halten

key (adj) *[important]* Schlüssel-

key *[on keyboard]* Taste (f)

key *[to door]* Schlüssel (m)

key industry Schlüsselindustrie (f)

key personnel *or* **key staff** leitende Angestellte (fpl *od* mpl) *od* leitendes Personal (n)

key post Schlüsselstellung (f) *od* Schlüsselposition (f)

keyboard (n) Tastatur (f)

keyboard (v) (in den Computer) eingeben

keyboarder Datentypist/-in

keyboarding Texteingabe (f)

kilo *or* **kilogram** Kilo (n) *od* Kilogramm (n)

knock down (v) *[price]* herunterhandeln; nachlassen

knock off *[reduce price]* nachlassen *od* ablassen

knock off *[stop work]* Feierabend machen

knock-on effect Folgewirkung (f) *od* Anstoßwirkung (f)

knockdown prices Schleuderpreise (mpl)

krona *[currency used in Sweden and Iceland]* Krone (f)

krone *[currency used in Denmark and Norway]* Krone (f)

Ll

label (n) Etikett (n) *od* Anhängeschild (n)

label (v) etikettieren; auszeichnen

labelling Etikettierung (f); Auszeichnung (f)

labour Arbeit (f)

labour costs Arbeitskosten (pl) *od* Lohnkosten (pl)

labour disputes Arbeitskämpfe (mpl)

labour force Belegschaft (f) *od* Arbeitskräfte (fpl)

lack of funds fehlende Geldmittel (pl)

land (n) Land (n)

land (v) *[of plane]* landen

land (v) *[passengers, cargo]* ausladen; von Bord gehen lassen

land goods at a port Güter in einem Hafen löschen

landed costs Fracht- und Löschungskosten (pl)

landing card Einreisekarte (f)

landing charges Löschungskosten (pl) und Löschungszölle (mpl)

landlord Vermieter (m)

lapse (v) verfallen; ablaufen

laser printer Laserdrucker (m)

last in first out (LIFO) LIFO-Abschreibungsmethode (f) *od* Personalpolitik (f) nach der LIFO-Methode

last quarter letztes Quartal

late (adv) spät *od* verspätet

late-night opening lange Öffnungszeiten (fpl)

latest letzte(r,s) *od* neuste(r,s)

launch (n) Markteinführung (f)

launch (v) herausbringen *od* auf den Markt bringen

launching Markteinführung (f)

launching costs Anlaufkosten (pl)

launching date Markteinführungstermin (m)

launder (money) waschen

law *[rule]* Gesetz (n) *od* Gesetzmäßigkeit (f)

law *[study]* Recht (n)

law courts Gericht (n)

law of diminishing returns Gesetz (n) vom abnehmenden Ertragszuwachs

law of supply and demand Gesetz (n) von Angebot und Nachfrage

lawful rechtmäßig

lawful trade erlaubter Handel

lawsuit Prozeß (m) *od* Klage (f)

lawyer Rechtsanwalt/Rechtsanwältin

lay off workers (vorübergehend) Arbeiter entlassen

LBO (= leveraged buyout) Leveraged Buy-Out (n)

L/C (= letter of credit) Akkreditiv (n)

lead time Lieferzeit (f)

leaflet Prospekt (m) *od* Waschzettel (m)

leakage Schwund (m) *od* Verlust (m)

lease (n) Pachtvertrag (m); Mietvertrag (m)

lease (v) *[of landlord]* verpachten; vermieten

lease (v) *[of tenant]* pachten; mieten

lease back verkaufen und wieder anmieten

lease equipment Anlagen *od* Ausrüstung vermieten

lease-back Eigentumsübertragung (f) mit anschließender Vermietung an den Verkäufer

leasing Leasing (n)

leave (n) Urlaub (m)

leave (v) *[go away]* verlassen; gehen

leave (v) *[resign]* aufgeben; kündigen

leave of absence Beurlaubung (f) *od* Sonderurlaub (m)

ledger Hauptbuch (n)

left *[not right]* linke(r,s)

left luggage office Gepäckaufbewahrung (f)

legal *[according to law]* legal *od* rechtmäßig

legal *[referring to law]* juristisch *od* rechtlich *od* Rechts-

legal advice Rechtsberatung (f)

legal adviser Rechtsberater/-in;

legal costs *or* **legal charges** Anwaltskosten (pl)

legal currency gesetzliche Währung

legal department Rechtsabteilung (f)

legal expenses Anwaltskosten (pl)

legal proceedings Gerichtsverfahren (n) *od* Prozeß (m)

legal status rechtliche Stellung *od* Rechtsposition (f)

legal tender gesetzliches Zahlungsmittel

legislation Gesetzgebung (f)

lend verleihen *od* ausleihen

lender Gläubiger/-in; Verleiher/-in

lending Verleihen (n) *od* Ausleihen (n)

lending limit Kreditlimit (n)

lessee Pächter/-in; Mieter/-in; Leasingnehmer/-in

lessor Verpächter/-in; Vermieter/-in; Leasinggeber/-in

let (n) Mietdauer (f)

let (v) vermieten

let an office ein Büro vermieten

letter Brief (m)

letter of application Bewerbungsschreiben (n)

letter of appointment Einstellungsschreiben (n) *od* Ernennungsschreiben (n)

letter of complaint Beschwerdebrief (m)

letter of credit (L/C) Akkreditiv (n)

letter of intent Absichtserklärung (f)

letter of reference Zeugnis (n) *od* Referenz (f)

letters of administration Nachlaßverwalterzeugnis (n)

letters patent Patenturkunde (f)

letting agency Wohnungsmakler/-in

level Stand (m) *od* Niveau (n) *od* Ebene (f)

level off *or* **level out** sich ausgleichen *od* sich einpendeln

leverage Leverage (n)

leveraged buyout (LBO) Leveraged Buy-Out (n)

levy (n) Abgabe (f) *od* Steuer (f)

levy (v) erheben; einziehen

liabilities Verbindlichkeiten (fpl); Schulden (fpl)

liability Haftung (f)

liable for haften für *od* haftbar sein für

liable to unterliegen *od* unterworfen

licence Genehmigung (f); Konzession (f); Lizenz (f)

license amtlich genehmigen; eine Konzession *od* Lizenz erteilen

licensee Konzessionsinhaber/-in; Lizenzinhaber/-in

licensing Konzessionserteilung (f) *od* Lizenzerteilung (f)

lien Pfandrecht (n); Zurückbehaltungsrecht (n)

life assurance *or* **life insurance** Lebensversicherung (f)

life interest lebenslanges Nutzungsrecht (n) *od* lebenslange Nutznießung (f)

LIFO (= last in first out) LIFO-Abschreibungsmethode (f) *od* Personalpolitik (f) nach der LIFO-Methode

lift (n) Fahrstuhl (m) *od* Lift (m)

lift (v) *[remove]* aufheben

lift an embargo ein Embargo aufheben

limit (n) Grenze (f) *od* Limit (n)

limit (v) beschränken *od* einschränken

limitation Beschränkung (f) *od* Einschränkung (f)

limited beschränkt *od* begrenzt

limited (liability) company (Ltd) Gesellschaft (f) mit beschränkter Haftung (GmbH)

limited liability beschränkte Haftung

limited market begrenzter Absatzmarkt

limited partnership Kommanditgesellschaft (f)

line (n) Linie (f)

line management Linienmanagement (n)

line organization Linienorganisation (f)

line printer Zeilendrucker (m)

liquid assets flüssiges Vermögen

liquidate a company ein Unternehmen liquidieren *od* auflösen

liquidate stock Lagerbestände (mpl) flüssigmachen

liquidation Liquidation (f); Abwicklung (f); Konkurs (m)

liquidator Liquidator (m); Abwickler (m); Konkursverwalter (m)

liquidity Liquidität (f)

liquidity crisis Liquiditätskrise (f)

lira *[currency used in Italy and Turkey]* Lire (f)

list (n) Liste (f)

list (n) *[catalogue]* Verzeichnis (n) *od* Liste (f)

list (v) auflisten

list price Listenpreis (m)

litre Liter (m *od* n)

Lloyd's register Lloyd's Register (n)

load (n) Ladung (f)

load (v) beladen *od* laden

load (v) *[computer program]* laden

load a lorry *or* **a ship** einen Lastwagen *od* ein Schiff beladen

load factor Auslastungsfaktor (m) *od* Sitzladefaktor (m)

load line Ladelinie (f)

loading bay Ladeplatz (m)

loading ramp Laderampe (f)

loan (n) Kredit (m) *od* Darlehen (n)

loan (v) ausleihen *od* leihen *od* verleihen

loan capital Fremdkapital (n) *od* Anleihekapital (n)

loan stock festverzinsliche Anleihen (fpl)

local örtlich *od* Orts- *od* lokal

local call Ortsgespräch (n)

local government Kommunalverwaltung (f) *od* Gemeindeverwaltung (f)

local labour ortsansässige Arbeitskräfte (fpl)

lock (n) Schloß (n)

lock (v) abschließen

lock up a shop *or* **an office** ein Geschäft *od* ein Büro abschließen

lock up capital Kapital festlegen *od* binden

lock-up premises Laden (m), der nur Zugang von der Straße her hat

log (v) Buch führen über *od* aufzeichnen

log calls Anrufe registrieren

logo Logo (n); Firmenzeichen (n)

long lang

long credit langfristiger Kredit *od* Kredit (m) mit langer Laufzeit

long-dated bill langfristiger Wechsel

long-distance flight Fernflug (m)

long-haul flight Fernflug (m)

long-range langfristig

long-standing schon lange bestehend *od* alt

long-standing agreement seit langem bestehender Vertrag

long-term langfristig

long-term debts langfristige Verbindlichkeiten (fpl)

long-term forecast langfristige Prognose (f)

long-term liabilities langfristige Verbindlichkeiten (fpl)

long-term loan langfristiges Darlehen (n)

long-term objectives langfristige Ziele (npl)

long-term planning langfristige Planung (f)

loose lose *od* unverpackt

lorry Lastwagen (m) *od* LKW (m)

lorry driver Lastwagenfahrer/-in

lorry-load Lastwagenladung (f)

lose (something) verlieren

lose *[fall to a lower level]* fallen

lose an order einen Auftrag verlieren

lose money Geld verlieren *od* einbüßen

loss *[not a profit]* Verlust (m) *od* Einbuße (f)

loss *[of something]* Verlust (m)

loss of an order Auftragsverlust (m)

loss of customers Kundenverlust (m)

loss-leader Lockartikel (m)

lot *[of items]* Posten (m) *od* Los (n)

low (adj) niedrig *od* gering *od* schwach

low (n) Tiefstand (m)

low sales geringer Absatz

low-grade untergeordnet *od* minderwertig

low-level untergeordnet *od* auf unterer Ebene

low-quality minderwertig

lower (adj) niedriger *od* geringer *od* schwächer

lower (v) senken

lower prices Preise senken

lowering Senkung (f) *od* Minderung (f)

Ltd (= limited company) GmbH (f) (Gesellschaft mit beschränkter Haftung)

luggage Gepäck (n)

lump sum einmalige Summe (f); Pauschalbetrag (m)

luxury goods Luxusartikel (mpl)

Mm

machine Maschine (f) *od* Apparat (m)

macro-economics Makroökonomie (f)

magazine Zeitschrift (f) *od* Magazin (n)

magazine insert Werbebeilage (f)

magazine mailing Zeitschriftenzustellung (f) per Post

magnetic tape *or* **mag tape** Magnetband (n)

mail (n) *[letters sent or received]* Post (f)

mail (n) *[postal system]* Post (f)

mail (v) (mit der Post) verschicken *od* aufgeben

mail shot Rundschreiben (n) *od* Briefwerbeaktion (f)

mail-order Postversand (m)

mail-order business *or* **mail-order firm** *or* **mail-order** Versandhaus (n)

mail-order catalogue Versandhauskatalog (m)

mailing Verschicken (n) *od* Versand (m)

mailing list Adressenliste (f)

mailing piece Postwurfsendung (f)

mailing shot Rundschreiben (n) *od* Briefwerbeaktion (f)

main Haupt-

main building Hauptgebäude (n)

main office Hauptgeschäftsstelle (f) *od* Zentrale (f)

maintain *[keep at same level]* erhalten *od* halten

maintain *[keep going]* aufrechterhalten *od* erhalten

maintenance *[keeping in working order]* Wartung (f) *od* Instandhaltung (f)

maintenance *[keeping things going]* Aufrechterhaltung (f) *od* Erhaltung (f)

maintenance of contacts Aufrechterhaltung (f) von Kontakten

maintenance of supplies Aufrechterhaltung (f) der Versorgung *od* der Lieferungen

major Groß- *od* Haupt- *od* bedeutend

major shareholder Hauptaktionär/-in

majority Mehrheit (f) *od* Majorität (f)

majority shareholder Mehrheitsaktionär/-in

make good *[a defect or loss]* wettmachen

make money Geld verdienen

make out *[invoice]* ausstellen

make provision for Vorkehrungen (fpl) *od* Vorsorge (f) treffen für

make up for wiedergutmachen *od* ausgleichen

make-ready time Rüstzeit (f)

maladministration schlechte Verwaltung; Mißwirtschaft (f)

man (n) Mann (m)

man (v) besetzen

man-hour Arbeitsstunde (f)

manage leiten *od* führen

manage property Immobilienbesitz verwalten

manage to es schaffen *od* es fertigbringen

manageable zu bewältigen

management *[action]* Leitung (f) *od* Führung (f)

management *[managers]* Unternehmensleitung (f) *od* Management (n)

management accounts Rechnungsbericht (m) für die Betriebsführung

management buyout (MBO) Management Buy-Out (n)

management consultant Unternehmensberater/-in

management course Managerkurs (m)

management team Management-Team (n) *od* Führungsgruppe (f)

management techniques Führungsmethoden (fpl)

management trainee Führungsnachwuchs (m)

management training Manager-Ausbildung (f)

manager *[of branch or shop]* Geschäftsführer/-in *od* Manager/-in

manager *[of department]* Abteilungsleiter/-in *od* Manager/-in

managerial Management- *od* Führungs-

managerial staff leitendes Personal

managing director (MD) Geschäftsführer/-in

mandate Auftrag (m); Mandat (n)

manifest Manifest (n) *od* Ladeliste (f)

manned besetzt *od* bemannt

manning Besetzung (f) *od* Bemannung (f)

manning levels Personalstärke (f) *od* Personalbestand (m)

manpower Personalbestand (m)

manpower forecasting Personalbestandsprognose (f)

manpower planning Personalplanung (f)

manpower requirements Bedarf (m) an Arbeitskräften

manpower shortage Arbeitskräftemangel (m)

manual (adj) handgemacht *od* manuell

manual (n) Handbuch (n)

manual work körperliche Arbeit

manual worker ungelernte Arbeitskraft

manufacture (n) Herstellung (f) *od* Fertigung (f)

manufacture (v) (maschinell) herstellen *od* fertigen

manufactured goods Industriegüter (npl) *od* Fertigwaren (fpl)

manufacturer Hersteller (m) *od* Fabrikant (m)

manufacturer's recommended price (MRP) empfohlener Abgabepreis

manufacturing Herstellung (f) *od* Fertigung (f)

manufacturing capacity Fertigungskapazität (f)

manufacturing costs Herstellungskosten (pl)

manufacturing overheads Fertigungsgemeinkosten (pl)

margin *[profit]* Gewinnspanne (f) *od* Marge (f)

margin of error Fehlerspielraum (m)
marginal Marginal- *od* Grenz-
marginal cost Grenzkosten (pl)
marginal pricing Grenzkostenkalkulation (f)
marine Meeres- *od* See-
marine insurance Seeversicherung (f)
marine underwriter Seeversicherer (m)
maritime See- *od* Schiffahrts-
maritime law Seerecht (n)
maritime lawyer ein auf Seerecht spezialisierter Jurist (m)
maritime trade Seehandel (m)
mark (n) Markierung (f) *od* Zeichen (n)
mark (n) *[currency used in Germany]* D-Mark (f) *od* Mark (f)
mark (v) beschriften *od* auszeichnen
mark down herabsetzen *od* senken
mark up heraufsetzen *od* erhöhen
mark-down Preissenkung (f)
mark-up *[action]* Preiserhöhung (f)
mark-up *[profit margin]* Gewinnaufschlag (m)
marker pen Textmarker (m)
market (n) *[place]* Markt (m) *od* Marktplatz (m)
market (n) *[possible sales]* Markt (m); Nachfrage (f)
market (n) *[where a product might sell]* Markt (m) *od* Absatzgebiet (n)
market (v) vertreiben *od* auf den Markt bringen
market analysis Marktanalyse (f)
market analyst Marktanalytiker/-in; Marktberater/-in
market capitalization Börsenwert (m) *od* Börsenkapitalisierung (f)
market economist Börsenbeobachter (m)
market forces Marktkräfte (fpl)
market forecast Marktprognose (f)
market leader Marktführer (m)
market opportunities Marktchancen (fpl) *od* neue Absatzmöglichkeiten (fpl)
market penetration Marktdurchdringung (f)
market price Marktpreis (m)
market rate Marktpreis (m)
market research Marktforschung (f)
market share Marktanteil (m)
market trends Marktentwicklung (f) *od* Markttendenzen (fpl)
market value Marktwert (m)
marketable absatzfähig *od* marktfähig
marketing Marketing (n) *od* Vermarktung (f)
marketing agreement Marktabsprache (f)
marketing department Marketingabteilung (f)
marketing division Marketingabteilung (f)
marketing manager Marketingdirektor/-in *od* Vertriebsleiter/-in
marketing strategy Marketingstrategie (f)
marketing techniques Marketing-Methoden (fpl)
marketplace *[in town]* Marktplatz (m)
marketplace *[place where something is sold]* Markt (m)
mass *[of people]* Menge (f)
mass *[of things]* Masse (f) *od* Menge (f)
mass market product Massenprodukt (n)
mass marketing Massenabsatzstrategie (f)
mass media Massenmedien (pl)
mass production Massenproduktion (f) *od* serienmäßige Herstellung
mass-produce in Massen *od* serienmäßig herstellen
mass-produce cars Autos serienmäßig herstellen
Master's degree in Business Administration (MBA) Magister (m) in Betriebswirtschaft
materials control Materialsteuerung (f)
materials handling innerbetriebliches Transport- und Lagerwesen
maternity leave Mutterschaftsurlaub (m)
matter (n) *[problem]* Sache (f) *od* Angelegenheit (f)
matter (n) *[to be discussed]* Thema (n) *od* Frage (f)
matter (v) von Bedeutung sein
mature (v) fällig werden
mature economy entwickelte Volkswirtschaft
maturity date Fälligkeitstermin (m)
maximization Maximierung (f)
maximize maximieren
maximum (adj) maximal *od* Höchst-
maximum (n) Maximum (n)
maximum price Höchstpreis (m)
MBA (= Master in Business Administration) Magister (m) in Betriebswirtschaft
MBO (= management buyout) Management Buy-Out (n)
MD (= managing director) Geschäftsführer/-in

mean (adj) mittlere(r,s) *od* durchschnittlich *od* Mittel-
mean (n) Mittelwert (m) *od* Durchschnitt (m)
mean annual increase durchschnittlicher Jahreszuwachs
means *[money]* Mittel (pl)
means *[ways]* Mittel (n) *od* Möglichkeit (f)
means test Bedürftigkeitsüberprüfung (f)
measurement of profitability Rentabilitätsmessung (f)
measurements Maße (npl)
media coverage Berichterstattung (f) durch die Medien
median Zentralwert (m) *od* Median (m)
mediate vermitteln
mediation Vermittlung (f)
mediator Schlichter/-in
medium (adj) mittlere(r,s)
medium (n) Mittel (n) *od* Medium (n)
medium-sized mittelgroß *od* mittelständisch
medium-term mittelfristig
meet *[be satisfactory]* erfüllen *od* entsprechen
meet *[expenses]* begleichen *od* bestreiten
meet *[someone]* (sich) treffen (mit)
meet a deadline einen Termin *od* eine Frist einhalten
meet a demand den Bedarf *od* die Nachfrage decken
meet a target ein Ziel erreichen
meeting Besprechung (f) *od* Sitzung (f)
meeting place Treffpunkt (m)
member *[of a group]* Mitglied (n)
membership *[all members]* Mitglieder (npl)
membership *[being a member]* Mitgliedschaft (f)
memo Mitteilung (f) *od* Notiz (f)
memorandum Mitteilung (f)
memory *[computer]* Speicher (m)
merchandise (n) Handelsware (f)
merchandize (v) Handel treiben
merchandize a product ein Produkt vermarkten
merchandizer Experte/Expertin für Verkaufsförderung (f)
merchandizing Merchandising (n) *od* Verkaufsförderung (f)
merchant Händler (m)
merchant bank Merchant Bank (f)
merchant navy Handelsmarine (f)
merchant ship *or* **merchant vessel** Handelsschiff (n)
merge fusionieren *od* zusammenschließen
merger Fusion (f) *od* Unternehmenszusammenschluß (m)
merit Verdienst (n); Leistung (f)
merit award *or* **merit bonus** Leistungszulage (f)
message Mitteilung (f) *od* Nachricht (f)
messenger Bote (m)
micro-economics Mikroökonomie (f)
microcomputer Mikrocomputer (m)
mid-month accounts Medioabrechnung (f)
mid-week (in der) Mitte der Woche
middle management mittleres Management
middle-sized company Unternehmen (n) mittlerer Größe *od* Mittelständler (m)
middleman Zwischenhändler (m)
million Million (f)
millionaire Millionär/-in
minimum (adj) Mindest-
minimum (n) Minimum (n)
minimum dividend Mindestdividende (f)
minimum payment Mindestbetrag (m)
minimum wage (garantierter) Mindestlohn
minor shareholders Kleinaktionäre (mpl)
minority Minorität (f) *od* Minderheit (f)
minority shareholder Minderheitsaktionär/-in
minus minus *od* abzüglich
minus factor Negativfaktor (m) *od* Minus (n)
minute (n) *[time]* Minute (f)
minute (v) protokollieren *od* zu Protokoll nehmen
minutes (n) *[of meeting]* Protokoll (n)
misappropriate veruntreuen
misappropriation Veruntreuung (f)
miscalculate falsch berechnen *od* falsch kalkulieren
miscalculation Fehlkalkulation (f)
miscellaneous verschieden; gemischt
miscellaneous items verschiedene Artikel (mpl)
mismanage schlecht verwalten
mismanagement Mißwirtschaft (f) *od* Mißmanagement (n)
miss *[not to hit]* verfehlen; nicht erreichen
miss *[not to meet]* verpassen
miss *[train, plane]* verpassen
miss a target ein Ziel nicht erreichen

miss an instalment mit einer Rate in Rückstand geraten

mistake Fehler (m)

misunderstanding Mißverständnis (n) *od* Meinungsverschiedenheit (f)

mixed *[different sorts]* gemischt

mixed *[neither good nor bad]* unterschiedlich *od* uneinheitlich

mixed economy Mischwirtschaft (f)

mobile phone Mobiltelefon (n)

mobility Beweglichkeit (f) *od* Mobilität (f)

mobilize mobilisieren

mobilize capital Gelder flüssigmachen

mock-up Attrappe (f)

mode Art (und Weise) (f); Form (f)

mode of payment Zahlungsweise (f)

model (n) *[person]* Model (n); Mannequin (n)

model (n) *[small copy]* Modell (n)

model (n) *[style of product]* Modell (n)

model (v) *[clothes]* vorführen

model agreement Mustervertrag (m)

modem Modem (n)

moderate (adj) gemäßigt *od* mäßig

moderate (v) mäßigen

monetary monetär *od* Geld- *od* Währungs-

monetary base Geldbasis (f) *od* Primärgeld (n)

monetary unit Währungseinheit (f)

money Geld (n)

money changer Geldwechsler (m)

money markets Geldmärkte (mpl)

money order Postanweisung (f) *od* Zahlungsanweisung (f)

money rates Geldkurse (mpl)

money supply Geldmenge (f)

money up front Vorauszahlung (f)

money-making einträglich *od* gewinnbringend

money-making plan gewinnbringender Plan

moneylender Geldverleiher (m)

monitor (n) *[screen]* Monitor (m) *od* Bildschirm (m)

monitor (v) überwachen

monopolization Monopolisierung (f) *od* Marktbeherrschung (f)

monopolize monopolisieren *od* beherrschen

monopoly Monopol (n)

month Monat (m)

month end Monatsende (n) od Ultimo (m)

month-end accounts Ultimoabrechnung (f)

monthly (adj) monatlich

monthly (adv) monatlich

monthly payments monatliche Zahlungen (fpl)

monthly statement monatlicher Kontoauszug

moonlight schwarzarbeiten

moonlighter Schwarzarbeiter/-in

moonlighting Schwarzarbeit (f)

moratorium Moratorium (n); Zahlungsaufschub (m)

mortgage (n) Hypothek (f)

mortgage (v) hypothekarisch belasten; eine Hypothek aufnehmen

mortgage payments Hypothekenzahlungen (fpl)

mortgagee Hypothekengläubiger (m)

mortgager *or* **mortgagor** Hypothekenschuldner (m)

most-favoured nation meistbegünstigtes Land

motivated motiviert

motivation Motivation (f)

motor insurance Kraftfahrzeugversicherung (f)

mount up steigen

mounting steigend *od* zunehmend

move *[be sold]* absetzen

move *[house, office]* umziehen; verlegen

move *[propose]* beantragen

movement Bewegung (f)

movements of capital Kapitalverkehr (m)

MRP (= manufacturer's recommended price) empfohlener Abgabepreis

multicurrency operation Geschäft (n) mit verschiedenen Währungen

multilateral multilateral

multilateral agreement multilaterales Abkommen

multilateral trade multilateraler Handel

multinational (n) multinationaler Konzern

multiple (adj) mehrfach *od* vielfach

multiple entry visa Visum (n) zur mehrmaligen Einreise

multiple ownership Gemeinschaftseigentum (n)

multiple store Filiale (f) *od* Kettenladen (m)

multiplication Multiplikation (f)

multiply multiplizieren

mutual (adj) gemeinsam

mutual (insurance) company Versicherungsverein (m) auf Gegenseitigkeit (VVaG)

Nn

national advertising landesweite *od* überregionale Werbung

nationalization Verstaatlichung (f)

nationalized industry verstaatlichte Industrie

nationwide landesweit

natural resources Naturschätze (pl) *od* natürliche Ressourcen (fpl)

natural wastage natürlicher Arbeitskräfteabgang

near letter-quality (NLQ) Schönschrift (f) *od* Briefqualität (f)

necessary nötig *od* notwendig

negative cash flow negativer Cash-flow

neglected business vernachlässigtes Unternehmen

neglected shares wenig nachgefragte Aktien (fpl)

negligence Fahrlässigkeit (f)

negligent fahrlässig

negligible unbedeutend *od* geringfügig

negotiable (frei) übertragbar *od* verkäuflich

negotiable instrument übertragbares *od* begebbares Wertpapier

negotiate verhandeln

negotiation Verhandlung (f)

negotiator Verhandlungsführer/-in; Unterhändler/-in

net (adj) netto *od* Netto-

net (v) netto einnehmen *od* verdienen

net assets *or* **net worth** Reinvermögen (n)

net earnings *or* **net income** Nettoverdienst (m) *od* Nettoeinkommen (n)

net income *or* **net salary** Nettoverdienst (m) *od* Nettogehalt (n)

net loss Nettoverlust (m)

net margin Nettomarge (f) *od* Nettogewinnspanne (f)

net price Nettopreis (m)

net profit Nettogewinn (m) *od* Reingewinn (m)

net receipts Nettoeinnahmen (fpl)

net sales Nettoumsatz (m)

net weight Nettogewicht (n)

net worth Reinvermögen (n)

net yield Nettoertrag (m) *od* Reinertrag (m)

network (n) Netz (n)

network (v) *[computers]* vernetzen

news agency Nachrichtenagentur (f) *od* Nachrichtendienst (m)

newspaper Zeitung (f)

niche Nische (f)

night Nacht (f)

night rate Nachttarif (m) *od* Mondscheintarif (m)

night shift Nachtschicht (f)

nil Null (f)

nil return keinerlei Erträge (mpl)

NLQ (= near letter-quality) Schönschrift (f) *od* Briefqualität (f)

no-claims bonus Schadenfreiheitsrabatt (m)

no-strike agreement *or* **no-strike clause** Streikverbotsabkommen (n) *od* Streikverbotsklausel (f)

nominal capital Nominalkapital (n)

nominal ledger Hauptbuch (n)

nominal rent nominelle Miete *od* Pacht (f)

nominal value Nennwert (m) *od* Nominalwert (m)

nominee Nominierte(r) *od* Kandidat/-in

nominee account Anderkonto (n)

non profit-making gemeinnützig *od* nicht auf Gewinn ausgerichtet

non-delivery Nichtlieferung (f)

non-executive director nicht geschäftsführendes Mitglied des Board of Directors

non-negotiable instrument nicht begebbares Wertpapier; Namenspapier (n)

non-payment *[of a debt]* Nichtbezahlen (n) einer Verbindlichkeit

non-recurring items einmalige *od* aperiodische Posten (mpl)

non-refundable deposit nicht zurückerstattbare Kaution

non-returnable packing Einwegpackung (f) *od* Einwegverpackung (f)

non-stop durchgehend *od* ununterbrochen

non-taxable income steuerfreies Einkommen

nonfeasance pflichtwidrige Unterlassung

norm Norm (f)

notary public Notar/-in

note (n) Mitteilung (f) *od* Bescheid (m)

note (v) *[details]* zur Kenntnis nehmen; vermerken *od* notieren

note of hand Schuldschein (m)

notice *[piece of information]* Mitteilung (f); Anschlag (m)

notice *[that worker is leaving his job]* Kündigung (f)

notice *[time allowed]* Frist (f)

notice *[warning that a contract is going to end]* Bescheid (m)

notification Benachrichtigung (f) *od* Mitteilung (f)

notify mitteilen *od* melden

null nichtig *od* ungültig

number (n) *[figure]* Nummer (f) *od* Zahl (f)

number (v) numerieren

numbered account Nummernkonto (n)

numeric *or* **numerical** numerisch *od* zahlenmäßig

numeric keypad Zehnertastatur (f) *od* numerische Tastatur

Oo

objective (adj) objektiv *od* sachlich

objective (n) Ziel (n)

obligation *[debt]* Verbindlichkeit (f)

obligation *[duty]* Verpflichtung (f)

obsolescence Obsoleszenz (f) *od* Veralterung (f)

obsolescent obsoleszent *od* (technisch) überholt

obsolete veraltet *od* obsolet

obtain erhalten *od* beziehen

obtainable erhältlich *od* zu bekommen

occupancy Belegung (f)

occupancy rate Zimmerbelegung (f)

occupant Bewohner/-in

occupational Berufs- *od* beruflich

occupational accident Arbeitsunfall (m)

odd *[not a pair]* einzeln

odd *[not even]* ungerade

odd numbers ungerade Zahlen (fpl)

off *[away from work]* frei

off *[cancelled]* abgesagt *od* ausgefallen

off *[reduced by]* ermäßigt *od* mit Ermäßigung

off the record inoffiziell

off-peak außerhalb der Hauptzeiten *od* Stoßzeiten

off-season Nebensaison (f)

off-the-job training außerbetriebliche Ausbildung

offer (n) Angebot (n)

offer (v) *[to buy]* bieten

offer (v) *[to sell]* anbieten

offer for sale Zeichnungsangebot (n)

offer price Emissionskurs (m)

office Büro (n) *od* Geschäftsstelle (f)

office equipment Büroaustattung (f)

office furniture Büromöbel (npl)

office hours Bürozeit (f) *od* Dienststunden (fpl)

office security Sicherheitsvorkehrungen (fpl) (gegen Diebstahl) im Büro

office space Büroräume (mpl)

office staff Büropersonal (n)

office stationery Büromaterial (n)

offices to let Büroräume (mpl) zu vermieten

official (adj) amtlich *od* Amts-; dienstlich *od* Dienst-

official (n) Beamte(r)/Beamtin

official receiver Konkursverwalter/-in

official return (dienstlicher) Bericht

officialese Beamtendeutsch (n)

offload abstoßen *od* abschieben

offshore der Küste vorgelagert *od* Offshore-

oil *[cooking]* Öl (n)

oil *[petroleum]* Erdöl (n); Mineralöl (n)

oil price Ölpreis (m)

oil-exporting countries erdölexportierende Länder (npl)

oil-producing countries Ölförderländer (npl)

old alt

old-established alteingesessen *od* seit langem bestehend

old-fashioned altmodisch

ombudsman Ombudsmann (m)

omission Auslassung (f); Unterlassung (f)

omit unterlassen *od* auslassen

on a short-term basis kurzfristig *od* auf kurze Sicht

on account als Anzahlung

on agreed terms den vereinbarten Bedingungen entsprechend

on an annual basis auf jährlicher Basis

on an average im Durchschnitt

on approval auf Probe *od* versuchsweise

on behalf of im Namen von; im Auftrag von

on board an Bord

on business geschäftlich *od* dienstlich

on condition that unter der Bedingung, daß ...

on credit auf Kredit

on favourable terms zu günstigen Bedingungen (fpl)

on line *or* **online** on line

on order bestellt

on request auf Wunsch *od* auf Anforderung

on sale zu verkaufen; im Angebot

on the increase (ständig) zunehmen *od* im Wachsen begriffen sein

on time pünktlich

on-the-job training betriebliche Ausbildung

one-off einmalig

one-off item Einzelstück (n)

one-sided einseitig *od* parteiisch

one-sided agreement einseitiges Abkommen

one-way fare einfacher Fahrpreis *od* einfacher Flugpreis

one-way trade einseitiger Handel

OPEC (= Organization of Petroleum Exporting Countries) OPEC (Organisation der ölexportierenden Länder) (f)

open (adj) *[not closed]* geöffnet

open (v) *[begin]* eröffnen *od* beginnen

open (v) *[start new business]* eröffnen

open a bank account ein Bankkonto eröffnen

open a line of credit eine Kreditlinie eröffnen

open a meeting eine Sitzung eröffnen

open account Kontokorrentkonto (n)

open an account ein Konto eröffnen

open cheque Barscheck (m)

open credit Blankokredit (m) *od* offener Kredit

open market freier Markt

open negotiations Verhandlungen beginnen *od* aufnehmen

open ticket offenes Ticket

open to offers Angebote werden entgegengenommen

open-ended agreement Vertrag (m) mit teilweise offenen Modalitäten (pl)

open-plan office Großraumbüro (n)

opening (adj) einleitend *od* Eröffnungs-

opening (n) Eröffnung (f)

opening balance Eröffnungsbilanz (f)

opening bid Eröffnungsgebot (n)

opening hours Öffnungszeit (f) *od* Geschäftszeit (f)

opening price Eröffnungskurs (m) *od* Eröffnungsnotierung (f)

opening stock Eröffnungsbestand (m)

opening time Öffnungszeit (f)

operate gelten *od* wirksam werden

operating (n) Betrieb (m)

operating budget Betriebsbudget (n)

operating costs *or* **operating expenses** Betriebskosten (pl)

operating manual Benutzerhandbuch (n); Bedienungsanleitung (f)

operating profit Betriebsgewinn (m) *od* operativer Gewinn

operating system Betriebssystem (n)

operation Geschäftsbereich (m); Betrieb (m)

operational Betriebs- *od* Funktions-

operational budget Betriebsbudget (n)

operational costs Betriebskosten (pl)

operative (adj) wirksam *od* rechtsgültig

operative (n) Maschinenarbeiter/-in

operator Maschinist/-in

opinion poll Meinungsumfrage (f)

opportunity Gelegenheit (f) *od* Möglichkeit (f)

option to purchase Kaufoption (f)

optional freiwillig

optional extras Extras (npl) *od* Sonderzubehör (npl)

order (n) *[certain way]* Anordnung (f) *od* Reihenfolge (f)

order (n) *[for goods]* Auftrag (m) *od* Bestellung (f)

order (n) *[instruction]* Anweisung (f) *od* Anordnung (f)

order (n) *[money]* Orderpapier (n)

order (v) *[goods]* bestellen

order (v) *[put in order]* anordnen *od* ordnen

order book Auftragsbuch (n)

order fulfilment Auftragsausführung (f)

order number Auftragsnummer (f)

order picking Zusammenstellung (f) einer Bestellung

order processing Auftragsabwicklung (f)

order: on order bestellt

ordinary normal *od* gewöhnlich

ordinary shares Stammaktien (fpl)

organization *[institution]* Organisation (f)

organization *[way of arranging]* Organisation (f) *od* Aufbau (m)

organization and methods Organisation (f) und Verfahren (npl)

organization chart Organisationsplan (m) *od* Organigramm (n)

Organization of Petroleum Exporting Countries (OPEC) Organisation (f) der ölexportierenden Länder *[OPEC)*

organizational organisatorisch *od* Organisations-

organize organisieren *od* aufbauen

origin Herkunft (f); Provenienz (f)

original (adj) original *od* Original-

original (n) Original (n)

OS (= outsize) Übergröße (f)

out of control außer Kontrolle

out of date veraltet *od* unzeitgemäß

out of pocket aus eigener Tasche

out of stock nicht vorrätig

out of work arbeitslos

out-of-pocket expenses Barauslagen (fpl)

outbid überbieten

outgoing ausscheidend

outgoing mail Postausgang (m)

outgoings Ausgaben (fpl) *od* Ausgänge (mpl)

outlay Auslagen (fpl) *od* Ausgaben (fpl)

outlet Geschäft (n); Händler (m); Verkaufsstelle (f)

output (n) *[computer]* Ausgabe (f) *od* Ausgang (m)

output (n) *[goods]* Produktion (f); Produktionsleistung (f)

output (v) *[computer]* ausgeben

output tax Bruttomehrwertsteuer (f)

outright ganz *od* vollständig

outside außer Haus *od* extern

outside director nicht geschäftsführendes Mitglied des Board of Directors

outside line Amtsleitung (f)

outside office hours außerhalb der Bürozeit

outsize (OS) Übergröße (f)

outstanding *[exceptional]* überragend; hervorragend

outstanding *[unpaid]* ausstehend *od* unbezahlt

outstanding debts Außenstände (pl)

outstanding orders unerledigte Aufträge (mpl)

overall gesamt *od* Gesamt-

overall plan Gesamtplan (m)

overbook überbuchen *od* überbelegen

overbooking Überbuchung (f) *od* Überbelegung (f)

overcapacity Überkapazität (f)

overcharge (n) zuviel berechneter Betrag

overcharge (v) zu viel berechnen

overdraft Überziehungskredit (m)

overdraft facility Überziehungskredit (m)

overdraw überziehen

overdrawn account überzogenes Konto

overdue überfällig

overestimate (v) überschätzen

overhead budget Gemeinkostenbudget (n) *od* Gemeinkostenplan (m)

overhead costs *or* **expenses** Gemeinkosten (pl)

overheads Gemeinkosten (pl)

overmanning Überbesetzung (f)

overpayment Überbezahlung (f)

overproduce überproduzieren

overproduction Überproduktion (f)

overseas (adj) überseeisch *od* Übersee- *od* Auslands-

overseas (n) Übersee *od* Ausland (n)

overseas markets Überseemärkte (mpl) *od* ausländische Absatzmärkte (mpl)

overseas trade Überseehandel (m) *od* Auslandshandel (m)

overspend zu viel ausgeben

overspend one's budget seine Budgetgrenze überschreiten

overstock (v) zu hohe Bestände (mpl) haben

overstocks Überbestand (m)

overtime Überstunden (fpl)

overtime ban Überstundenverbot (n)

overtime pay Überstundenlohn (m)

overvalue überbewerten

overweight: to be overweight Übergewicht haben

owe schulden

owing unbezahlt

owing to wegen

own (v) besitzen

own brand goods Eigenmarkenwaren (fpl)

own label goods Eigenmarkenwaren (fpl)

owner Eigentümer/-in

ownership Eigentum (n)

Pp

p & p (= postage and packing) Porto und Verpackung

PA (= personal assistant) persönliche(r) Assistent/-in

pack (n) Warenpackung (f)

pack (v) verpacken *od* einpacken

pack goods into cartons Waren in Kartons verpacken

pack of envelopes Packung (f) Briefumschläge

package *[of goods]* Paket (n)

package *[of services]* Paket (n)

package deal Gesamtvereinbarung (f) *od* Pauschalangebot (n)

packaging *[action]* Packen (n) *od* Verpacken (n)

packaging *[material]* Verpackung (f)

packaging material Verpackungsmaterial (n)

packer Packer/-in

packet Päckchen (n) *od* Schachtel (f)

packet of cigarettes Schachtel (f) Zigaretten

packing *[action]* Verpacken (n)

packing *[material]* Verpackung (f)

packing case Kiste (f)

packing charges Verpackungskosten (pl)

packing list *or* **packing slip** Packliste (f)

paid *[for work]* bezahlt

paid *[invoice]* bezahlt *od* beglichen

pallet Palette (f)

palletize palettieren

panel Tafel (f); Gremium (n) *od* Panel (n)

panic buying Panikkauf (m)

paper bag Papiertüte (f)

paper feed Papiervorschub (m) *od* Papiereinzug (m)

paper loss nicht realisierter Verlust

paper profit Buchgewinn (m) *od* noch nicht realisierter Gewinn

paperclip Büroklammer (f)

papers Papiere (pl) *od* Unterlagen (pl)

paperwork Schreibarbeit (f); Papierkram (m)

par pari *od* gleich

par value Nennwert (m)

parcel (n) Paket (n)

parcel (v) (als Paket) verpacken

parcel post Paketpost (f)

parent company Muttergesellschaft (f)

parity Gleichstellung (f) *od* Parität (f)

part (n) Teil (m)

part exchange Inzahlungnahme (f)

part-owner Miteigentümer/-in

part-ownership Miteigentum (n)

part-time Halbtags- *od* Teilzeit-

part-time work *or* **part-time employment** Teilzeitarbeit (f) *od* Teilzeitbeschäftigung (f)

part-timer Teilzeitkraft (f)

partial loss Teilschaden (m)

partial payment Teilzahlung (f) *od* Abschlagzahlung (f)

particulars Einzelheiten (fpl) *od* nähere Angaben (fpl)

partner Teilhaber/-in *od* Partner/-in *od* Sozius (m)

partnership Partnerschaft (f) *od* Personengesellschaft (f); Sozietät (f)

party Partei (f)

patent Patent (n)

patent agent Patentanwalt/Patentanwältin

patent an invention eine Erfindung patentieren (lassen)

patent applied for *or* **patent pending** zum Patent angemeldet

patented patentiert *od* patentrechtlich geschützt

pay (n) *[salary]* Gehalt (n) *od* Lohn (m)

pay (v) *[bill]* bezahlen *od* begleichen

pay (v) *[worker]* bezahlen *od* auszahlen

pay a bill eine Rechnung bezahlen

pay a dividend eine Dividende ausschütten

pay an invoice eine Rechnung bezahlen

pay back zurückzahlen

pay by cheque mit (einem) Scheck bezahlen

pay by credit card mit (einer) Kreditkarte bezahlen

pay cash bar bezahlen

pay cheque Gehaltsscheck (m) *od* Lohnscheck (m)

pay desk Kasse (f)

pay in advance im voraus bezahlen

pay in instalments in Raten zahlen

pay interest Zinsen zahlen

pay money down Geld anzahlen

pay off *[debt]* abzahlen *od* tilgen

pay off *[worker]* auszahlen

pay out auszahlen *od* ausgeben

pay phone Münzfernsprecher (m)

pay rise Gehaltserhöhung (f) *od* Lohnerhöhung (f)

pay slip Gehaltsstreifen (m) *od* Lohnstreifen (m)

pay up voll *od* ganz bezahlen

payable zahlbar *od* fällig

payable at sixty days zahlbar innerhalb von sechzig Tagen

payable in advance im voraus zahlbar

payable on delivery zahlbar bei Lieferung

payable on demand zahlbar bei Aufforderung; (Wechsel) zahlbar bei Sicht

payback Rückzahlung (f)

payback clause Rückzahlungsklausel (f)

payback period Tilgungszeitraum (m) *od* Amortisationszeit (f)

payee Zahlungsempfänger/-in

payer Zahler (m)

paying (adj) lukrativ *od* einträglich

paying (n) Bezahlen (n) *od* Begleichen (n)

paying-in slip Einzahlungsbeleg (m)

payload Nutzlast (f)

payment Zahlung (f) *od* Bezahlung (f) *od* Begleichung (f)

payment by cheque Zahlung (f) durch Scheck

payment by results Leistungslohn (m); Erfolgshonorar (n)

payment in cash Barzahlung (f)

payment in kind Bezahlung (f) in Naturalien (pl); Sachleistung (f)

payment on account Abschlagszahlung (f) *od* Akontozahlung (f)

PC (= personal computer) PC (m) (Personalcomputer)

P/E ratio (= price/earnings ratio) Kurs-Gewinn-Verhältnis (n)

peak (n) Höhepunkt (m) *od* Höchststand (m)

peak (v) den Höchststand erreichen

peak output Höchstproduktion (f)

peak period Hauptverkehrszeit (f) *od* Stoßzeit (f) *od* Hauptbelastungszeit (f)

peg prices Preise stützen *od* stabilisieren

penalize bestrafen *od* mit einer Strafe belegen

penalty Strafe (f)

penalty clause Strafklausel (f)

pending schwebend *od* anstehend

penetrate a market in einen Markt eindringen

pension Rente (f) *od* Pension (f) *od* Ruhegehalt (n)

pension fund Pensionskasse (f)

pension scheme Rentenversicherungssytem (n)

per pro

per annum im *od* pro Jahr

per capita pro Kopf

per cent prozentual

per head pro Kopf

per hour *or* **per day** *or* **per week** *or* **per year** pro Stunde *od* pro Tag *od* pro Woche *od* pro Jahr

percentage Prozentsatz (m) *od* Prozent (n)

percentage discount prozentualer Rabatt

percentage increase prozentualer Anstieg

percentage point Prozentpunkt (m)

performance Leistung (f)

performance rating Leistungsbeurteilung (f)

period Zeit (f) *od* Zeitraum (m)

period of notice Kündigungsfrist (f)

period of validity Gültigkeitsdauer (f)

periodic *or* **periodical (adj)** periodisch

periodical (n) Zeitschrift (f)

peripherals Peripheriegeräte (npl)

perishable (leicht) verderblich

perishable goods *or* **items** *or* **cargo** verderbliche Waren (fpl) *od* verderbliche Fracht (f)

perishables (leicht) verderbliche Waren (fpl)

permission Erlaubnis (f) *od* Genehmigung (f)

permit (n) Genehmigung (f) *od* Erlaubnis (f)

permit (v) genehmigen *od* erlauben

personal persönlich *od* privat *od* Privat-

personal allowances Grundfreibeträge (mpl)

personal assets Privatvermögen (n)

personal assistant (PA) persönliche(r) Assistent/-in

personal computer (PC) Personalcomputer (PC) (m)

personal income persönliches Einkommen

personalized persönliche(r,s) *od* mit dem Namen oder den Initialen versehen

personalized briefcase eine mit Namen oder Initialen versehene Aktentasche

personalized cheques mit Namen des Ausstellers versehene Schecks

personnel Personal (n) *od* Belegschaft (f)

personnel department Personalabteilung (f)

personnel management Personalführung (f)

personnel manager Personalchef/-in *od* Personalleiter/-in

peseta *[Spanish currency]* Peseta (f) *od* Pesete (f)

peso *[South American currency]* Peso (m)

petty unwichtig *od* belanglos

petty cash Nebenkasse (f) *od* Portokasse (f)

petty cash box Portokasse (f)

petty expenses geringfügige Ausgaben (fpl)

phase in schrittweise einführen

phase out auslaufen lassen *od* allmählich einstellen

phoenix syndrome Phönix-Syndrom (n)

phone (n) Telefon (n)

phone (v) anrufen

phone back zurückrufen

phone call Telefongespräch (n) *od* Anruf (m)

phone card Telefonkarte (f)

phone number Telefonnummer (f)

photocopier Fotokopierer (m) *od* Kopierer (m)

photocopy (n) Fotokopie (f)

photocopy (v) fotokopieren

photocopying Fotokopieren (n)

photocopying bureau Copy-Shop (m) *od* Kopierzentrum (n)

picking list Entnahmeliste (f)

pie chart Kreisdiagramm (n)

piece Stück (n) *od* Teil (n)

piece rate Akkordlohnsatz (m) *od* Stücklohnsatz (m)

piecework Akkordarbeit (f)

pilferage *or* **pilfering** Bagatelldiebstahl (m)

pilot (adj) Pilot- *od* Versuchs-

pilot (n) *[person]* Pilot (m); Lotse (m)

pilot scheme Versuchsprojekt (n)

pioneer (n) Pionier/-in *od* Wegbereiter/-in

pioneer (v) Pionierarbeit leisten *od* den Weg bahnen

place (n) *[in a competition]* Platz (m)

place (n) *[in a text]* Stelle (f)

place (n) *[job]* Stelle (f) *od* Anstellung (f)

place (n) *[situation]* Stelle (f)

place (v) legen *od* setzen *od* stellen

place an order einen Auftrag erteilen *od* eine Bestellung aufgeben

place of work Arbeitsplatz (m)

plaintiff Kläger/-in

plan (n) *[drawing]* Plan (m) *od* Entwurf (m)

plan (n) *[project]* Plan (m)

plan (v) einplanen *od* planen

plan investments Investitionen planen

plane Flugzeug (n)

planner Planer/-in

planning Planung (f)

plant (n) *[factory]* Werk (n) *od* Fabrikanlage (f)

plant (n) *[machinery]* Maschinen (fpl) *od* Anlage (f)

plant-hire firm Baumaschinenvermietung (f)

platform *[railway station]* Bahnsteig (m) *od* Gleis (n)

PLC *or* **plc (= Public Limited Company)** Aktiengesellschaft (f) (AG)

plug (n) *[electric]* Stecker (m)

plug (v) *[block]* stoppen *od* zum Halt bringen

plug (v) *[publicize]* anpreisen *od* Reklame machen

plummet stark fallen *od* stürzen *od* absacken

plus plus *od* zuzüglich

plus factor positiver Faktor

pocket (n) Tasche (f); Fach (n)

pocket (v) einstecken *od* kassieren

pocket calculator *or* **pocket diary** Taschenrechner (m) *od* Taschenkalender (m)

point Stelle (f) *od* Ort (m)

point of sale (p.o.s. *or* **POS)** Verkaufsstelle (f) *od* Verkaufsort (m)

point of sale material (POS material) Werbematerial (n) an der Verkaufsstelle

policy Politik (f) *od* Kurs (m) *od* Linie (f)

pool resources Ressourcen (fpl) zusammenlegen

poor quality minderwertige Qualität

poor service schlechter Service

popular beliebt *od* populär

popular prices populäre Preise (mpl)

port *[computer]* Anschluß (m) *od* Port (m)

port *[harbour]* Hafen (m)

port authority Hafenbehörde (f)

port charges *or* **port dues** Hafengebühren (fpl)

port of call Anlaufhafen (m)

port of embarkation Einschiffungshafen (m)

port of registry Heimathafen (m)

portable tragbar

portfolio Aktienportefeuille (n)

portfolio management Effektenmanagement (n) *od* Portfoliomanagement (n)

POS *or* **p.o.s. (= point of sale)** Verkaufsstelle (f)

POS material (point of sale material) Werbematerial (n) an der Verkaufsstelle

position *[job]* Stelle (f) *od* Position (f)

position *[state of affairs]* Lage (f) *od* Stand (m)

positive bejahend *od* positiv

positive cash flow positiver Cash-flow

possess besitzen

possibility Möglichkeit (f)

possible möglich

post (n) *[job]* Stelle (f) *od* Posten (m)

post (n) *[letters]* Post (f)

post (n) *[system]* Post (f)

post (v) aufgeben *od* abschicken

post an entry einen Posten eintragen *od* verbuchen

post free portofrei

postage Porto (n) *od* Postgebühren (fpl)

postage and packing (p & p) Porto (n) und Verpackung (f)

postage paid Porto (n) bezahlt *od* gebührenfrei

postal Post-

postal charges *or* **postal rates** Postgebühren (fpl) *od* Posttarife (mpl)

postal order Postanweisung (f)

postcode Postleitzahl (f)

postdate vordatieren

poste restante postlagernd

postpaid Gebühr bezahlt

postpone aufschieben *od* vertagen

postponement Aufschub (m) *od* Vertagung (f)

potential (adj) potentiell

potential (n) Potential (n)

potential customers potentielle Kunden (mpl) *od* Interessenten (mpl)

potential market potentieller Markt

pound *[money]* Pfund (n)

pound *[weight: 0.45kg]* Pfund (n)

pound sterling Pfund Sterling (n)

power of attorney Handlungsvollmacht (f)

PR (= public relations) Public Relations (pl)

pre-empt zuvorkommen

pre-financing Vorfinanzierung (f)

prefer vorziehen *od* bevorzugen

preference Vorliebe (f) *od* Vorzug (m)

preference shares Vorzugsaktien (fpl)

preferential bevorzugt *od* Vorzugs-

preferential creditor bevorrechtigter Konkursgläubiger

preferential duty *or* **preferential tariff** Vorzugszoll (m) *od* Präferenzzoll (m)

preferred creditor bevorrechtigter Konkursgläubiger

premises Grundstück (n) *od* Räumlichkeiten (fpl)

premium *[extra charge]* Zuschlag (m) *od* Aufgeld (n)

premium *[insurance]* Versicherungsbeitrag (m) *od* Versicherungsprämie (f)

premium *[on lease]* Abstand (m)

premium offer Werbegeschenk (n) *od* Zugabe (f)

premium quality erstklassige Qualität

prepack *or* **prepackage** abpacken *od* fertig packen

prepaid vorausbezahlt

prepay im voraus bezahlen

prepayment Vorauszahlung (f)

present (adj) *[being there]* anwesend

present (adj) *[now]* gegenwärtig *od* derzeitig *od* jetzig

present (n) *[gift]* Geschenk (n)

present (v) *[give]* übergeben; schenken

present (v) *[show a document]* vorlegen

present a bill for acceptance einen Wechsel zur Annahme vorlegen

present a bill for payment eine Rechnung zur Zahlung vorlegen

present value Gegenwartswert (m) *od* Zeitwert (m)

presentation *[exhibition]* Präsentation (f) *od* Vorstellung (f)

presentation *[showing a document]* Vorlage (f)

press Presse (f)

press conference Pressekonferenz (f)

press release Pressemitteilung (f) *od* Presseverlautbarung (f)

prestige Prestige (n)

prestige product Prestigeprodukt (n)

pretax profit Gewinn (m) vor Steuern

prevent verhindern *od* verhüten

prevention Verhinderung (f) *od* Vorbeugung (f)

preventive vorbeugend *od* präventiv

previous vorig *od* vorhergehend

price (n) Preis (m)

price (v) einen Preis festsetzen

price ceiling oberste Preisgrenze

price control Preiskontrolle (f)

price controls Preisbindung (f) *od* Preiskontrolle (f)

price differential Preisunterschied (m) *od* Preisgefälle (n)

price ex quay Preis ab Kai

price ex warehouse Preis ab Lager

price ex works Preis ab Werk

price label Preisschild (n)

price list Preisliste (f)

price range Preislage (f) *od* Preisklasse (f)

price reductions Preissenkungen (fpl)

price stability Preisstabilität (f)

price tag Preisschild (n)

price ticket Preisschild (n)

price war Preiskrieg (m)

price-cutting war Preiskrieg (m)

price-sensitive product preisempfindliches Produkt

price/earnings ratio (P/E ratio) Kurs-Gewinn-Verhältnis (n)

pricing Preisfestsetzung (f) *od* Preiskalkulation (f)

pricing policy Preispolitik (f)

primary grundlegend *od* Primär-

primary industry Grundstoffindustrie (f)

prime Haupt- *od* wesentlich

prime cost Gestehungskosten (pl) *od* Herstellungskosten (pl)

prime rate Prime Rate (f) *od* Vorzugszins (m)

principal (adj) Haupt- *od* wichtigste(r,s)

principal (n) *[money]* Kapitalsumme (f) *od* Darlehensbetrag (m)

principal (n) *[person]* Auftraggeber/-in

principle Prinzip (n)

print out ausdrucken *od* drucken

printer *[company]* Druckerei (f)

printer *[machine]* Drucker (m)

printout Ausdruck (m) *od* Computerausdruck (m)

prior früher *od* vorausgehend

private privat *od* Privat-

private enterprise Privatunternehmen (n)

private limited company Gesellschaft (f) mit beschränkter Haftung (GmbH)

private ownership Privateigentum (n)

private property Privatgrundstück (n); Privatbesitz (m)

private sector Privatsektor (m)

privatization Privatisierung (f)

privatize privatisieren

pro forma (invoice) Pro-forma-Rechnung (f)

pro rata anteilig *od* anteilsmäßig

probation Probezeit (f)

probationary Probe-

problem Problem (n)

problem area Problembereich (m)

problem solver Problemlöser (m)

problem solving Problemlösung (f)

procedure Verfahren (n) *od* Vorgehensweise (f)

proceed fortfahren *od* fortsetzen

process (n) Verfahren (n) *od* Entwicklung (f)

process (v) *[deal with]* bearbeiten

process (v) *[raw materials]* verarbeiten

process figures Zahlen auswerten

processing of information *or* **of statistics** Auswertung (f) von Informationen *od* Statistiken

produce (n) *[food]* Agrarerzeugnisse (npl) *od* landwirtschaftliche Produkte (npl)

produce (v) *[bring out]* vorzeigen *od* vorlegen

produce (v) *[interest]* erzielen *od* abwerfen

produce (v) *[make]* herstellen *od* produzieren

producer Hersteller (m) *od* Produzent (m)

product Produkt (n) *od* Erzeugnis (n)

product advertising Produktwerbung (f)

product cycle Produktzyklus (m)

product design Produktgestaltung (f)

product development Produktentwicklung (f)

product engineer Betriebsingenieur/-in

product line Produktgruppe (f) *od* Produktlinie (f)

product mix Produktmix (m) *od* Produktpalette (f)

production *[making]* Produktion (f)

production *[showing]* Vorlage (f) *od* Vorzeigen (n)

production cost Produktionskosten (pl)

production department Produktionsabteilung (f)

production line Fertigungsstraße (f) *od* Fließband (n)

production manager Produktionsleiter/-in

production standards Produktionsstandard (m)

production targets Produktionsziel (n)

production unit Produktionseinheit (f)

productive produktiv

productive discussions produktive Gespräche (npl)

productivity Produktivität (f)

productivity agreement Produktivitätsvereinbarung (f)

productivity bonus Produktivitätsprämie (f) *od* Leistungszulage (f)

professional (adj) *[expert]* fachmännisch *od* fachgerecht

professional (n) *[expert]* Fachmann (m) *od* Profi (m)

professional qualifications berufliche Qualifikationen (fpl)

profit Gewinn (m) *od* Profit (m) *od* Ertrag (m)

profit after tax Gewinn nach Steuern

profit and loss account Gewinn- und Verlustrechnung (f)

profit before tax Gewinn (m) vor Steuern

profit centre Ertragszentrum (n) *od* Profit-Center (n)

profit margin Gewinnspanne (f)

profit-making gewinnbringend *od* rentabel

profit-oriented company auf Gewinn ausgerichtetes Unternehmen

profit-sharing Gewinnbeteiligung (f)

profitability *[making a profit]* Ertragskraft (f)

profitability *[ratio of profit to cost]* Rentabilität (f)

profitable gewinnbringend *od* einträglich *od* rentabel

program a computer einen Computer programmieren

programme *or* **program** Programm (n)

programming language Programmiersprache (f)

progress (n) Fortschritt (m) *od* Verlauf (m)

progress (v) Fortschritte machen *od* weitergehen

progress chaser Terminjäger (m)

progress payments Abschlagszahlungen (fpl)

progress report Lagebericht (m)

progressive taxation progressive Besteuerung

prohibitive untragbar *od* unerschwinglich

project *[plan]* Projekt (n) *od* Plan (m)

project analysis Projektanalyse (f)

project manager Projektleiter/-in

projected geplant *od* erwartet

projected sales Absatzprognose (f) *od* erwarteter Umsatz (m)

promise (n) Zusage (f)

promise (v) versprechen *od* zusagen

promissory note Schuldschein (m)

promote *[advertise]* werben *od* Reklame machen

promote *[give better job]* befördern

promote a corporate image das Firmenimage pflegen

promote a new product für ein neues Produkt werben

promotion *[publicity]* Werbung (f)

promotion *[to better job]* Beförderung (f)

promotion budget Werbeetat (m)

promotion of a product Werbekampagne (f) für ein Produkt

promotional Werbe-

promotional budget Werbeetat (m)

prompt prompt *od* sofortig

prompt payment pünktliche Zahlung

prompt service prompter Service (m) *od* prompte Bedienung (f)

proof Nachweis (m) *od* Beweis (m)

proportion Teil (m) *od* Anteil (m)

proportional proportional

proposal *[insurance]* Versicherungsantrag (m)

proposal *[suggestion]* Vorschlag (m) *od* Antrag (m)

propose *[a motion]* vorschlagen

propose to *[do something]* vorhaben *od* beabsichtigen

proprietary company (US) Dachgesellschaft (f) *od* Holdinggesellschaft (f)

proprietor Eigentümer (m) *od* Besitzer (m) *od* Inhaber (m)

proprietress Eigentümerin (f) *od* Besitzerin (f) *od* Inhaberin (f)

prosecute anklagen *od* strafrechtlich verfolgen

prosecution *[legal action]* Anklage (f) *od* strafrechtliche Verfolgung

prosecution *[party in legal action]* Staatsanwaltschaft (f) *od* Anklagevertretung (f)

prosecution counsel Anklagevertreter/-in *od* Staatsanwalt/Staatsanwältin

prospective voraussichtlich

prospective buyer potentieller Käufer

prospects Aussichten (fpl)
prospectus Prospekt (m)
protective Schutz-
protective tariff Schutzzoll (m)
protest (n) *[against something]* Protest (m)
protest (n) *[official document]* Wechselprotest (m)
protest (v) *[against something]* gegen etwas protestieren
protest a bill Wechselprotest einlegen
protest strike Proteststreik (m)
provide bereitstellen
provide for vorsehen *od* Vorsorge treffen für
provided that *or* **providing** vorausgesetzt, daß
provision *[condition]* Klausel (f) *od* Bestimmung (f)
provision *[money put aside]* Rückstellung (f) *od* Wertberichtigung (f)
provisional vorläufig *od* provisorisch *od* Interims-
provisional budget vorläufiger Etat
provisional forecast of sales vorläufige Umsatzprognose
proviso Vorbehalt (m) *od* Bedingung (f)
proxy *[deed]* Vollmacht (f) *od* Vertretung (f)
proxy *[person]* Bevollmächtigte(r) *od* Stellvertreter/-in
proxy vote stellvertretend abgegebene Stimme
public (adj) öffentlich
public finance Staatsfinanzen (pl)
public funds öffentliche Mittel (pl) *od* Gelder (pl)
public holiday öffentlicher Feiertag
public image Image (n)
Public Limited Company (Plc) Aktiengesellschaft (f) (AG)
public opinion öffentliche Meinung
public relations (PR) Public Relations (pl) *od* Öffentlichkeitsarbeit (f)
public relations department PR-Abteilung (f) *od* Abteilung (f) für Öffentlichkeitsarbeit
public relations man Public-Relations-Mann (m)
public relations officer PR-Beauftragte(r)
public sector öffentlicher Sektor
public transport öffentliche Verkehrsmittel (npl)
publicity Werbung (f) *od* Reklame (f)
publicity budget Werbeetat (m)
publicity campaign Werbeaktion (f) *od* Werbekampagne (f)
publicity department Werbeabteilung (f)
publicity expenditure Werbekosten (pl)
publicity manager Werbeleiter/-in
publicize werben; Werbung machen
purchase (n) Kauf (m)
purchase (v) kaufen *od* erwerben
purchase ledger Einkaufsbuch (n)
purchase order Kaufauftrag (m) *od* Bestellung (f)
purchase price Kaufpreis (m)
purchase tax Verbrauchssteuer (f)
purchaser Käufer/-in; Erwerber/-in
purchasing Einkauf (m) *od* Warenbeschaffung (f)
purchasing department Einkaufsabteilung (f)
purchasing manager Einkaufsleiter/-in
purchasing power Kaufkraft (f)
put (v) *[place]* festlegen *od* setzen *od* legen
put back *[later]* verschieben
put in writing schriftlich abfassen
put money down eine Anzahlung leisten

Qq

qty (= quantity)
qualified *[skilled]* ausgebildet *od* qualifiziert
qualified *[with reservations]* bedingt *od* mit Einschränkungen
qualify as seine Ausbildung zum ... abschließen
quality Qualität (f)
quality control Qualitätskontrolle (f)

quality controller Qualitätskontrolleur/-in

quality label Gütezeichen (n)

quantity Menge (f) *od* Quantität (f) *od* Anzahl (f)

quantity discount Mengenrabatt (m)

quarter *[25%]* Viertel (n)

quarter *[three months]* Quartal (n) *od* Vierteljahr (n)

quarter day Quartalstag (m)

quarterly (adj) vierteljährlich *od* quartalsweise

quarterly (adv) vierteljährlich *od* quartalsweise

quay Kai (m)

quorum beschlußfähige Anzahl

quota Quote (f) *od* Kontingent (n)

quotation *[estimate of cost]* Preisangebot (n) *od* Kostenvoranschlag (m)

quote (n) *[estimate of cost]* Preisangebot (n)

quote (v) *[a reference number]* zitieren *od* anführen

quote (v) *[estimate costs]* (einen Preis) angeben *od* ein Preisangebot machen

quoted company an der Börse notiertes Unternehmen

quoted shares (an der Börse) notierte Aktien (fpl)

Rr

R&D (= research and development) Forschung und Entwicklung (F&E) (f)

racketeer Betrüger/-in *od* Gauner/-in

racketeering organisiertes Verbrechen

rail Bahn (f)

rail transport Bahntransport (m)

railroad (US) Bahn (f)

railway (GB) Bahn (f)

railway station Bahnhof (m)

raise (v) *[a question]* vorbringen *od* aufwerfen

raise (v) *[increase]* erhöhen *od* heraufsetzen

raise (v) *[obtain money]* beschaffen *od* aufbringen

raise an invoice eine Rechung ausstellen

rally (n) Aufschwung (m)

rally (v) anziehen *od* sich erholen

random Zufalls- *od* zufällig *od* willkürlich

random check Stichprobe (f)

random error Zufallsfehler (m)

random sample zufällige Stichprobe

random sampling Stichprobenauswahl (f)

range (n) *[series of items]* Sortiment (n) *od* Auswahl (f)

range (n) *[variation]* Bereich (m)

range (v) reichen *od* gehen von ... bis

rate (n) *[amount]* Rate (f)

rate (n) *[price]* Satz (m) *od* Gebühr (f) *od* Preis (m)

rate of exchange Wechselkurs (m)

rate of inflation Inflationsrate (f)

rate of production Produktionsleistung (f)

rate of return Rendite (f); Rentabilität (f)

ratification Genehmigung (f) *od* Bestätigung (f)

ratify genehmigen *od* bestätigen

rating Veranlagung (f) *od* Schätzung (f)

ratio Verhältnis (n)

rationalization Rationalisierung (f)

rationalize rationalisieren

raw materials Rohstoffe (mpl)

re-elect wiederwählen

re-election Wiederwahl (f)

re-employ wiedereinstellen

re-employment Wiedereinstellung (f)

re-export (n) Wiederausfuhr (f) *od* Reexport (m)

re-export (v) wiederausführen

reach *[arrive]* erreichen *od* ankommen

reach *[come to]* erzielen *od* kommen zu

reach a decision zu einer Entscheidung kommen

reach an agreement zu einer Vereinbarung kommen

readjust anpassen *od* neu regeln

readjustment Anpassung (f) *od* Neuregelung (f)

ready fertig *od* bereit

ready cash Bargeld (n)

real echt

real estate Grundbesitz (m) *od* Immobilien (pl)

real income *or* **real wages** Realeinkommen (n) *od* Reallohn (m)

real-time system Echtzeitsystem (n)

realizable assets realisierbare Vermögenswerte (mpl)

realization of assets Realisierung (f) von Vermögenswerten

realize *[sell for money]* realisieren *od* verkaufen; einbringen

realize *[understand]* sich klarwerden *od* sich klar sein über

realize a project *or* **a plan** ein Projekt *od* einen Plan ausführen

realize property *or* **assets** Vermögenswerte realisieren *od* veräußern

reapplication erneute Bewerbung

reapply erneut bewerben

reappoint wiederernennen *od* wiedereinstellen

reappointment Wiederernennung (f) *od* Wiedereinstellung (f)

reassess neu bewerten; neu veranlagen; neu schätzen

reassessment Neubewertung (f); Neuveranlagung (f); Neuschätzung (f)

rebate *[money back]* Rückvergütung (f) *od* Erstattung (f)

rebate *[price reduction]* Rabatt (m) *od* Preisnachlaß (m)

receipt *[paper]* Quittung (f) *od* Empfangsbestätigung (f)

receipt *[receiving]* Eingang (m) *od* Erhalt (m)

receipt book Quittungsblock (m)

receipts Einnahmen (fpl)

receivable offen *od* ausstehend

receivables Außenstände (pl) *od* Forderungen (fpl)

receive erhalten *od* empfangen

receiver (who receives) Empfänger/-in

receiver *[liquidator]* Konkursverwalter/-in

receiving Empfang (m) *od* Annahme (f)

reception Empfang (m) *od* Rezeption (f)

reception clerk Herr (m) *od* Dame (f) am Empfang; Portier (m)

reception desk Rezeption (f) *od* Empfang (m)

receptionist Herr (m) *od* Dame (f) am Empfang

recession Rezession (f)

reciprocal gegenseitig *od* wechselseitig

reciprocal agreement Vereinbarung (f) auf Gegenseitigkeit

reciprocal trade zweiseitiger Handel

reciprocity Gegenseitigkeit (f)

recognition Anerkennung (f) *od* Zulassung (f)

recognize a union eine Gewerkschaft anerkennen

recommend *[say something is good]* empfehlen

recommend *[suggest action]* empfehlen *od* raten zu

recommendation Empfehlung (f)

reconcile abstimmen *od* in Einklang bringen

reconciliation Abstimmung (f)

reconciliation of accounts Kontenabstimmung (f)

record (n) *[better than before]* Rekord (m)

record (n) *[for personnel]* Personalakte (f)

record (n) *[of what has happened]* Protokoll (n) *od* Aufzeichnung (f)

record (v) aufzeichnen *od* protokollieren

record sales *or* **record losses** *or* **record profits** Spitzenumsätze (mpl) *od* Rekordverluste (mpl) *od* Höchstgewinne (mpl)

record-breaking Rekord- *od* rekordbrechend

recorded delivery Einschreiben (n)

records Unterlagen (fpl) *od* Aufzeichnungen (fpl)

recoup one's losses seine Verluste wieder hereinholen *od* hereinbekommen

recover *[get better]* sich erholen *od* einen Aufschwung nehmen

recover *[get something back]* zurückbekommen *od* (wieder) hereinholen

recoverable wiedererlangbar *od* erstattungsfähig

recovery *[getting better]* Aufschwung (m) *od* Wiederbelebung (f)

recovery *[getting something back]* Wiedergewinnung (f) *od* Wiedererlangung (f)

rectification Berichtigung (f) *od* Bereinigung (f)

rectify berichtigen *od* bereinigen

recurrent sich wiederholend *od* ständig wiederkehrend

recycle recyceln

recycled paper Recyclingpapier (n)

red tape Bürokratismus (m) *od* Papierkrieg (m)

redeem tilgen *od* ablösen

redeem a bond eine Schuldverschreibung zurückzahlen

redeem a debt eine Schuld tilgen

redeem a pledge ein Pfand einlösen

redeemable einlösbar

redemption *[of a loan]* Tilgung (f)

redemption date Tilgungstermin (m)

redevelop sanieren

redevelopment Sanierung (f)

redistribute umverteilen *od* neu verteilen

reduce reduzieren *od* verringern *od* senken

reduce a price einen Preis herabsetzen

reduce expenditure Ausgaben reduzieren

reduced rate ermäßigter Tarif

reduction Reduzierung (f) *od* Verringerung (f) *od* Senkung (f)

redundancy Arbeitslosigkeit (f) *od* Entlassung (f)

redundant überflüssig *od* überzählig; arbeitslos

refer *[pass to someone]* weiterleiten

refer *[to item]* erwähnen; sich beziehen auf

reference *[dealing with]* Bezug (m)

reference *[person who reports]* Referenz (f)

reference *[report on person]* Referenz (f) *od* Zeugnis (n)

reference number Aktenzeichen (n) *od* Geschäftszeichen (n)

refinancing of a loan Refinanzierung (f) eines Kredites

refresher course Auffrischungskurs (m)

refund (n) Erstattung (f) *od* Rückerstattung (f)

refund (v) erstatten *od* zurückzahlen

refundable zurückerstattbar

refundable deposit zurückerstattbare Kaution

refunding of a loan Kreditumschuldung (f)

refusal Ablehnung (f) *od* Verweigerung (f)

refuse (v) ablehnen *od* verweigern

regarding bezüglich *od* betreffend

regardless of ungeachtet

regional regional *od* Regional-; gebietsweise

register (n) *[large book]* Eintragungsbuch (n) *od* Register (n)

register (n) *[official list]* Verzeichnis (n) *od* Register (n)

register (v) *[at hotel]* sich eintragen *od* sich anmelden

register (v) *[in official list]* eintragen *od* registrieren

register (v) *[letter]* als *od* per Einschreiben schicken

register a company ein Unternehmen in das Gesellschaftsregister eintragen (lassen)

register a property Eigentum im Grundbuch eintragen lassen

register a trademark ein Warenzeichen eintragen lassen

register of directors Direktorenverzeichnis (n)

register of shareholders Verzeichnis (n) der Aktionäre *od* Aktienbuch (n)

registered (adj) eingetragen *od* registriert

registered design eingetragenes Design

registered letter Einschreiben (n)

registered office eingetragener Sitz

registered trademark eingetragenes Warenzeichen

registrar Registerführer/-in *od* Standesbeamte(r)/-beamtin

Registrar of Companies Führer (m) des Handelsregisters

registration Eintragung (f) *od* Registrierung (f)

registration fee Eintragungsgebühr (f) *od* Anmeldegebühr (f)

registration form Anmeldeformular (n)

registration number Eintragungsnummer (f); Kraftfahrzeugkennzeichen (n)

registry Registratur (f); Ort (m), an dem die Eintragung vorgenommen wird

registry office Standesamt (n)

regular *[always at same time]* regelmäßig *od* regulär

regular *[ordinary]* normal *od* regulär

regular customer Stammkunde/Stammkundin

regular income geregeltes *od* festes Einkommen

regular size Normalgröße (f) *od* Standardgröße (f)

regular staff ständiges *od* festangestelltes Personal

regulate *[adjust]* regulieren *od* einstellen

regulate *[by law]* regeln

regulation Regelung (f)

regulations Vorschriften (fpl) *od* Verordnungen (fpl)

reimbursement Erstattung (f)

reimbursement of expenses Erstattung (f) von Auslagen

reimport (n) Wiedereinfuhr (f)

reimport (v) wiedereinführen

reimportation Wiedereinfuhr (f)

reinsurance Rückversicherung (f)

reinsure rückversichern

reinsurer Rückversicherer (m)

reinvest reinvestieren *od* neu anlegen

reinvestment Wiederanlage (f) *od* Reinvestition (f)

reject (n) Ausschuß (m); Ausschußware (f)

reject (v) ablehnen

rejection Ablehnung (f)

relating to zusammenhängend mit *od* bezüglich

relations Beziehungen (pl)

release (n) Freigabe (f) *od* Entbindung (f); Entlassung (f)

release (v) *[free]* freigeben *od* entbinden *od* befreien; entlassen

release (v) *[make public]* veröffentlichen

release (v) *[put on the market]* herausbringen

release dues überfällige Bestellungen abwickeln

relevant entsprechend *od* relevant *od* zuständig

reliability Zuverlässigkeit (f) *od* Sicherheit (f)

reliable zuverlässig *od* seriös

remain *[be left]* bleiben *od* übrigbleiben

remain *[stay]* bleiben

remainder *[things left]* Rest (m)

remind erinnern

reminder Mahnung (f)

remit (n) Aufgabenbereich (m) *od* Aufgabenstellung (f)

remit (v) überweisen *od* Zahlung leisten

remit by cheque per Scheck bezahlen

remittance Überweisung (f) *od* Geldsendung (f)

remote control Fernbedienung (f)

removal *[sacking someone]* Entlassung (f) *od* Absetzung (f)

removal *[to new house]* Umzug (m)

remove entfernen *od* streichen

remunerate bezahlen *od* vergüten

remuneration Bezahlung (f) *od* Vergütung (f)

render an account eine Abrechnung vorlegen

renew verlängern *od* erneuern; prolongieren

renew a bill of exchange *or* **renew a lease** einen Wechsel prolongieren *od* einen Mietvertrag *od* einen Pachtvertrag verlängern

renew a subscription ein Abonnement verlängern

renewal Verlängerung (f) *od* Erneuerung (f); Prolongation (f)

renewal notice Aufforderung (f) zur Zahlung der Prämie

renewal of a lease *or* **of a subscription** *or* **of a bill** Mietvertragsverlängerung (f) *od* Abonnementsverlängerung (f) *od* Wechselprolongation (f)

renewal premium Folgeprämie (f)

rent (n) Miete (f) *od* Pacht (f)

rent (v) *[pay money for]* mieten *od* pachten; leihen

rent collector Mietkassierer/-in

rent control Mietpreisbindung (f)

rent tribunal Schiedsgericht (n) für Mietstreitigkeiten

rent-free mietfrei

rental Miete (f) *od* Pacht (f); Leihgebühr (f)

rental income Mieteinnahmen (fpl)

renunciation Verzicht (m)

reorder (n) Nachbestellung (f)

reorder (v) nachbestellen

reorder level Mindestnachbestellung (f)

reorganization Umstrukturierung (f) *od* Neuordnung (f)

reorganize neu organisieren *od* umstrukturieren

rep (= representative) Vertreter/-in

repair (n) Reparatur (f) *od* Instandsetzung (f)

repair (v) reparieren *od* instandsetzen

repay zurückzahlen; erstatten

repayable rückzahlbar

repayment Rückzahlung (f); Rückerstattung (f)

repeat wiederholen

repeat an order eine Nachbestellung aufgeben *od* etwas nachbestellen

repeat order Nachbestellung (f)

replace ersetzen *od* austauschen

replacement *[item]* Ersatz (m)

replacement *[person]* Ersatz (m) *od* Vertretung (f)

replacement value Wiederbeschaffungswert (m)

reply (n) Antwort (f)

reply (v) antworten

reply coupon Antwortschein (m) *od* Rückantwort (f)

report (n) Bericht (m)

report (v) berichten *od* melden

report (v) *[go to a place]* sich melden

report a loss Verluste ausweisen

report for an interview sich für ein Bewerbungsgespräch melden

report on the progress of the work *or* **of the negotiations** über den Verlauf der Arbeit *od* der Verhandlungen berichten

report to someone jdm unterstehen

repossess wieder in Besitz nehmen

represent vertreten

representative (adj) repräsentativ *od* typisch

representative *[company]* Repräsentant (m) *od* Vertretung (f)

representative *[person]* Stellvertreter/-in *od* Vertreter/-in

repudiate zurückweisen *od* nicht anerkennen

repudiate an agreement eine Vereinbarung nicht anerkennen

request (n) Gesuch (m) *od* Antrag (m)

request (v) ersuchen *od* beantragen *od* anfordern

request: on request auf Wunsch *od* auf Anforderung

require *[demand]* verlangen

require *[need]* benötigen *od* erfordern

requirements Bedarf (m) *od* Anforderungen (fpl) *od* Bedingungen (fpl)

resale Wiederverkauf (m) *od* Weiterverkauf (m)

resale price Wiederverkaufspreis (m)

rescind aufheben *od* rückgängig machen

research (n) Forschung (f)

research (v) forschen *od* Forschung betreiben

research and development (R & D) Forschung und Entwicklung (F&E) (f)

research programme Forschungsprogramm (n)

research worker Forscher/-in

researcher Forscher/-in

reservation Reservierung (f)

reserve (n) *[money]* Reserve (f) *od* Rücklage (f)

reserve (n) *[supplies]* Reserve (f) *od* Vorrat (m)

reserve (v) reservieren

reserve a room *or* **a table** *or* **a seat** ein Zimmer *od* einen Tisch *od* einen Platz reservieren

reserve currency Reservewährung (f)

reserve price Mindestpreis (m)

reserves Reserven (fpl)

residence Aufenthalt (m) *[stay]*; *Wohnsitz (m) [house]*

residence permit Aufenthaltsgenehmigung (f)

resident (adj) wohnhaft *od* ansässig

resident (n) Einwohner/-in; Bewohner/-in

resign zurücktreten *od* kündigen

resignation Rücktritt (m) *od* Kündigung (f)

resolution Beschluß (m) *od* Resolution (f)

resolve beschließen *od* einen Beschluß fassen

resources Ressourcen (fpl); Rohstoffe (mpl)

respect (v) respektieren *od* berücksichtigen

response Antwort (f) *od* Reaktion (f)

responsibilities Pflichten (fpl) *od* Verpflichtungen (fpl)

responsibility Verantwortung (f) *od* Verantwortlichkeit (f)

responsible (for) verantwortlich *od* zuständig für

responsible to someone jdm unterstellt sein

restock wiederauffüllen

restocking Wiederauffüllung (f) (des Lagers)

restraint Beschränkung (f) *od* Einschränkung (f)

restraint of trade Wettbewerbsbeschränkung (f)

restrict beschränken *od* einschränken

restrict credit Kredite einschränken

restriction Beschränkung (f) *od* Einschränkung (f)

restrictive einschränkend *od* restriktiv

restrictive practices restriktive Praktiken (fpl)

restructure umstrukturieren *od* reorganisieren

restructuring Umstrukturierung (f)

restructuring of a loan Kreditumschuldung (f)

restructuring of the company (finanzielle) Umstrukturierung des Unternehmens

result *[general]* Ergebnis (n) *od* Resultat (n)

result from sich ergeben aus *od* resultieren

result in führen zu *od* zur Folge haben

results *[company's profit or loss]* Jahresergebnis (n)

resume wiederaufnehmen

resume negotiations Verhandlungen wiederaufnehmen

retail (n) Einzelhandel (m)

retail (v) *[goods]* Waren im Einzelhandel verkaufen

retail (v) *[sell for a price]* im Einzelhandel kosten
retail dealer Einzelhändler/-in
retail goods Waren im Einzelhandel verkaufen
retail outlets Einzelhandelsgeschäfte (npl)
retail price Einzelhandelspreis (m) *od* Ladenpreis (m)
retail price index Index (m) der Einzelhandelspreise
retailer Einzelhändler/-in
retailing Einzelhandel (m)
retire *[from one's job]* in Pension/Rente gehen *od* in den Ruhestand treten
retirement Pensionierung (f); Ausscheiden (n)
retirement age Rentenalter (n); Pensionsalter (n)
retiring ausscheidend; Renten-
retrain umschulen
retraining Umschulung (f)
retrenchment Kürzung (f) *od* Abbau (m)
retrieval Wiedererlangung (f) *od* Zurückgewinnung (f)
retrieval system Datenrückgewinnungssystem (n)
retrieve zurückgewinnen; abrufen
retroactive rückwirkend
retroactive pay rise rückwirkende Gehaltserhöhung
return (n) *[declaration]* Bericht (m) *od* Erklärung (f)
return (n) *[going back]* Rückkehr (f)
return (n) *[profit]* Ertrag (m) *od* Rendite (f)
return (n) *[sending back]* Rückgabe (f) *od* Rücksendung (f)
return (v) *[declare]* erklären *od* angeben
return (v) *[send back]* zurückgeben *od* zurücksenden
return a letter to sender einen Brief an den Absender zurückschicken
return address Absender (m)
return on investment (ROI) Ertrag (m) aus Kapitalanlage
returnable Mehrweg-
returned empties Leergut (n)
returns *[profits]* Gewinne (mpl) *od* Erträge (mpl)
returns *[unsold goods]* Retourwaren (fpl) *od* Rücksendungen (fpl)
revaluation Neubewertung (f) *od* Aufwertung (f)
revalue neu bewerten *od* aufwerten
revenue Einnahmen (pl) *od* Einkommen (n)
revenue accounts Ertragskonten (npl)
revenue from advertising Einnahmen (pl) aus Werbung
reversal Umschwung (m) *od* Wende (f)
reverse (adj) umgekehrt *od* entgegengesetzt
reverse (v) umkehren
reverse charge call R-Gespräch (n)
reverse takeover gegenläufige Fusion
reverse the charges ein R-Gespräch führen
revise überarbeiten *od* revidieren
revoke aufheben *od* rückgängig machen
revolving credit Revolvingkredit (m) *od* revolvierender Kredit
rider Zusatzklausel (f) *od* Zusatzvereinbarung (f)
right (adj) *[not left]* rechte(r,s)
right (adj) *[not wrong]* richtig
right (n) *[legal title]* Recht (n) *od* Anrecht (n) *od* Anspruch (m)
right of veto Vetorecht (n)
right of way Wegerecht (n)
right-hand man rechte Hand
rightful rechtmäßig
rightful claimant Anspruchsberechtigte(r)
rightful owner rechtmäßige(r) Besitzer/-in
rights issue Bezugsrechtsemission (f)
rise (n) *[increase]* Anstieg (m) *od* Zunahme (f)
rise (n) *[salary]* Lohnerhöhung (f) *od* Gehaltserhöhung (f)
rise (v) ansteigen *od* zunehmen
risk (n) Risiko (n)
risk (v) *[money]* riskieren
risk capital Risikokapital (n)
risk premium Risikoprämie (f)
risk-free investment risikolose Anlage
risky gewagt *od* riskant
rival company Konkurrenzunternehmen (n)
road Straße (f)
road haulage Güterkraftverkehr (m)
road haulier Spediteur (m) *od* Fernspediteur (m)
road tax Kraftfahrzeugsteuer (f)
road transport Straßentransport (m)
rock-bottom prices Niedrigstpreise (mpl) *od* Schleuderpreise (mpl)
ROI (= return on investment) Ertrag (m) aus Kapitalanlage
roll on/roll off ferry Ro-Ro-Fähre (f)
roll over credit *or* **a debt** umschulden

rolling plan rollender Plan

room *[general]* Zimmer (n) *od* Raum (m)

room *[hotel]* Zimmer (n)

room *[space]* Platz (m)

room reservations Zimmerreservierung (f)

room service Zimmerservice (m)

rough ungefähr *od* grob

rough calculation grobe Kalkulation

rough draft Rohentwurf (m)

rough estimate grobe Schätzung

round down abrunden

round up aufrunden

routine (adj) Routine- *od* routinemäßig

routine (n) Routine (f)

routine call Routineanruf (m)

routine work Routinearbeit (f)

royalty Tantiemen (fpl) *od* Honorar (n)

rubber check (US) ungedeckter Scheck

rule (n) Regel (f)

rule (v) *[be in force]* gelten *od* gültig sein

rule (v) *[give decision]* entscheiden *od* anordnen

ruling (adj) geltend *od* herrschend

ruling (n) Entscheidung (f) *od* Anordnung (f)

run (n) *[regular route]* Strecke (f)

run (n) *[work routine]* Lauf (m) *od* Durchlauf (m)

run (v) *[be in force]* gelten *od* laufen

run (v) *[buses, trains]* verkehren *od* fahren

run (v) *[manage]* betreiben *od* leiten

run (v) *[work machine]* bedienen *od* laufen lassen

run a risk Gefahr laufen

run into debt in Schulden geraten

run out of kein(e,n) ...mehr haben

run to sich belaufen auf *od* gehen

running (n) *[of machine]* Betrieb (m)

running costs *or* **running expenses** Betriebskosten (pl) *od* laufende Kosten (pl)

running total laufende Summe

rush (n) Eile (f) *od* Hast (f)

rush (v) drängen *od* hetzen

rush hour Hauptverkehrszeit (f) *od* Rush-hour (f)

rush job Eilauftrag (m)

rush order Eilbestellung (f) *od* Eilauftrag (m)

Ss

sack someone jdn rauswerfen *[entlassen]*

safe (adj) sicher

safe (n) Safe (m) *od* Tresor (m)

safe deposit Tresor (m)

safe investment sichere Kapitalanlage

safeguard schützen *od* sichern

safety Sicherheit (f)

safety measures Sicherheitsvorkehrungen (fpl)

safety precautions Sicherheitsvorkehrungen (fpl)

safety regulations Sicherheitsvorschriften (fpl)

salaried festangestellt

salary Gehalt (n)

salary cheque Gehaltsscheck (m)

salary review Gehaltsaufbesserung (f)

sale (n) *[at a low price]* Ausverkauf (m) *od* Räumungsverkauf (m)

sale (n) *[selling]* Verkauf (m)

sale by auction Versteigerung (f)

sale or return Kauf (m) mit Rückgaberecht

saleability Absatzfähigkeit (f) *od* Absetzbarkeit (f)

saleable absetzbar *od* verkäuflich

sales Absatz (m); Umsatz (m)

sales analysis Umsatzanalyse (f)

sales book Warenausgangsbuch (n)

sales budget Absatzplan (m)

sales campaign Verkaufsaktion (f) *od* Verkaufskampagne (f)

sales chart Absatzdiagramm (n)

sales clerk Verkäufer/-in

sales conference Verkaufskonferenz (f)

sales curve Umsatzkurve (f) *od* Absatzkurve (f)

sales department Verkaufsabteilung (f) *od* Vertriebsabteilung (f)

sales executive Verkaufsleiter/-in

sales figures Verkaufszahlen (fpl) *od* Absatzzahlen (fpl)

sales force Verkaufspersonal (n) *od* Handelsvertreterstab (m)

sales forecast Absatzprognose (f)

sales ledger Warenausgangsbuch (n) *od* Debitorenbuch (n)

sales ledger clerk für das Warenausgangsbuch zuständige(r) Angestellte(r)

sales literature Werbematerial (n)

sales manager Verkaufsleiter/-in *od* Vertriebsleiter/-in

sales people Verkaufspersonal (n)

sales pitch Verkaufsargument (n) *od* Verkaufsgespräch (n)

sales promotion Verkaufsförderung (f)

sales receipt Kassenbon (m)

sales representative Handelsvertreter/-in *od* Vertreter/-in

sales revenue Verkaufserlös (m)

sales target Verkaufsziel (n)

sales tax Warenumsatzsteuer (f)

sales team Verkaufsteam (n)

sales volume Umsatzvolumen (n) *od* Absatzmenge (f)

salesman *[in shop]* Verkäufer (m)

salesman *[representative]* Handelsvertreter (m) *od* Vertreter (m)

salvage (n) *[action]* Bergung (f)

salvage (n) *[things saved]* Bergungsgut (n)

salvage (v) bergen

salvage vessel Bergungsschiff (n)

sample (n) *[group]* Auswahl (f)

sample (n) *[part]* Muster (n) *od* Warenprobe (f)

sample (v) *[ask questions]* eine Repräsentativerhebung durchführen

sample (v) *[test]* probieren *od* testen

sampling *[statistics]* Stichprobenerhebung (f)

sampling *[testing]* Probeentnahme (f)

satisfaction Zufriedenheit (f) *od* Zufriedenstellung (f)

satisfy *[customer]* zufriedenstellen

satisfy a demand Nachfrage stillen *od* befriedigen

saturate sättigen

saturate the market den Markt sättigen

saturation Sättigung (f)

save (v) *[money]* sparen

save (v) *[not waste]* einsparen

save (v) *[on computer]* sichern

save on einsparen

save up sparen

savings Ersparnisse (fpl)

savings account Sparkonto (n)

scale *[system]* Skala (f) *od* Tabelle (f)

scale down *or* **scale up** herabsetzen; erhöhen

scale of charges Gebührenordnung (f) *od* Preisliste (f)

scarcity value Seltenheitswert (m)

scheduled flight Linienflug (m)

scheduling Ablaufplanung (f) *od* Terminplanung (f)

screen candidates Bewerber überprüfen

scrip Aktie (f)

scrip issue Ausgabe (f) von Gratisaktien (fpl)

seal (n) Versiegelung (f) *od* Plombe (f)

seal (v) *[attach a seal]* versiegeln *od* verplomben

seal (v) *[envelope]* fest verschließen *od* zukleben

sealed envelope verschlossener Briefumschlag

sealed tenders verschlossene Angebote (npl)

season *[time for something]* Saison (f)

season *[time of year]* Jahreszeit (f)

season ticket Zeitkarte (f) *od* Dauerkarte (f)

seasonal saisonbedingt *od* jahreszeitlich bedingt

seasonal adjustments Saisonbereinigungen (fpl)

seasonal demand saisonbedingte Nachfrage

seasonal variations saisonbedingte Abweichungen (fpl)

seasonally adjusted figures saisonbereinigte Beträge (mpl)

second (adj) zweite(r,s)

second (v) *[member of staff]* abstellen

second quarter zweites Quartal

second-class zweiter Klasse

secondary industry verarbeitende Industrie

secondhand gebraucht *od* Gebraucht- *od* Secondhand-

seconds Waren (fpl) zweiter Wahl *od* B-Sortiment (n)

secret (adj) geheim *od* Geheim-

secret (n) Geheimnis (n)

secretarial college Sekretärinnenschule (f)

secretary Sekretär/-in

secretary *[company official]* Geschäftsführer/-in *od* Schriftführer/-in

secretary *[government minister]* Minister/-in

sector Sektor (m) *od* Bereich (m)

secure funds sich finanzielle Mittel sichern

secure investment sichere *od* risikofreie Investition

secure job sicherer Arbeitsplatz

secured creditor Vorzugsgläubiger (m)

secured debts gesicherte Verbindlichkeiten (fpl)

secured loan gesichertes Darlehen

securities Wertpapiere (npl) *od* Effekten (pl)

security *[being safe]* Sicherheit (f)

security *[guarantee]* Bürgschaft (f) *od* Sicherheitsleistung (f)

security guard Wachmann (m)

security of employment Arbeitsplatzsicherheit (f) *od* Sicherheit (f) des Arbeitsplatzes

security of tenure gesetzlicher Kündigungsschutz

see-safe Kauf (m) mit Rückgaberecht

seize einziehen *od* beschlagnahmen

seizure Einziehung (f) *od* Beschlagnahmung (f)

selection Auswahl (f)

selection procedure Auswahlverfahren (n)

self-employed selbständig *od* freiberuflich

self-financing (adj) selbstfinanzierend

self-financing (n) Eigenfinanzierung (f) *od* Selbstfinanzierung (f)

self-regulation freiwillige Selbstkontrolle

self-regulatory selbstregulierend

sell verkaufen *od* absetzen

sell forward auf Termin verkaufen

sell off abstoßen

sell out *[all stock]* ausverkaufen

sell out *[sell one's business]* seine Firma *od* sein Geschäft verkaufen

sell-by date Haltbarkeitsdatum (n)

seller Verkäufer/-in

seller's market Verkäufermarkt (m)

selling (n) Verkauf (m)

selling price Verkaufspreis (m)

semi-finished products Halbfabrikate (npl) *od* Halberzeugnisse (npl)

semi-skilled workers angelernte Arbeitskräfte (fpl)

send schicken *od* versenden

send a package by airmail ein Paket per Luftpost schicken

send a package by surface mail ein Paket auf dem Landweg/Seeweg schicken

send a shipment by sea eine Warensendung auf dem Seeweg verschicken

send an invoice by post eine Rechnung per Post schicken

sender Absender (m)

senior älter; dienstälter *od* übergeordnet

senior manager *or* **senior executive** höhere Führungskraft *od* leitende(r) Angestellte(r)

senior partner Seniorpartner/-in

separate (adj) getrennt *od* gesondert *od* separat

separate (v) trennen *od* aufteilen

separate: under separate cover mit getrennter Post

sequester *or* **sequestrate** sequestrieren *od* zwangsverwalten

sequestration Sequestration (f) *od* Zwangsverwaltung (f)

sequestrator Sequester (m) *od* Zwangsverwalter/-in

serial number Fabrikationsnummer (f); Seriennummer (f)

serve bedienen

serve a customer einen Kunden bedienen

service (n) *[business which helps]* Dienstleistung (f) *od* Service (m)

service (n) *[dealing with customers]* Bedienung (f)

service (n) *[of machine]* Wartung (f)

service (n) *[regular working]* Dienst (m); Verkehr (m)

service (n) *[working for a company]* Dienst (m)

service (v) *[a machine]* warten

service a debt eine Schuld bedienen

service centre Reparaturwerkstatt (f)

service charge Bedienung (f)

service department Kundendienstabteilung (f)

service industry Dienstleistungsgewerbe (n) *od* Dienstleistungssektor (m)

service manual Wartungshandbuch (n)

set (adj) festgelegt *od* Fix-

set (n) Set (n) *od* Satz (m)

set (v) festlegen *od* festsetzen

set against gegenüberstellen *od* absetzen

set price Fixpreis (m) *od* festgesetzter Preis

set targets Ziele setzen
set up a company eine Firma gründen
set up in business sich niederlassen *od* ein Geschäft eröffnen
setback Rückschlag (m)
settle *[an invoice]* begleichen
settle *[arrange things]* erledigen *od* regeln
settle a claim einen Schaden regulieren
settle an account eine Rechnung begleichen; ein Konto abschließen
settlement *[agreement]* Beilegung (f) *od* Vergleich (m)
settlement *[payment]* Begleichung (f) *od* Bezahlung (f)
setup *[company]* Firma (f)
setup *[organization]* Aufbau (m) *od* Anordnung (f)
share (n) Anteil (m)
share (n) *[in a company]* Aktie (f)
share (v) *[divide among]* (sich) teilen *od* aufteilen
share (v) *[use with someone]* sich teilen *od* gemeinsam besitzen
share an office sich ein Büro teilen
share capital Aktienkapital (n)
share certificate Aktienzertifikat (n)
share issue Aktienemission (f)
shareholder Aktionär/-in
shareholding Beteiligung (f) *od* Anteil (m) *od* Aktienbesitz (m)
sharp practice unlautere *od* unsaubere Geschäftspraktik
sheet of paper Blatt (n) Papier
shelf Regal (n)
shelf filler Regal(auf)füller (m)
shelf life of a product Lagerfähigkeit (f) eines Produktes
shell company Firmenmantel (m)
shelter Schutz (m)
shelve aufschieben *od* auf Eis legen
shelving *[postponing]* Aufschub (m) *od* Zurückstellung (f)
shelving *[shelves]* Regale (npl)
shift (n) *[change]* Wandel (m) *od* Verlagerung (f)
shift (n) *[team of workers]* Schicht (f)
shift key Umschalttaste (f) *od* Shifttaste (f)
shift work Schichtarbeit (f)
ship (n) Schiff (n)
ship (v) versenden *od* befördern; verschiffen
ship broker Schiffsmakler/-in
shipment Ladung (f); Versand (m)
shipper Spediteur (m) *od* Befrachter (m)
shipping Versand (m) *od* Verschiffung (f)
shipping agent Spediteur (m) *od* Speditionsfirma (f)
shipping charges *or* **shipping costs** Verladekosten (pl) *od* Versandkosten (pl)
shipping clerk Expedient (m); Reedereiangestellte(r)
shipping company Reederei (f)
shipping instructions Versandanweisungen (fpl)
shipping line Reederei (f)
shipping note Frachtbrief (m) *od* Konnossement (n)
shop Laden (m) *od* Geschäft (n)
shop around sich umsehen
shop assistant Verkäufer/-in
shop window Schaufenster (n)
shop-soiled angeschmutzt
shopkeeper Ladenbesitzer/-in *od* Geschäftsinhaber/-in
shoplifter Ladendieb/-in
shoplifting Ladendiebstahl (m)
shopper Käufer/-in
shopping *[action]* Einkaufen (n]
shopping *[goods bought]* Einkäufe (mpl)
shopping arcade Einkaufspassage (f)
shopping centre Einkaufszentrum (n)
shopping mall Einkaufspassage (f)
shopping precinct Fußgängerzone (f)
short credit kurzfristiger Kredit *od* Kredit (m) mit kurzer Laufzeit
short of knapp an *od* fehlen an
short-dated bills kurzfristige Wechsel (mpl)
short-term (adj) kurzfristig
short-term contract Vertrag (m) mit kurzer Laufzeit
short-term credit kurzfristiger Kredit
short-term debts kurzfristige Schulden (fpl)
short-term loan kurzfristiges Darlehen
shortage Mangel (m) *od* Engpaß (m)
shortfall Fehlbetrag (m) *od* Deckungslücke (f)
shortlist (n) Auswahlliste (f)
shortlist (v) in die engere Wahl ziehen
show (n) *[exhibition]* Ausstellung (f) *od* Messe (f)
show (v) zeigen *od* aufweisen
show a profit einen Gewinn verzeichnen
showcase Schaukasten (m) *od* Vitrine (f)
showroom Ausstellungsraum (m)
shrink-wrapped eingeschweißt

shrink-wrapping *[action]* Einschweißen (n)

shrink-wrapping *[package]* Schrumpfpackung (f)

shrinkage Schwund (m) *od* Minderung (f)

shut (adj) geschlossen

shut (v) schließen

side Seite (f)

sideline Nebenbeschäftigung (f)

sight Sicht (f) *od* Anblick (m)

sight draft Sichtwechsel (m) *od* Sichttratte (f)

sign (n) Schild (n)

sign (v) unterschreiben *od* unterzeichnen

sign a cheque einen Scheck unterschreiben

sign a contract einen Vertrag unterschreiben

signatory Unterzeichner (m); Zeichnungsberechtigte(r)

signature Unterschrift (f)

simple interest einfache Zinsen (pl)

single einzeln *od* Einzel-; einzig

Single European Market Binnenmarkt (m)

sister company Schwestergesellschaft (f)

sister ship Schwesterschiff (n)

sit-down protest Sitzstreik (m)

sit-down strike Sitzstreik (m)

site Gelände (n) *od* Standort (m)

site engineer Bauleiter/-in

sitting tenant durch Mieterschutz geschützte(r) Mieter/-in

situated gelegen

situation *[place]* Lage (f)

situation *[state of affairs]* Situation (f) *od* Lage (f)

situations vacant Stellenangebote (npl)

size Größe (f)

skeleton staff Rumpfbelegschaft (f)

skill Kenntnisse (pl) *od* Fertigkeit (f)

skilled ausgebildet *od* qualifiziert

skilled labour *or* **skilled workers** Facharbeiter (mpl)

slack flau *od* ruhig

slash prices *or* **credit terms** Preise *od* Kreditbedingungen stark herabsetzen

sleeping partner stille(r) Teilhaber/-in

slip (n) *[mistake]* Versehen (n) *od* Schnitzer (m)

slip (n) *[piece of paper]* Zettel (m) *od* Beleg (m)

slow langsam *od* allmählich

slow down verlangsamen; verringern

slow payer säumiger Zahler

slowdown Verlangsamung (f); Verringerung (f)

slump (n) *[depression]* starker Konjunkturrückgang

slump (n) *[rapid fall]* Einbruch (m) *od* Sturz (m); Baisse (f)

slump (v) stürzen *od* plötzlich fallen

slump in sales Absatzeinbruch (m)

small klein

small ads Kleinanzeigen (fpl)

small businesses Kleinbetriebe (mpl)

small businessman Kleinunternehmer (m)

small change Kleingeld (n)

small-scale in begrenztem Umfang *od* Rahmen

small-scale enterprise Kleinbetrieb (m)

soar sprunghaft ansteigen *od* in die Höhe schnellen

social gesellschaftlich *od* Sozial-

social costs Kosten (pl) für die Allgemeinheit

social security Sozialhilfe (f)

society *[club]* Verein (m) *od* Gesellschaft (f)

society *[general]* Gesellschaft (f)

socio-economic groups sozialökonomische Gruppierungen (fpl)

soft currency weiche Währung

soft loan zinsgünstiger Kredit

soft sell ‚weiche' Verkaufstechnik

software Software (f)

sole alleinig *od* Allein-

sole agency Alleinvertretung (f) *od* Alleinvertrieb (m)

sole agent Alleinvertreter/-in

sole owner Alleineigentümer/-in

sole trader Einzelfirma (f); Einzelkaufmann (m) *od* Einzelkauffrau (f)

solicit orders sich um Aufträge bemühen

solicitor Anwalt/Anwältin

solution Lösung (f)

solve a problem ein Problem lösen

solvency Zahlungsfähigkeit (f) *od* Solvenz (f)

solvent (adj) zahlungsfähig *od* solvent

source of income Einnahmequelle (f)

spare part Ersatzteil (n)

spare time Freizeit (f)

special speziell *od* Sonder-

special drawing rights (SDRs) Sonderziehungsrechte (npl) (SZR)

special offer Sonderangebot (n)

specialist Experte/Expertin *od* Spezialist/-in

specialization Spezialisierung (f)

specialize (sich) spezialisieren

specification genaue Angabe *od* Spezifikation (f)

specify einzeln aufführen *od* spezifizieren

speech of thanks Dankesrede (f)

spend *[money]* ausgeben *od* investieren

spend *[time]* verbringen

spending money Taschengeld (n)

spending power Kaufkraft (f)

spinoff Nebenprodukt (n) *od* Abfallprodukt (n)

spoil verderben

sponsor (n) Sponsor/-in *od* Geldgeber/-in

sponsor (v) sponsern *od* fördern

sponsorship Sponsern (n) *od* Förderung (f)

spot *[place]* Ort (m) *od* Stelle (f)

spot cash sofortige Bezahlung *od* Sofortliquidität (f)

spot price Lokopreis (m)

spot purchase Kassakauf (m)

spread a risk das Risiko verteilen *od* streuen

spreadsheet *[computer]* Tabellenkalkulation (f)

stability Stabilität (f) *od* Beständigkeit (f)

stabilization Stabilisierung (f) *od* Festigung (f)

stabilize (sich) stabilisieren *od* festigen

stable stabil *od* beständig

stable currency stabile Währung

stable economy stabile Wirtschaft

stable exchange rate stabiler Wechselkurs

stable prices stabile Preise (mpl)

staff (n) Personal (n) *od* Mitarbeiter (mpl) *od* Belegschaft (f)

staff (v) (mit Personal) besetzen

staff appointment Anstellung (f) von Personal

staff meeting Personalversammlung (f)

stage (n) Stadium (n) *od* Phase (f) *od* Stufe (f)

stage (v) *[organize]* veranstalten

stage a recovery sich erholen

staged payments Zahlungen (fpl) in Stufen (fpl) *od* Etappen (fpl)

stagger staffeln *od* stufen

stagnant stagnierend *od* stockend

stagnation Stagnation (f) *od* Stillstand (m)

stamp (n) *[device]* Stempel (m)

stamp (n) *[post]* Briefmarke (f)

stamp (v) *[letter]* frankieren

stamp (v) *[mark]* abstempeln *od* stempeln

stamp duty Stempelgebühr (f)

stand (n) *[at exhibition]* Stand (m)

stand down zurücktreten

stand security for Bürgschaft leisten für

stand surety for someone als Bürge für jdn auftreten *od* für jdn bürgen

standard (adj) handelsüblich *od* Standard-

standard (n) Standard (m) *od* Norm (f)

standard letter Standardbrief (m) *od* Formbrief (m)

standard rate (of tax) Einheitssteuersatz (m)

standardization Standardisierung (f) *od* Normung (f)

standardize standardisieren *od* normen

standby arrangements Beistandsabkommen (n)

standby credit Beistandskredit (m) *od* Standby-Kredit (m)

standby ticket Standby-Ticket (n)

standing Ansehen (n); Bonität (f)

standing order Dauerauftrag (m)

staple (n) Heftklammer (f)

staple (v) zusammenheften

staple industry Hauptindustriezweig (m)

staple papers together Papiere zusammenheften

staple product Haupthandelsware (f)

stapler Hefter (m)

start (n) Beginn (m) *od* Start (m)

start (v) beginnen

start-up Gründung (f); Inbetriebnahme (f)

start-up costs Anlaufkosten (pl)

starting (adj) Start- *od* Anfangs-

starting date Anfangsdatum (n) *od* Anlauftermin (m)

starting point Ausgangspunkt (m)

starting salary Anfangsgehalt (n)

state (n) *[condition]* Zustand (m)

state (n) *[country]* Staat (m); Bundesstaat (m) *od* Land (n)

state (v) angeben *od* aussagen

state-of-the-art technisch auf dem neusten Stand *od* hochmodern

statement Aussage (f) *od* Erklärung (f)

statement of account Abrechnung (f)

statement of expenses Spesenaufstellung (f)

station *[train]* Bahnhof (m)

statistical statistisch

statistical analysis statistische Analyse

statistician Statistiker/-in

statistics Statistik (f)

status Status (m) *od* Stellung (f)

status inquiry Kreditauskunft (f)

status symbol Statussymbol (n)

statute of limitations Verjährungsfrist (f)

statutory gesetzlich

statutory holiday gesetzlicher Feiertag

stay (n) *[time]* Aufenthalt (m)

stay (v) bleiben; übernachten

stay of execution Vollstreckungsaufschub (m)

steadiness Beständigkeit (f) *od* Stabilität (f)

sterling Sterling (m)

stevedore Schauermann (m) *od* Stauer (m)

stiff competition scharfer Wettbewerb

stimulate the economy die Wirtschaft ankurbeln

stimulus Anreiz (m) *od* Stimulus (m)

stipulate (vertraglich) vereinbaren *od* festlegen

stipulation Vereinbarung (f) *od* Vertragsbestimmung (f)

stock (adj) *[normal]* Standard-

stock (n) *[goods]* Lagerbestand (m) *od* Warenbestand (m)

stock (v) *[goods]* führen *od* auf Lager halten

stock code Warencode (m)

stock control Lagersteuerung (f)

stock controller Stock Controller (m) *od* Lagersteuerer (m)

stock exchange Börse (f)

stock level Lagerbestand (m)

stock list Kursblatt (n); Bestandsliste (f)

stock market Börse (f)

stock market valuation Börsenkapitalisierung (f)

stock movements Lagerbewegung (f)

stock of raw materials Vorrat (m)

stock size Standardgröße (f)

stock turnover Lagerumschlag (m)

stock up einen Vorrat anlegen *od* ein Lager auffüllen

stock valuation Bewertung (f) des Lagerbestands

stockbroker Börsenmakler/-in *od* Wertpapiermakler/-in

stockbroking Effektenhandel (m) *od* Wertpapierhandel (m)

stockist Fachhändler (m) *od* Fachgeschäft (n)

stocklist Inventar (n)

stockpile (n) Vorrat (m)

stockpile (v) Vorräte anlegen

stockroom Lager (n)

stocktaking Inventur (f) *od* Bestandsaufnahme (f)

stocktaking sale Inventurausverkauf (m)

stop (n) Halt (m) *od* Stillstand (m)

stop (v) *[doing something]* anhalten *od* stoppen; aufhören *od* einstellen

stop a cheque einen Scheck sperren (lassen)

stop an account ein Konto sperren

stop payments die Zahlungen einstellen

stoppage *[act of stopping]* Unterbrechung (f) *od* Stillstand (m)

stoppage of payments Zahlungseinstellung (f)

storage (n) *[computer]* Speicher (m)

storage (n) *[cost]* Lagerkosten (pl)

storage (n) *[in warehouse]* Lagerung (f) *od* Aufbewahrung (f)

storage capacity Lagerkapazität (f)

storage facilities Lagerungseinrichtungen (fpl) *od* Lagermöglichkeiten (fpl)

storage unit Speichereinheit (f)

store (n) *[items kept]* Vorrat (m) *od* Bestand (m)

store (n) *[large shop]* Kaufhaus (n) *od* Warenhaus (n)

store (n) *[place where goods are kept]* Lager (n) *od* Magazin (n)

store (v) *[keep for future]* aufbewahren *od* speichern

store (v) *[keep in warehouse]* einlagern *od* lagern

storeroom Lager (n); Lagerraum (m)

storm damage Sturmschaden (m)

straight line depreciation lineare Abschreibung

strategic strategisch

strategic planning strategische Planung

strategy Strategie (f)

street directory Stadtplan (m)

strike (n) Streik (m)

strike (v) streiken

striker Streikende(r)

strong stark

strong currency starke Währung

structural strukturell

structural adjustment strukturelle Anpassung

structural unemployment strukturelle Arbeitslosigkeit

structure (n) Struktur (f) *od* Aufbau (m)

structure (v) *[arrange]* strukturieren *od* aufbauen

study (n) Studie (f) *od* Untersuchung (f)

study (v) untersuchen *od* prüfen

sub judice noch nicht entschieden *od* rechtshängig

subcontract (n) Subunternehmervertrag (m) *od* Untervertrag (m)

subcontract (v) einen Unterauftrag abschließen *od* einen Auftrag weitervergeben

subcontractor Subunternehmer (m)

subject to abhängig von

sublease (n) Untervermietung (f); Unterverpachtung (f)

sublease (v) in Untermiete *od* Unterpacht haben

sublessee Untermieter/-in; Unterpächter/-in

sublessor Untervermieter/-in; Unterverpächter/-in

sublet untervermieten; unterverpachten

subsidiary (adj) nebensächlich *od* Neben-

subsidiary (n) Tochtergesellschaft (f)

subsidiary company Tochtergesellschaft (f)

subsidize subventionieren

subsidy Subvention (f) *od* Zuwendung (f)

subtotal Zwischensumme (f)

subvention Subvention (f)

succeed *[do as planned]* gelingen

succeed *[do well]* Erfolg haben

succeed *[follow someone]* folgen *od* Nachfolger/-in werden

success Erfolg (m)

successful erfolgreich

successful bidder erfolgreicher Bieter *od* Submittent

sue klagen *od* verklagen

suffer damage Schaden erleiden *od* nehmen

sufficient ausreichend *od* genügend

sum *[of money]* Betrag (m) *od* Summe (f)

sum *[total]* Summe (f)

summons Vorladung (f)

sundries Verschiedenes *od* Diverses

sundry items Verschiedenes *od* Diverses

superior (adj) *[better quality]* besser *od* überlegen

superior (n) *[person]* Vorgesetzte(r)

supermarket Supermarkt (m)

superstore Einkaufsmarkt (m) *od* Verbrauchermarkt (m)

supervise überwachen *od* beaufsichtigen

supervision Aufsicht (f) *od* Kontrolle (f)

supervisor Aufsicht (f) *od* Aufseher/-in *od* Kontrolleur/-in

supervisory Aufsichts- *od* Überwachungs-

supplement Zusatz (m) *od* Ergänzung (f)

supplementary Zusatz- *od* zusätzlich *od* ergänzend

supplier Lieferant (m) *od* Zulieferer (m)

supply (n) *[action]* Versorgung (f) *od* Angebot (n)

supply (n) *[stock of goods]* Vorrat (m) *od* Bestand (m)

supply (v) liefern *od* versorgen

supply and demand Angebot und Nachfrage

supply price Angebotspreis (m) *od* Lieferpreis (m)

supply side economics angebotsorientierte Wirtschaftspolitik

support price Stützungspreis (m)

surcharge Aufschlag (m) *od* Aufpreis (m)

surety (n) *[person]* Bürge (m) *od* Garant (m)

surety (n) *[security]* Sicherheit(sleistung) (f) *od* Kaution (f)

surface mail Post (f) auf dem Land-/Seeweg

surface transport Transport (m) auf dem Land- und Seeweg

surplus Überschuß (m)

surplus dividend Dividendenzuschlag (m)

surrender (n) *[insurance policy]* frühzeitiges Einlösen

surrender (v) *[insurance]* frühzeitig einlösen

surrender a policy eine Versicherungspolice frühzeitig einlösen

surrender value Rückkaufswert (m)

survey (n) *[examination]* Begutachtung (f)

survey (n) *[general report]* Gutachten (n) *od* Untersuchung (f)

survey (v) *[inspect]* begutachten *od* untersuchen

surveyor Gutachter/-in *od* Sachverständige(r)

suspend zeitweilig einstellen

suspension zeitweilige Einstellung

suspension of deliveries Aussetzung (f) der Lieferungen

suspension of payments Zahlungseinstellung (f)

swap (n) Tausch (m)

swap (v) tauschen

swatch Muster (n)

switch (v) *[change]* wechseln *od* austauschen

switch over to überwechseln *od* umstellen

switchboard Telefonzentrale (f)

swop Tausch (m)

sympathy strike Sympathiestreik (m) *od* Solidaritätsstreik (m)

synergy Synergie (f)

system System (n)

systems analysis Systemanalyse (f)

systems analyst Systemanalytiker/-in *od* Systemberater/-in

Tt

tabulate tabellarisieren *od* tabellarisch darstellen

tabulation Tabellarisierung (f) *od* tabellarische Aufstellung

tabulator Tabulator (m)

tachograph Fahrt(en)schreiber (m) *od* Tachograph (m)

tacit agreement stillschweigende Zustimmung

tacit approval stillschweigende Genehmigung

take (n) *[money received]* Einnahmen (fpl)

take (v) *[need]* brauchen *od* benötigen

take (v) *[receive money]* einnehmen; bekommen

take a call ein Gespräch annehmen

take a risk ein Risiko eingehen

take action etwas unternehmen *od* tätig werden

take legal action gerichtlich (gegen jdn) vorgehen

take legal advice sich juristisch beraten lassen

take note zur Kenntnis nehmen

take off *[deduct]* wegnehmen; abziehen *od* nachlassen

take off *[plane]* abfliegen

take off *[rise fast]* anlaufen *od* schnell steigen

take on freight Fracht aufnehmen *od* aufladen

take on more staff mehr Personal einstellen

take out a policy eine Versicherung abschließen

take over *[from someone else]* übernehmen *od* ablösen

take place stattfinden

take someone to court jdn vor Gericht bringen

take stock Inventur (f) machen *od* den Warenbestand aufnehmen

take the initiative die Initiative ergreifen

take the soft option den Weg des geringsten Widerstandes gehen

take time off work sich (von der Arbeit) frei nehmen

take up an option eine Option ausüben

takeover Übernahme (f)

takeover bid Übernahmeangebot (n)

takeover target Übernahmeobjekt (n)

takings Einnahmen (fpl)

tangible greifbar *od* real

tangible assets materielle Vermögenswerte (mpl) *od* Sachanlagen (fpl)

tanker Tanker (m)

tare Tara (f) *od* Verpackungsgewicht (n)

target (n) Ziel (n)

target (v) anstreben *od* abzielen auf

target market Zielmarkt (m)

tariff *[price]* Tarif (m)

tariff barriers Zollschranken (fpl)

tax (n) Steuer (f)

tax (v) besteuern *od* mit einer Steuer belegen

tax adjustments Steueranpassungen (fpl)

tax allowance Steuerfreibetrag (m)

tax assessment Steuerveranlagung (f) *[action]* *od* Steuerbescheid (m) *[result]*

tax avoidance (legale) Steuerumgehung *od* Steuerausweichung (f)

tax code Steuerklasse (f)

tax collection Steuereinziehung (f)

tax collector Steuereinnehmer (m)

tax concession Steuervergünstigung (f)

tax consultant Steuerberater/-in

tax credit Steuergutschrift (f)

tax deducted at source Quellensteuer (f)

tax deductions *[taken from salary to pay tax]* Steuerabzüge (mpl)

tax evasion Steuerhinterziehung (f)

tax exemption Steuerbefreiung (f)

tax form Vordruck (m) für die Steuererklärung

tax haven Steueroase (f)

tax inspector Leiter/-in des Finanzamtes

tax loophole Lücke (f) *od* Schlupfloch (n) in der Steuergesetzgebung

tax offence Steuerdelikt (n)

tax paid versteuert

tax rate Steuersatz (m)

tax reductions Steuersenkungen (fpl)

tax relief Steuererleichterung (f) *od* Steuervergünstigung (f)

tax return *or* **tax declaration** Steuererklärung (f)

tax shelter Steuerbegünstigung (f)

tax system Besteuerungssystem (n)

tax year Steuerjahr (n)

tax-deductible steuerlich absetzbar *od* steuerlich abzugsfähig

tax-exempt steuerbefreit

tax-free steuerfrei

taxable steuerpflichtig

taxable income steuerpflichtiges Einkommen

taxation Besteuerung (f) *od* Veranlagung (f)

taxpayer Steuerzahler (m)

telephone (n) Telefon (n)

telephone (v) anrufen

telephone book Telefonbuch (n)

telephone call Telefongespräch (n) *od* Anruf (m)

telephone directory Telefonbuch (n)

telephone exchange Telefonzentrale (f) *od* Vermittlung (f)

telephone line Telefonleitung (f)

telephone number Telefonnummer (f) *od* Rufnummer (f)

telephone subscriber Fernsprechteilnehmer/-in

telephone switchboard Telefonzentrale (f)

telephonist Telefonist/-in

telesales Telefonverkauf (m)

telex (n) Fernschreiber (m) *od* Telex (n)

telex (v) telegrafieren *od* per Telex schicken

teller Kassierer/-in

temp (n) Zeitarbeiter/-in *od* Aushilfskraft (f)

temp (v) als Aushilfskraft arbeiten

temp agency Vermittlung (f) für Zeitarbeit

temporary employment Zeitarbeit (f) *od* vorübergehende Anstellung

temporary staff Zeitarbeitskräfte (fpl)

tenancy *[agreement]* Mietverhältnis (n); Pachtverhältnis (n)

tenancy *[period]* Mietdauer (f); Pachtdauer (f)

tenant Mieter/-in; Pächter/-in

tender (n) *[offer to work]* Angebot (n)

tender for a contract sich um einen Auftrag bewerben

tenderer Submittent (m)

tendering Angebotsabgabe (f)

tenure *[right]* Besitztitel (m) *od* Besitzanspruch (m)

tenure *[time]* Dienstzeit (f) *od* Amtszeit (f)

term *[part of academic year]* Semester (n)

term *[time of validity]* Frist (f) *od* Laufzeit (f)

term insurance zeitlich begrenzte Lebensversicherung

term loan befristeter Kredit

terminal (adj) *[at the end]* End- *od* Abschluß-

terminal (n) *[airport]* Terminal (m *od* n)

terminal bonus Schlußdividende (f)

terminate (be)enden *od* kündigen; ablaufen

terminate an agreement einen Vertrag kündigen *od* lösen

termination Beendigung (f) *od* Kündigung (f); Ablauf (m)

termination clause Kündigungsklausel (f)

terms Bedingungen (fpl)

terms of employment Einstellungsbedingungen (fpl)

terms of payment Zahlungsbedingungen (fpl)

terms of reference Aufgabenbereich (m) *od* Aufgabenstellung (f)

terms of sale Verkaufsbedingungen (fpl)

territory *[of salesman]* Bezirk (m) *od* Gebiet (n)

tertiary industry Dienstleistungsgewerbe (n)

tertiary sector Dienstleistungssektor (m)

test (n) Test (m) *od* Prüfung (f)

test (v) testen *od* prüfen

theft Diebstahl (m)

third party Dritte(r)

third quarter drittes Quartal

third-party insurance Haftpflichtversicherung (f)

threshold Schwelle (f)

threshold agreement Lohnindexierung (f)

threshold price Schwellenpreis (m)

throughput Durchsatz (m)

tie-up *[link]* Verbindung (f) *od* Zusammenschluß (m)

tight money knappes Geld

tighten up on härter durchgreifen bei *od* verschärfen

till (n) Kasse (f)

time and motion study Zeit- und Bewegungsstudie (f) *od* REFA-Studie (f)

time deposit Termineinlage (f) *od* befristete Einlage

time limit Frist (f) *od* Zeitlimit (n)

time limitation zeitliche Begrenzung

time rate Zeitlohn (m)

time scale zeitlicher Rahmen

time: on time pünktlich

timetable (n) *[appointments]* Terminkalender (m) *od* Programm (n)

timetable (n) *[trains, etc.]* Fahrplan (m); Flugplan (m)

timetable (v) einen Zeitplan aufstellen

timing Timing (n)

tip (n) *[advice]* Tip (m)

tip (n) *[money]* Trinkgeld (n)

tip (v) *[give money]* Trinkgeld geben

tip (v) *[say what might happen]* einen Tip geben *od* tippen auf

TIR (= Transports Internationaux Routiers) Transports Internationaux Routiers

token Zeichen (n) *od* Symbol (n)

token charge nominelle Gebühr

token payment symbolische Zahlung

toll Benutzungsgebühr (f) *od* Maut (f)

toll free (US) gebührenfrei *od* zum Nulltarif (m)

toll free number (US) gebührenfreie Nummer

ton Tonne (f)

tonnage Tonnage (f)

tonne Tonne (f)

tool up mit Maschinen ausrüsten

top (adj) obere(r,s); oberste(r,s); hohe(r,s); höchste(r,s)

top (n) *[highest point]* Spitze (f); Führung (f)

top (n) *[upper surface]* oberer Teil

top (v) *[go higher than]* übersteigen

top management Unternehmensspitze (f) *od* Topmanagement (n)

top quality Spitzenqualität (f)

top-selling meistverkauft

total (adj) gesamt *od* völlig

total (n) Summe (f) *od* Endbetrag (m)

total (v) ergeben *od* sich belaufen auf

total amount Gesamtbetrag (m)

total assets Gesamtvermögen (n) *od* Summe (f) der Aktiva (pl)

total cost Gesamtkosten (pl)

total expenditure Gesamtausgaben (fpl)

total income Gesamteinkommen (n)

total invoice value voller Rechnungsbetrag

total output Gesamtproduktion (f)

total revenue Gesamteinnahmen (fpl)

track record Erfolgs- und Leistungsnachweis (m)

trade (n) *[business]* Handel (m); Gewerbe (n)

trade (v) handeln *od* Handel treiben

trade agreement Handelsabkommen (n)

trade association Unternehmerverband (m); Berufsverband (m)

trade cycle Konjunkturzyklus (m)

trade deficit *or* **trade gap** Außenhandelsdefizit (n)

trade description Warenbeschreibung (f)

trade directory Branchenverzeichnis (n)

trade discount Händlerrabatt (m)

trade fair Handelsmesse (f)

trade in *[buy and sell]* handeln mit *od* Handel treiben mit

trade in *[give in old item for new]* in Zahlung geben

trade-in *[old item in exchange]* in Zahlung gegebener Gegenstand

trade-in price Preis (m) bei Inzahlungnahme

trade journal Fachzeitschrift (f) *od* Fachblatt (n)

trade magazine Fachzeitschrift (f)

trademark *or* **trade name** Warenzeichen (n) *od* Handelsmarke (f)

trade mission Handelsdelegation (f)

trade price Großhandelspreis (m)

trader Händler/-in

trade terms Händlerrabatt (m)

trade union Gewerkschaft (f)

trade unionist Gewerkschaft(l)er/-in

trading Handel (m)

trading company Handelsgesellschaft (f)

trading loss Betriebsverlust (m)

trading partner Handelspartner (m)

trading profit Betriebsgewinn (m) *od* Geschäftsgewinn (m)

train (n) Zug (m)

train (v) *[learn]* Ausbildung machen

train (v) *[teach]* ausbilden

trainee Auszubildende(r) od Lehrling (m)

traineeship Ausbildungsplatz (m)

training Ausbildung (f) *od* Schulung (f)

training levy Ausbildungsabgabe (f)

training officer Ausbildungsleiter/-in

transact business Geschäfte tätigen

transaction Geschäft (n)

transfer (n) Transfer (m); Versetzung (f); Überweisung (f)

transfer (v) *[move to new place]* versetzen *od* verlegen

transfer of funds Geldüberweisung (f)

transferable übertragbar

transferred charge call R-Gespräch (n)

transit Beförderung (f) *od* Transport (m)

transit lounge Transitraum (m)

transit visa Transitvisum (n)

translate übersetzen

translation Übersetzung (f)

translation bureau Übersetzungsbüro (n)

translator Übersetzer/-in

transport (n) Transport (m) *od* Beförderung (f)

transport (v) transportieren *od* befördern

transport facilities Transporteinrichtungen (fpl) *od* Transportmöglichkeiten (fpl)

treasury Finanzministerium (n)

treble verdreifachen

trend Trend (m) *od* Tendenz (f)

trial *[court case]* Gerichtsverhandlung (f); Prozeß (m)

trial *[test of product]* Erprobung (f); Prüfung (f)

trial and error (durch) Ausprobieren (n)

trial balance Probebilanz (f)

trial period Probezeit (f)

trial sample Muster (n) *od* Probestück (n)

triple (adj) dreifach

triple (v) (sich) verdreifachen

triplicate: in triplicate in dreifacher Ausfertigung

troubleshooter Schlichter/-in *od* Krisenmanager/-in

truck *[lorry]* Last(kraft)wagen (m) *od* LKW (m)

truck *[railway wagon]* Güterwagen (m)

trucker Fernfahrer/-in

trucking Güter(kraft)verkehr (m)

true copy gleichlautende Kopie

trust company Treuhandgesellschaft (f)

turn down ablehnen

turn over (v) *[make sales]* umsetzen

turnkey operation schlüsselfertiges Projekt

turnkey operator Unternehmen, das schlüsselfertige Projekte anbietet

turnover *[of staff]* Fluktuation (f)

turnover *[of stock]* Umschlaghäufigkeit (f)

turnover *[sales]* Umsatz (m)

turnover tax Umsatzsteuer (f)

turnround *[goods sold]* mittlerer Lagerumschlag

turnround *[making profitable]* Sanierung (f); Tendenzwende (f)

turnround *[of plane]* Abfertigung (f)

Uu

unaccounted for nicht ausgewiesen *od* ungeklärt

unaudited ungeprüft

unaudited accounts ungeprüfte Geschäftsbücher (npl)

unauthorized expenditure nicht genehmigte Ausgaben (fpl)

unavailability Nichtverfügbarkeit (f)

unavailable nicht erhältlich *od* nicht verfügbar

unchanged unverändert

unchecked figures nicht überprüfte Zahlen (fpl)

unclaimed baggage nicht abgeholtes Gepäck

unconditional vorbehaltlos

unconfirmed unbestätigt

undated nicht datiert

undelivered nicht zugestellt *od* nicht geliefert

under *[according to]* gemäß *od* laut

under *[less than]* unter

under construction in *od* im Bau (befindlich)

under contract vertraglich verpflichtet

under control unter Kontrolle

under new management unter neuer Leitung

undercharge zu wenig berechnen

undercut a rival einen Konkurrenten unterbieten

underdeveloped countries unterentwickelte Länder (npl)

underequipped unzulänglich ausgerüstet

underpaid unterbezahlt

undersell unterbieten; unter Preis verkaufen

undersigned Unterzeichnete(r)

underspend zu wenig ausgeben

understand verstehen

understanding Übereinkunft (f)

undertake übernehmen *od* sich verpflichten

undertaking *[company]* Unternehmen (n) *od* Projekt (n)

undertaking *[promise]* Zusicherung (f)

underwrite *[guarantee]* bürgen für; haften

underwrite *[pay costs]* Haftung (f) *od* Garantie (f) übernehmen für

underwriting syndicate Übernahmekonsortium (n) *od* Emissionskonsortium (n)

undischarged bankrupt nicht entlastete(r) Konkursschuldner/-in

uneconomic rent unwirtschaftliche Miete *od* Pacht

unemployed arbeitslos

unemployment Arbeitslosigkeit (f)

unemployment pay Arbeitslosengeld (n) *od* Arbeitslosenhilfe (f)

unfair unlauter

unfair competition unlauterer Wettbewerb

unfair dismissal ungerechtfertigte Entlassung

unfavourable ungünstig *od* negativ

unfavourable exchange rate ungünstiger Wechselkurs

unfulfilled order nicht ausgeführter Auftrag

unilateral unilateral *od* einseitig

union Gewerkschaft (f)

union recognition Anerkennung (f) der Gewerkschaft

unique selling point *or* **proposition (USP)** einzigartiges Verkaufsargument

unit *[in unit trust]* Fondsanteil (m)

unit *[item]* Stück (n); Einheit (f)

unit cost Stückkosten (pl)

unit price Stückpreis (m)

unit trust offener Investmentfonds

unlimited liability unbeschränkte Haftung

unload *[get rid of]* abstoßen *od* loswerden

unload *[goods]* entladen *od* ausladen

unobtainable nicht erhältlich

unofficial inoffiziell

unpaid unbezahlt

unpaid invoices unbezahlte Rechnungen (fpl)

unsealed envelope offener Briefumschlag

unsecured creditor Gläubiger (m) ohne Sicherheiten

unskilled ungelernt

unsold unverkauft

unsubsidized nicht subventioniert

unsuccessful erfolglos

up front im voraus

up to bis zu

up to date *[complete]* auf dem neusten Stand

up to date *[modern]* aktuell

up-market anspruchsvoll *od* exklusiv

update (n) Aktualisierung (f)

update (v) aktualisieren *od* auf den neuesten Stand bringen

upset price Mindestpreis (m)

upturn Aufschwung (m) *od* Belebung (f)

upward trend Aufwärtstrend (m) *od* steigende Tendenz

urgent dringend *od* Eil- *od* eilig

use (n) Benutzung (f) *od* Gebrauch (m)

use (v) benutzen *od* einsetzen

use up spare capacity ungenutzte Kapazität aufbrauchen

useful nützlich *od* brauchbar

user Benutzer/-in *od* Anwender/-in

user-friendly benutzerfreundlich *od* bedienerfreundlich

USP (= unique selling point *or* **proposition)** einzigartiges Verkaufsargument

usual normal *od* üblich

utilization Verwendung (f) *od* Nutzung (f)

Vv

vacancy *[for job]* freie Stelle
vacant frei *od* unbesetzt; unbewohnt
vacate räumen
valid gültig *od* rechtsgültig
validity Gültigkeit (f) *od* Rechtsgültigkeit (f)
valuation Schätzung (f); Beurteilung (f)
value (n) Wert (m)
value (v) schätzen
value added tax (VAT) Mehrwertsteuer (MwSt.) (f)
valuer Schätzer/-in
van Lieferwagen (m) *od* Kleintransporter (m)
variable costs variable Kosten (pl)
variance Abweichung (f)
variation Abweichung (f) *od* Schwankung (f)
VAT (= value added tax) MwSt. (Mehrwertsteuer) (f)
VAT declaration Mehrwertsteuererklärung (f)
VAT inspector für die Mehrwertsteuer zuständige(r) Finanzbeamter/-beamtin
VAT invoice Mehrwertsteuerrechnung (f)
vehicle Fahrzeug (n)
vendor Verkäufer/-in
venture (n) *[business]* Unternehmen (n)
venture (v) *[risk]* aufs Spiel setzen
venture capital Risikokapital (n) *od* Wagniskapital (n)
venue Veranstaltungsort (m)
verbal mündlich
verbal agreement mündliche Vereinbarung
verification Überprüfung (f) *od* Bestätigung (f)
verify überprüfen *od* bestätigen
vertical communication vertikale Kommunikation
vertical integration vertikale Integration
vested interest persönliches *od* wirtschaftliches Interesse
veto a decision ein Veto gegen eine Entscheidung einlegen
via via *od* über
viable durchführbar *od* realisierbar
VIP lounge VIP-Lounge (f)
visa Visum (n)
visible imports sichtbare Importe (mpl)
visible trade sichtbarer Handel *od* Warenhandel (m)
void (adj) *[not valid]* ungültig *od* nichtig
void (v) für ungültig erklären
volume Menge (f) *od* Volumen (n)
volume discount Mengenrabatt (m)
volume of sales Absatzvolumen (n)
volume of trade *or* **volume of business** Handelsvolumen (n)
voluntary liquidation freiwillige Liquidation
voluntary redundancy freiwilliges Ausscheiden aus dem Betrieb
vote of thanks Dankesworte (pl)
voucher *[document from an auditor]* Beleg (m)
voucher *[paper given instead of money]* Gutschein (m) *od* Bon (m)

Ww

wage Lohn (m) *od* Arbeitslohn (m)
wage claim Lohnforderung (f)
wage freeze Lohnstopp (m) *od* Einfrieren (n) der Löhne
wage levels Lohnniveau (n) *od* Lohnhöhe (f)
wage negotiations Lohnverhandlungen (fpl); Tarifverhandlungen (fpl)
wage scale Lohnskala (f)
waive verzichten auf
waive a payment eine Zahlung erlassen
waiver *[of right]* Verzicht (m); Verzichterklärung (f)

waiver clause Verzichtklausel (f)
warehouse (n) Lager (n)
warehouse (v) lagern
warehouseman Lagerhalter (m)
warehousing Lagerung (f); Lagerhaltung (f)
warrant (n) *[document]* (dienstlicher) Befehl
warrant (v) *[guarantee]* garantieren
warrant (v) *[justify]* rechtfertigen
warranty (n) Garantie (f)
wastage Schwund (m)
waste (n) Abfall (m)
waste (v) (use too much) verschwenden
waybill Frachtbrief (m)
weak market schwacher Markt
wear and tear Abnutzung (f) *od* Verschleiß (m)
week Woche (f)
weekly wöchentlich
weigh abwiegen *od* wiegen
weighbridge Brückenwaage (f)
weight Gewicht (n)
weight limit Höchstgewicht (n)
weighted average gewogener Mittelwert
weighted index gewogener Index
weighting Zulage (f)
well-paid job gutbezahlte Arbeit
wharf Kai (m)
white knight ‚Weißer Ritter' *od* Retter (m) in der Not
whole-life insurance Lebensversicherung (f) auf den Todesfall
wholesale (adv) (im) Großhandel *od* Großhandels-
wholesale dealer Großhändler/-in
wholesale discount Großhandelsrabatt (m)
wholesale price index Großhandelspreisindex (m)
wholesaler Großhändler/-in
wildcat strike wilder Streik
win a contract einen Auftrag erhalten
wind up *[a company]* (ein Unternehmen) liquidieren
wind up *[a meeting]* (eine Sitzung) schließen
winding up Liquidation (f)
window Fenster (n)
window display Auslage (f) *od* Schaufensterdekoration (f)
withdraw *[an offer]* zurückziehen *od* widerrufen
withdraw *[money]* abheben
withdraw a takeover bid ein Übernahmeangebot zurückziehen
withdrawal *[of money]* Abhebung (f)
withholding tax Quellensteuer (f); Couponsteuer (f)
witness (n) Zeuge/Zeugin
witness (v) *[a document]* bestätigen *od* bezeugen
witness an agreement einen Vertrag bezeugen
word-processing Textverarbeitung (f)
wording Formulierung (f); Wortlaut (m)
work (n) Arbeit (f)
work (v) arbeiten
work in progress Halbfabrikate (npl)
work permit Arbeitserlaubnis (f)
work-to-rule Dienst (m) nach Vorschrift
worker Berufstätige(r) *od* Arbeiter/-in
worker director Arbeitsdirektor/-in
workforce Belegschaft (f); Arbeitskräfte (fpl)
working (adj) Arbeits- *od* berufstätig
working capital Betriebskapital (n)
working conditions Arbeitsbedingungen (pl)
working party Arbeitsausschuß (m)
workshop Werkstatt (f)
workstation *[at computer]* Workstation (f) *od* Datenstation (f)
world Welt (f)
world market Weltmarkt (m)
worldwide (adj) weltweit
worldwide (adv) weltweit
worth (n) *[value]* Wert (m)
worth: be worth wert sein
worthless wertlos
wrap up *[deal]* festmachen *[Geschäft]*
wrap up *[discussion]* abschließen
wrap up *[goods]* einwickeln *od* einschlagen
wrapper Papier (n)
wrapping Packpapier (n)
wrapping paper Packpapier (n); Geschenkpapier (n)
wreck (n) *[company]* Konkursunternehmen (n)
wreck (n) *[ship]* Wrack (n)
wreck (v) *[ruin]* zerstören; zugrunde richten
writ gerichtliche Verfügung
write schreiben
write down *[assets]* abschreiben *od* teilabschreiben
write off *[debt]* voll abschreiben
write out ausschreiben

write out a cheque einen Scheck ausstellen

write-off *[loss]* Vollabschreibung (f)

writedown *[of asset]* Teilabschreibung (f)

writing Schreiben (n); schriftliche Abfassung (f)

written agreement schriftliche Vereinbarung

wrong falsch

wrongful dismissal unrechtmäßige Entlassung

Xx Yy Zz

year Jahr (n)

year end Jahresende (n)

yearly payment jährliche Zahlung

yellow pages Gelbe Seiten (pl) *od* Branchenverzeichnis (n)

yield (n) *[on investment]* Ertrag (m) *od* Rendite (f)

yield (v) *[interest]* einbringen *od* abwerfen

zero Null (f)

zero-rated von der Mehrwertsteuer befreit

zip code (US) Postleitzahl (f)

Deutsch-Englisch
German-English

Aa

1A *od* **erstklassig** A1

abändern amend *or* alter

Abänderung (f) amendment *or* alteration

Abbau (m) cutback *or* reduction *or* retrenchment

Abbuchung (f) auf Grundlage einer Einzugsermächtigung *od* **Gebühreneinzug per Lastschrift** direct debit

abdecken cover (v) *[put on top]*

Abfahrt (f) departure *[going away]*

Abfall (m) waste (n)

Abfallprodukt (n) by-product *or* spinoff

Abfertigung (f) turnround *[of plane]*; check-in *[of baggage]*; clearance *[customs]*

Abfertigungshalle (f) airport terminal

Abfertigungsschalter (m) check-in counter *or* desk

Abflauen (n) downturn

abfliegen take off *[plane]*

Abflug (m) departure(s)

Abflughalle (f) departure lounge

Abgabe (f) tax *or* duty *or* levy (n)

abgeben hand in

abgemacht agreed

abgesagt off *[cancelled]*

abhalten hold *[meeting, discussion]*

abhängig von subject to *or* depending on

abheben (with)draw *[money]*

Abhebung (f) withdrawal *[of money]*

abholen collect (v) *[fetch]*

Abholgebühren (fpl) collection charges *or* collection rates

Abholung (f) collection *[of goods]*

Abkommen (n) deal (n); agreement; covenant (n)

ablassen knock off *[reduce price]*

Ablauf (m) expiry *or* expiration

ablaufen expire

Ablaufplanung (f) scheduling

Ablauftermin (m) expiry date

Ablegen (n) filing *[action]*

ablehnen reject (v); turn down *or* refuse (v)

Ablehnung (f) rejection; refusal

ablösen *[tilgen]* redeem

ablösen *[übernehmen]* take over *[from someone else]*

Abnahme (f) decrease (n) *or* decline (n); acceptance

Abnahmekontrolle (f) mittels Stichproben acceptance sampling

abnehmen decrease (v) *or* decline (v); agree *or* approve *[accounts]*

abnehmend decreasing (adj)

Abnutzung (f) wear (and tear)

Abonnementsverlängerung (f) renewal of a subscription

Abordnung (f) delegation *[people]*

abpacken prepack *or* prepackage

Abrechnung (f) statement of account; invoicing; deduction

Abreise (f) departure *[going away]*

abreisen depart; check out *[of hotel]*

abrunden round down

Absage (f) cancellation; refusal

absagen cancel; refuse *or* decline

Absatz (m) *[Klausel]* clause *or* article

Absatz (m) *[Umsatz]* sales

Absatzdiagramm (n) sales chart

Absatzeinbruch (m) slump in sales

absatzfähig marketable *or* sellable *or* saleable

Absatzfähigkeit (f) marketability *or* saleability

Absatzgebiet (n) market (n) *or* sales area

Absatzkosten (pl) cost of sales

Absatzkurve (f) sales curve

Absatzmenge (f) sales volume

Absatzprognose (f) sales forecast *or* projected sales

Absatzrückgang (m) drop in sales

Absatzvolumen (n) volume of sales

abschätzen evaluate

Abschätzung (f) evaluation

abschicken post (v)

Abschlagsdividende (f) interim dividend

Abschlagszahlung (f) payment on account *or* interim payment

abschließen clinch *or* conclude *[agreement];* close *[accounts];* take out *[insurance]*

abschließen *[zuschließen]* lock (v)

Abschluß (m) *[Fertigstellung]* completion

Abschluß (m) *[Geschäft]* deal *or* transaction; bargain (n) *[stock exchange]*

Abschlußtermin (m) completion date

abschreiben depreciate *or* amortize *or* write down *[assets];* write off

Abschreibung (f) depreciation *[amortizing]*

Abschreibungssatz (m) depreciation rate

Abschrift (f) copy

Absender/-in sender; return address

Absender/-in *[Kommittent]* consignor

absetzbar saleable; deductible

absetzen *[entlassen]* remove *or* dismiss

absetzen *[gegenüberstellen]* set against *or* deduct

absetzen *[verkaufen]* sell

Absetzung (f) deduction; removal *[sacking someone]*

Absicherung (f) hedge (n) *[safeguard]*

Absichtserklärung (f) letter of intent

absolutes Monopol absolute monopoly

abspalten hive off

abstellen allocate; second (v) *[member of staff]*

abstempeln postmark; stamp (v)

abstimmen reconcile; ballot (v) *or* vote (v)

Abstimmung (f) reconciliation; ballot (n) *or* vote (n)

abstoßen sell off *or* offload *or* unload *or* get rid of

Abt. (= Abteilung) (f) dept (= department)

Abteilung (f) department *or* division *or* section

Abteilungsleiter/-in departmental manager *or* head of department

Abtretende(r) assignor

Abtretung (f) assignment *or* cession

Abwehr (f) defence *or* protection

Abweichung (f) variance *or* variation

abwerfen yield (v) *or* produce (v) *[interest]*

abwerten devalue

Abwertung (f) devaluation

abwesend absent

Abwesenheit (f) absence

abwiegen weigh

abzahlen pay off *[debt]*

abzeichnen initial (v)

abziehbar deductible

abziehen deduct

abzielen auf target (v)

Abzug (m) deduction

abzüglich minus *or* less

adäquat adequate

addieren add (up)

Addition (f) addition *[calculation]*

Adressat/-in addressee

Adresse (f) address (n)

Adressenaufkleber (m) *od* **Adressenanhänger (m)** address label

Adressenliste (f) address list *or* mailing list

adressieren address (v)

Agent/-in agent *[working in an agency]*

Agentur (f) agency

aggressive Verkaufsmethoden (fpl) hard selling

Agrarerzeugnisse (npl) agricultural produce

Akkordarbeit (f) piecework

Akkordlohnsatz (m) piece rate

Akkreditiv (n) letter of credit (L/C)

akkumulieren accumulate

Akontozahlung (f) payment on account

Akquisitionsmethoden (fpl) canvassing techniques

Akte (f) *od* **Aktenordner (m)** file (n) *[documents]*

Aktenschrank (m) filing cabinet

Aktentasche (f) briefcase

Aktenzeichen (n) reference (number)

Aktie (f) share (n) *[in a company]*

Aktienbuch (n) register of shareholders

Aktienemission (f) share issue

Aktiengesellschaft (f) (AG) Public Limited Company (Plc)

Aktienkapital (n) share capital *or* equity capital

Aktienportefeuille (n) (share) portfolio

Aktienzertifikat (n) share certificate

Aktion (f) action; campaign

Aktionär/-in shareholder

Aktiva (pl) assets

aktive Handelsbilanz favourable balance of trade

aktivieren activate; capitalize

aktualisieren update (v)

Aktualisierung (f) update (n)

aktuell up to date *[modern]*

aktuell *[gegenwärtig]* current

akzeptabel acceptable

akzeptieren accept (v) *[take something]*; agree (v) *[approve]*

Alleineigentümer/-in sole owner

alleinig sole

Alleinvertreter/-in sole agent *or* sole representative

Alleinvertretung (f) *od* **Alleinvertrieb (m)** sole agency

allgemein general *or* common *or* across-the-board

allmählich gradual *or* slow

allmählich einstellen phase out

alphabetische Reihenfolge alphabetical order

alt old; long-standing

alteingesessen old-established

Alternative (f) alternative (n)

altmodisch old-fashioned

Amerikaner/-in American (n)

amerikanisch American (adj)

Amortisation (f) amortization

Amortisationszeit (f) payback period

amortisieren amortize

Amt (n) appointment *[job]*; office *[public position]*

amtlich official (adj)

amtlich eintragen incorporate *[a company]*

amtlich genehmigen license

amtliche Bekanntmachung (f) bulletin

Amtsleitung (f) outside line

Amtszeit (f) tenure *[time]* *or* term of office

Analyse (f) analysis

analysieren analyse *or* analyze

anberaumen arrange *or* fix *or* set *[meeting]*

anbieten offer (v)

andauern continue

Anderkonto (n) nominee account

Änderung (f) alteration *or* change (n) *[difference]*

anerkennen allow *or* agree *or* acknowledge *or* appreciate *or* recognize

Anerkennung (f) appreciation *[how good something is]*

Anerkennung (f) der Gewerkschaft union recognition

Anfang (m) beginning *or* start (n)

anfangen begin (v) *or* start (v)

anfänglich *od* **Anfangs-** initial (adj)

Anfangsdatum (n) starting date

Anfangsgehalt (n) starting salary

anfechtbar contestable

Anforderung (f) demand *or* request (n)

Anforderungen (fpl) requirements

Anfrage (f) inquiry

anfügen join

anführen quote (v) *[a reference number]*; head *or* lead (v)

angeben *[aussagen]* state (v) *or* give *or* indicate *or* quote

angeben *[erklären]* return (v) *or* declare *or* explain

Angebot (n) bid (n); offer (n); tender (n)

Angebot und Nachfrage supply and demand

Angebote werden entgegengenommen open to offers

Angebotsabgabe (f) tendering

angebotsorientierte Wirtschaftspolitik supply side economics

Angebotspreis (m) supply price

angefochtene Übernahme contested takeover

angegebener Wert declared value

angehen affect *or* concern (v)

Angeklagte(r) defendant

Angelegenheit (f) affair *or* matter (n) *or* business

angelegt employed *[money]*

angelernte Arbeitskräfte (fpl) semi-skilled workers

angemessen adequate; moderate *or* reasonable

angemessener Preis fair price

angeschlossen affiliated

angeschmutzt shop-soiled

angestellt employed *[in job]*

angewiesen sein auf depend on

angleichen adjust; equalize

Angleichung (f) adjustment; equalization

angreifen attack

anhalten stop (v) *[doing something]*

Anhang (m) appendix *or* supplement

Anhängeschild (n) label (n) *or* tag (n)

anhäufen accumulate

anhäufend cumulative

Ankauf (m) purchase

Anklage (f) charge (n) *[in court]*; prosecution *[legal action]*

anklagen accuse *or* charge (v) *[in court]*; prosecute

Anklagevertreter/-in prosecution counsel

Anklagevertretung (f) prosecution *[party in legal action]*

ankommen arrive *or* reach

ankündigen announce

Ankündigung (f) announcement

Ankunft (f) arrival(s)

ankurbeln boost (v) *or* stimulate

Anlage (f) *[Beilage]* enclosure *[letter]*

Anlage (f) *[Einrichtung]* plant *or* installation *or* facility

Anlage (f) *[Investition]* investment

Anlagegüter (npl) capital goods

Anlagevermögen (n) capital assets; fixed capital

anlaufen take off *or* rise fast *or* start up; call at

Anlaufhafen (m) port of call

Anlaufkosten (pl) start-up costs *or* launching costs

Anlauftermin (m) starting date

anlegen invest; plan *or* lay out; berth (v)

Anlegen (n) von Karteikarten card-indexing

Anleihekapital (n) loan capital *or* debenture capital

Anmeldeformular (n) registration form *or* application form

Anmeldegebühr (f) registration fee

anmelden *[ankündigen]* announce *or* declare

anmelden *[eintragen lassen]* file *or* lodge *or* register (v)

anmelden: sich anmelden check in *or* register *[at hotel]*

annähernd approximate(ly)

Annahme (f) acceptance; assumption

annehmen *[akzeptieren]* accept (v) *or* take something; take on

annehmen *[billigen]* accept (v) *or* agree *or* approve *or* pass *or* adopt *or* carry

annehmen *[vermuten]* presume *or* assume

annullieren cancel *or* annul

anordnen *[gruppieren]* arrange *or* set out *or* (put in) order

anordnen *[entscheiden]* rule (v) *[give decision]* *or* order (v) *or* decree (v)

Anordnung (f) *[Anweisung]* order (n) *or* instruction *or* ruling

Anordnung (f) *[Aufbau]* arrangement *or* layout *or* setup

Anordnung (f) *[Entscheidung]* ruling (n) *or* order (n)

Anordnung (f) *[Reihenfolge]* order (n) *or* arrangement *or* layout

anpassen adjust

Anpassung (f) adjustment

anpreisen praise *or* recommend *or* plug (v) *[publicize]*

anrechenbar chargeable

Anrecht (n) right (n) *[legal title]*

Anreiz (m) incentive

Anreizprämie (f) incentive bonus

Anruf (m) (tele)phone call

Anrufbeantworter (m) answering machine

Anrufe registrieren log calls

anrufen (tele)phone (v) *or* call (v)

ansässig resident (adj)

Anschluß (m) *[Apparat]* (telephone) extension

Anschluß (m) *[Port]* port *[on computer]*

Anschluß (m) *[Verbindung]* connection

Anschlußflug (m) connecting flight

Anschrift (f) address (n)

Ansehen (n) standing

ansprechen appeal to (v) *[attract]*

Anspruch (m) entitlement *or* claim (n)

Anspruch erheben auf claim (v) *[right]*

Anspruchsberechtigte(r) rightful claimant

anspruchsvoll up-market *or* discriminating *or* sophisticated

anstehend pending

ansteigen rise (v) *or* increase; escalate

Anstellung (f) *[Stelle]* place (n) *or* job *or* employment

Anstellung (f) von Personal staff appointment

Anstieg (m) rise (n) *or* increase

Anstoßwirkung (f) knock-on effect

Anstrengung (f) effort

Anteil (m) share (n) *or* holding *or* interest *or* proportion

Anteil (m) *[Interesse]* concern *or* interest

anteilig *od* **anteilsmäßig** pro rata

Antrag (m) *[Gesuch]* application *or* request

Antrag (m) *[Vorschlag]* proposal *or* suggestion *or* motion

Antragsformular (n) application form

antreiben chase *[an order]* *or* hurry *or* urge

Antrieb (m) drive (n) *[part of machine]*

Antwort (f) answer (n) *or* reply (n) *or* response

antworten answer (v) *or* reply (v)

Antwortschein (m) reply coupon

anvertrauen entrust

anwachsen accrue

Anwalt/Anwältin lawyer *or* solicitor; counsel

Anwaltskosten (pl) legal expenses *or* legal costs

Anweisung (f) order (n) *[instruction]*; payment *or* transfer

Anweisungen geben issue instructions

anwenden exercise (v) *or* use (v) *or* apply

Anwender/-in user

Anwendung (f) exercise (n) *or* application *or* usage

anwesend present (adj) *[being there]*

anwesend sein attend *[a meeting]*

Anzahlung (f) deposit (n) *or* advance (n) *or* down payment

Anzeige (f) advertisement

anziehen *[gewinnen]* attract

anziehen *[sich erholen]* rally (v)

anziehen *[sich festigen]* firm (v)

anziehen *[steigen]* advance (v) *[increase]*

Anziehungskraft (f) appeal (n) *or* attraction

aperiodische Posten (mpl) non-recurring items

Apparat (m) machine *or* appliance *or* apparatus; (telephone) extension

Arbeit (f) work (n) *or* labour *or* job

Arbeit weitervergeben farm out work

arbeiten work (v)

Arbeiter/-in worker

Arbeitgeber -Arbeitnehmer-Beziehungen (fpl) industrial relations

Arbeitgeber/-in employer

Arbeitnehmer/-in employee

Arbeitsablaufdiagramm (n) flow chart *or* flow diagram

Arbeitsausschuß (m) working party

Arbeitsbedingungen (pl) working conditions

Arbeitsdirektor/-in labour relations *or* personnel manager

Arbeitserlaubnis (f) work permit

Arbeitsgericht (n) industrial tribunal

Arbeitskampf (m) industrial dispute

Arbeitskosten (pl) labour costs

Arbeitskräfte (fpl) labour force *or* workforce

Arbeitskräftemangel (m) labour *or* manpower shortage

Arbeitslohn (m) wage

arbeitslos out of work *or* unemployed

Arbeitslosengeld (n) (earnings related) unemployment benefit *[insurance]*

Arbeitslosenhilfe (f) (government) unemployment benefit

Arbeitslosigkeit (f) unemployment *or* redundancy

Arbeitsplatz (m) place of work; job

Arbeitsplatzabbau (m) job cuts

Arbeitsplatzanalyse (f) job analysis

Arbeitsplatzsicherheit (f) security of employment

Arbeitsstunde (f) man-hour

Arbeitstag (m) day *[working day]*

Arbeitsunfall (m) industrial accident

Arbeitsvertrag (m) contract of employment

Arbeitsvertragsbedingungen (fpl) conditions of employment

Artikel (m) article *or* item

ärztliche Bescheinigung (f) doctor's certificate

Assistent/-in assistant

Attest (n) doctor's certificate

Attrappe (f) mock-up *or* dummy

Aufbau (m) setup *or* organization *or* structure; building *or* construction

aufbauen organize *or* structure (v); build *or* construct

aufbewahren store (v) *[keep for future]*

Aufbewahrung (f) storage (n) *[in warehouse]*

aufbringen raise (v) *[obtain money]*

aufdecken disclose

Aufdeckung (f) disclosure

Aufenthalt (m) stay (n) *[time] or* residence

Aufenthaltsgenehmigung (f) residence permit

auferlegen impose

auffordern invite *or* ask

Aufforderung (f) *[Einladung]* invitation

Aufforderung (f) *[Forderung]* demand (n) *[for payment]*

Aufforderung (f) zur Zahlung der Prämie renewal notice

Auffrischungskurs (m) refresher course

Aufgabe (f) assignment *[work] or* job *or* task; function; abandonment *[of ship]*

Aufgabenbereich (m) terms of reference *or* remit (n) *or* area of responsibility

Aufgabenstellung (f) type of problem *or* job

aufgeben abandon *or* give up

aufgeben give *or* place (an order); register *or* check in *[baggage]*

aufgeben *[abschicken]* post (v) *or* mail (v)

aufgeben *[kündigen]* leave (v) *or* resign

aufgegliederte Abrechnung itemized account

aufgegliederte Rechnung itemized invoice

aufgekauft bought

aufgelaufene Zinsen (mpl) accrued interest

Aufgeld (n) premium *or* extra charge; agio

aufgeschoben deferred

aufgeschobene Zahlung deferred payment

aufgliedern itemize *or* break down

Aufgliederung (f) breakdown (n) *[into items]*

aufgreifen follow up

aufhalten hold up (v) *or* delay

aufheben *[beenden]* lift (v) *or* remove

aufheben *[rückgängig machen]* rescind *or* revoke

aufheben *[auflösen]* dissolve *[partnership]*

aufkaufen buy (v)

aufladen load (v) *or* take on cargo

Auflage (f) *[Ausgabe]* edition

Auflage (f) *[Bedingung]* condition

Auflage (f) *[Serienfertigung]* batch

Auflage (f) *[Zeitung]* (newspaper) circulation

Auflagenhöhe (f) (newspaper) circulation

Auflagennummer (f) batch number

Auflaufen (n) accrual

auflaufen accrue

auflisten list (v)

auflösen dissolve *or* break up *or* wind up *or* liquidate *or* cancel

Aufmerksamkeit (f) attention

aufnehmen *[eingehen]* enter into *[discussion]* *or* open *[négotiations]*

aufnehmen *[eingliedern]* incorporate

aufnehmen take down *[dictation]*; take up *[credit]*

Aufpreis (m) additional charge *or* surcharge

aufrechterhalten maintain *[keep going]*

Aufrechterhaltung (f) maintenance *[keeping things going]*

Aufrechterhaltung (f) der Versorgung *od* **der Lieferungen** maintenance of supplies

Aufrechterhaltung (f) von Kontakten maintenance of contacts

Aufruf (m) call (n) *[stock exchange]*

aufrufen call (v) *[ask to do something]*

aufrunden round up

aufschieben shelve *or* defer *or* postpone

Aufschlag (m) surcharge *or* supplement

aufschlüsseln break down (v) *[itemize]*

Aufschlüsselung (f) breakdown (n) *[items]*

Aufschub (m) deferment *or* postponement *or* shelving

Aufschwung (m) *[Auftrieb]* boost (n)

Aufschwung (m) *[Belebung]* rally (n) *or* upturn *or* recovery

Aufseher/-in supervisor *or* overseer

aufsetzen draw up *or* draft

Aufsicht (f) *[Aufseher]* supervisor

Aufsicht (f) *[Kontrolle]* supervision

Aufsichts- controlling (adj) *or* supervisory

aufstellen draw up *or* compile; set up *or* install; nominate

aufteilen *[sich teilen]* share (v) *[divide among]*

aufteilen *[trennen]* separate (v) *or* break up *or* divide

Auftrag (m) *[Aufgabe]* assignment *or* work *or* job

Auftrag (m) *[Bestellung]* order (n) *[for goods]*

Auftrag (m) an Vertreter journey order

Aufträge weitervergeben farm out (work) *or* subcontract

Auftraggeber/-in principal (n) *[person]*

Auftraggeber/-in *[Kunde/Kundin]* client *or* customer

Auftragnehmer/-in contractor

Auftragsabwicklung (f) order processing

Auftragsausführung (f) order fulfilment *or* order handling

Auftragsbuch (n) order book

Auftragsnummer (f) order number

Auftragsverlust (m) loss of an order

Auftrieb (m) boost (n)

Aufwärtstrend (m) upward trend

aufweisen show (v)

Aufwendungen (fpl) expenditure

aufwerfen raise (v) *[a question]*

aufwerten revalue

Aufwertung (f) revaluation

aufzeichnen *[protokollieren]* record (v) *or* register (v) *or* log (v)

Aufzeichnung (f) record (n) *[of what has happened]*

Auktion (f) auction (n)

Auktionshaus (n) auction rooms *or* auction house

ausbezahlen disburse *or* pay out

ausbilden train (v) *[teach]*

Ausbildung (f) training

Ausbildung machen train (v) *[learn]*

Ausbildungsabgabe (f) training levy

Ausbildungsleiter/-in training officer

Ausbildungsplatz (m) traineeship

Ausdruck (m) hard copy *or* printout

ausdrucken print out

ausdrücken express (v) *[state]*

ausdrücklich express (adj) *or* expressly (adv)

Auseinandersetzung (f) argument

ausfallen *[kaputtgehen]* break down (v) *[machine]*

ausfallen *[nicht stattfinden]* be cancelled

Ausfallzeit (f) down time

Ausfertigung (f) copy (n) *[a document]*

Ausfuhr (f) export (n)

ausführen *[durchführen]* carry out *or* fulfil *or* execute *or* effect (v)

ausführen *[exportieren]* export (v)

Ausfuhrgenehmigung (f) export licence *or* export permit

ausführlich detailed

Ausführung (f) execution *or* fulfilment *or* completion

Ausführungsanzeige (f) contract note

Ausfuhrzoll (m) export duty

Ausgabe (f) *[Ausgang]* output (n) *[from computer]*

Ausgabe (f) *[Emission]* issue (n) *[of shares]*

Ausgabe (f) *[Exemplar]* copy (n) *or* edition *or* issue *[book, newspaper]*

Ausgabe (f) *[Kosten]* expense

Ausgabe (f) von Gratisaktien scrip issue

Ausgaben (fpl) *[Aufwendungen]* expenditure *or* expenses

Ausgaben (fpl) *[Ausgänge]* outgoings

Ausgaben (fpl) *[Auslagen]* outlay

Ausgänge (mpl) outgoings; out tray

Ausgangspunkt (m) starting point

ausgeben output (v) *[computer]*

ausgeben *[emittieren]* issue (v) *[shares, capital]*

ausgeben *[auszahlen]* pay out *or* spend

ausgebildet qualified *or* skilled

ausgefallen *[abgesagt]* off *or* cancelled

ausgefallen *[ungewöhnlich]* odd *or* unusual

ausgenommen *[befreit]* exempt (adj)

ausgenommen *[außer]* excluding

ausgezeichnet excellent

Ausgleich (m) equalization

ausgleichen balance (v) *[a budget]*; equalize *[dividends]*

ausgleichen *[wiedergutmachen]* make up for

ausgliedern hive off

Aushandeln (n) bargaining

aushandeln bargain (v) *or* negotiate

Aushilfskraft (f) casual worker *or* temp (n)

Ausklarierungsschein (m) clearance certificate

Auskunft (f) information (bureau); directory enquiries

ausladen unload *[goods]*

Auslage (f) (window) display

Auslagematerial (n) display material

Auslagen (fpl) outlay *or* expenditure *or* expenses

Auslagenstand (m) display stand

Ausland (n) overseas (n)

ausländisch external *or* foreign *or* overseas (adj)

ausländische Absatzmärkte (mpl) overseas markets

Auslandsgespräch (n) international call

Auslandshandel (m) overseas trade

Auslandsinvestitionen (fpl) foreign investments

Auslandskonto (n) external account

Auslandszahlungsanweisung (f) foreign money order

auslassen omit

Auslassung (f) omission

Auslastungsfaktor (m) load factor

auslaufen lassen phase out *or* discontinue

Ausleihen (n) lending

ausleihen lend *or* loan (v)

ausräumen empty (v)

ausreichend sufficient

ausrichten auf gear to *or* aim at

ausrüsten equip *or* fit out

Ausrüstung (f) equipment

Aussage (f) statement

aussagen state (v)

ausscheidend outgoing *or* retiring

ausschlaggebend deciding *or* determining

ausschlaggebende Stimme casting vote

ausschließen exclude

ausschließlich exclusive of

Ausschluß (m) exclusion

Ausschluß (m) der Gewährleistung caveat emptor

Ausschlußklausel (f) exclusion clause

ausschreiben write out

ausschreiben *[einen Auftrag]* invite tenders *[for a contract]*

ausschreiben *[ein Stellenangebot inserieren]* advertise *[a vacancy]*

Ausschuß (m) board (n) *[group of people]*

Ausschuß (m) *[Kommission]* commission *[committee]*

Ausschuß (m) *od* **Ausschußware (f)** reject (stock)

ausschüttbarer Gewinn distributable profit

ausschütten distribute *[share]*

Außendienstleiter/-in field sales manager

Außenhandel (m) foreign *or* overseas *or* external trade

Außenhandelsdefizit (n) trade deficit *or* trade gap

Außenstände (mpl) receivables *or* accounts receivable *or* outstanding debts

außer except *or* excluding

außer Haus outside *or* externally

außer Kontrolle out of control

außerbetrieblich external *[outside a company]*

außerbetriebliche Ausbildung off-the-job training

außerbetriebliche Revision external audit

außerbetriebliche(r) Revisor/-in external auditor

außergewöhnlich exceptional *or* extraordinary

außerhalb der Bürozeit outside office hours

außerhalb der Hauptzeiten *od* **Stoßzeiten** off-peak

außerordentlich extraordinary

außerordentliche Aufwendungen (fpl) below-the-line expenditure

Aussetzung (f) der Lieferungen suspension of deliveries

Aussichten (fpl) prospects

ausstatten equip

Ausstattung (f) equipment

ausstehend outstanding *[unpaid]*; receivable

ausstellen write out *or* draw *[a cheque]* *or* make out *[invoice]*; exhibit (v) *or* display (v)

Aussteller/-in exhibitor

Aussteller/-in *[Trassant]* drawer *[of cheque]*

Ausstellung (f) exhibition *or* display (n) *or* show (n)

Ausstellungshalle (f) exhibition hall

Ausstellungsraum (m) showroom

austauschbar exchangeable

austauschen *[ersetzen]* replace

austauschen *[wechseln]* switch (v) *[change]*

ausüben exercise (v)

Ausübung (f) exercise (n)

Ausübung (f) eines Optionsrechts exercise of an option

Ausverkauf (m) sale (n) *[at a low price]*

ausverkaufen sell out *[all stock]*

Auswahl (f) sample (n) *[group]*; variety

Auswahl (f) *[Sortiment]* selection *or* choice (n) *or* range (n)

auswählen choose *or* select

Auswahlliste (f) shortlist (n)

Auswahlverfahren (n) selection procedure

Ausweichen (n) evasion

Ausweis (m) pass *or* identity card

ausweiten extend *or* expand *or* diversify

auswerten analyse *or* analyze

Auswertung (f) analysis

Auswertung (f) von Informationen *od* **Statistiken** processing of information *or* of statistics

Auswirkung (f) effect (n) *or* impact (n) *or* influence (n)

auszahlen pay off *[worker]*

auszahlen *[ausgeben]* pay out *or* disburse

Auszahlung (f) payment *or* disbursement

auszeichnen label(v) *or* sticker (v) *or* mark (v)

Auszubildende(r) trainee *or* apprentice

Avis (m *od* **n)** consignment note *or* advice note *or* dispatch note

Bb

Bagatelldiebstahl (m) pilferage *or* pilfering

Bahn (f) rail *or* railway (GB) *or* railroad (US)

Bahnhof (m) railway station

Bahnsteig (m) railway platform

Bahntransport (m) rail transport

Baissemarkt (m) bear market

Baissier (m) *od* **Baissespekulant/-in** bear (n) *[Stock Exchange]*

baldmögl. (= baldmöglichst) asap (= as soon as possible)

Balkendiagramm (n) bar chart

Bank (f) bank (n)

Bankakzept (n) bank bill

Bankdarlehen (n) bank loan

Bankdirektor/-in bank manager

Bankeinlagen (fpl) bank deposits

Banker (m) banker

bankfähiges Papier bankable paper

Bankgebühren (fpl) bank charges

Bankgeschäfte (npl) banking

Bankguthaben (n) cash balance

Bankier (m) banker

Bankkonto (n) bank account

Bankkredit (m) bank credit; bank loan

Banknote (f) banknote *or* currency note *or* (bank) bill (US)

Banköffnungszeiten (fpl) banking hours

Bankrott (m) bankruptcy

bankrott bankrupt (adj)

bankrott gehen crash *or* fail *or* go bust *or* go broke

Bankscheck (m) bank cheque *or* cashier's check (US)

Banktratte (f) bank draft

Banküberweisung (f) bank transfer

Bankvollmacht (f) bank mandate

Bankwechsel (m) bank bill (GB) *or* bank draft

Bankwesen (n) banking

bar cash (adv)

bar bezahlen pay cash

Barauslagen (fpl) out-of-pocket expenses

Barbestand (m) cash in hand

Bareinzahlung (f) cash deposit

Bargeld (n) cash (n) *or* ready money *or* cash in hand

Bargeldgutschein (m) cash voucher

Bargeschäft (n) cash deal

Barkauf (m) cash purchase

Barpreis (m) cash price

Barren (m) bullion

Barreserven (fpl) cash reserves

Barscheck (m) open cheque

Barverkauf (m) cash transaction *or* cash sale

Barvorschuß (m) cash advance

Barzahlung (f) cash payment *or* cash settlement

Barzahlungsangebot (n) cash offer

Barzahlungsbedingungen (fpl) cash terms

Barzahlungspreis (m) cash price

Barzahlungsrabatt (m) cash discount

basieren base (v) *[start to calculate from]*

Basis (f) basis

Basisjahr (n) base year

Batch-Verarbeitung (f) batch processing

Bauleiter/-in site engineer

Baumaschinenvermietung (f) plant-hire firm

Bausparkasse (f) building society

beabsichtigen intend *or* propose to *[do something]*

Beachtung (f) attention *or* notice; compliance; consideration

Beamte(r)/Beamtin official (n) *or* officer

Beamtendeutsch (n) officialese

beantragen move *[propose]*

beantragen *[ersuchen]* request (v) *or* apply for *or* ask for

beantworten answer (v)

bearbeiten process (v) *[deal with]*

Bearbeitungsgebühr (f) handling charge *or* service charge

beaufsichtigen supervise

Bedarf (m) *[Anforderungen]* requirement(s)

Bedarf (m) *[Nachfrage]* demand (n) *or* need

Bedarf (m) an Arbeitskräften manpower requirements

bedenken consider

bedeutend important *or* significant

Bedeutung (f) importance

bedienen serve; service *[debt]*

bedienen *[laufen lassen]* run (v) *[work machine]*

bedienerfreundlich user-friendly

Bedienung (f) service charge

Bedienung (f) service (n) *[dealing with customers]*

bedingt conditional *or* qualified *[with reservations]*

Bedingung (f) condition *or* proviso *or* requirement

Bedingungen (fpl) terms

Bedürftigkeitsüberprüfung (f) means test

beeinflussen influence (v)

beenden complete (v) *or* end (v) *or* terminate *or* finish

Beendigung (f) end (n) *or* completion *or* termination

Befähigung (f) capability *or* ability

befassen: sich befassen mit attend to *or* deal with *or* handle

Befolgung (f) compliance

befördern promote *[give better job]*; upgrade

befördern *[transportieren]* carry *or* transport *or* ship (v)

Beförderung (f) promotion *[to better job]*

Beförderung (f) *[Transport]* transport (n)

Beförderungskosten (pl) haulage *or* transport costs

Befrachter (m) shipper

Befragte(r) interviewee

Befragung (f) interview (n) *or* survey *or* poll (v)

befreien exempt (v) *or* release (v)

befreit exempt (adj)

Befreiung (f) exemption

Befreiungsklausel (f) escape clause

befriedigen satisfy *[a demand]*

befristete Einlage time deposit

befristeter Kredit term loan

Befugnis (f) authority *or* power

befugt authorized

begebbares Wertpapier negotiable instrument

begehen commit *[crime]*

Beginn (m) beginning *or* start (n)

beginnen begin *or* start (v)

beglaubigen authenticate *or* certify

beglaubigte Kopie certified copy

Beglaubigung (f) certification *or* authentication

begleichen settle *[an invoice]*; pay *[bill]*; clear *[debt]*

Begleichung (f) settlement *[payment]*; clearing; discharge (n) *[of debt]*

Begleitbrief (m) *od* **Begleitschreiben (n)** covering letter *or* covering note

beglichen paid *[invoice]*

begrenzt limited

begrenzter Absatzmarkt limited market

Begünstigte(r) beneficiary

begutachten survey (v) *[inspect]*

Begutachtung (f) survey (n) *[examination]*

Behälter (m) container *[box, tin]*

behaupten claim (v) *[suggest]*

beherrschen control (v)

Beherrschung (f) control (n) *[power]*

Behörde (f) für Zölle und Verbrauchssteuern Customs and Excise

bei *od* **c/o** care of (c/o)

beifügen *[beilegen]* enclose

beifügen *[befestigen]* attach

Beihilfe (f) benefit (n) *or* allowance *or* subsidy *or* grant

Beilage (f) enclosure *or* insert (n)

beilegen enclose *or* insert (v)

Beilegung (f) settlement *or* agreement

Beistandsabkommen (n) standby arrangements

Beistandskredit (m) standby credit

Beitrag (m) contribution

beitragen contribute

Beitragsleistende(r) contributor

Beitragszuschlag (m) additional premium

bejahend positive *or* affirmative

Bekanntgabe (f) announcement

bekanntgeben announce *or* declare

Beklagte(r) defendant

bekommen get

beladen load (v)

belanglos petty

Belastung (f) burden *or* strain

Belastung (f) *[Sollbuchung]* debit entry *or* charge (n) *[on account]*

Belastungsanzeige (f) debit note

belaufen: sich belaufen auf add up to *or* amount to *or* run to

Belebung (f) upturn

Beleg (m) voucher *[document from an auditor]*

Beleg (m) *[Zettel]* slip (n) (of paper) *or* receipt

Belegschaft (f) *[Arbeitskräfte]* labour force *or* workforce

Belegschaft (f) *[Personal]* personnel

Belegung (f) occupancy

beliebt popular

bemannt manned

Bemannung (f) manning

bemühen: sich bemühen attempt (v) *or* try hard

Benachrichtigung (f) notification

benötigen require *or* need *or* take

benutzen use (v) *or* utilize

Benutzer/-in user

benutzerfreundlich user-friendly

Benutzerhandbuch (n) operating manual *or* user's handbook

Benutzerhinweise (mpl) directions for use

Benutzung (f) use (n) *or* utilization

Benutzungsgebühr (f) toll; (hire) charge

Berater/-in consultant *or* adviser *or* advisor

Beratung (f) consultancy

Beratungsfirma (f) consultancy firm

Beratungsingenieur/-in consulting engineer

berechnen *[abschätzen]* evaluate

berechnen *[in Rechnung stellen]* charge (v) *[money]*

berechnen *[kalkulieren]* calculate

Berechnung (f) *[Abschätzung]* evaluation

Berechnung (f) *[Kalkulation]* calculation

berechtigen entitle

Berechtigung (f) entitlement *or* eligibility

Bereich (m) area *[subject]*

Bereich (m) range (n) *[variation]*

Bereich (m) *[Sektor]* sector

bereinigen *[berichtigen]* rectify *or* correct *or* adjust; clear up *or* settle

Bereinigung (f) *[Berichtigung]* rectification *or* correction *or* adjustment; settlement

bereit ready *or* prepared; willing

bereitstellen provide

bergen salvage (v)

Bergung (f) salvage (n) *[action]*

Bergungsgut (n) salvage (n) *[things saved]*

Bergungsschiff (n) salvage vessel

Bericht (m) report (n); return (n)

berichten report (v)

Berichterstattung (f) durch die Medien media coverage

berichtigen rectify *or* amend

Berichtigung (f) rectification *or* correction

berücksichtigen allow for *or* take into account

berufen appoint

beruflich occupational *or* professional

berufliche Qualifikationen (fpl) professional qualifications

Berufsbezeichnung (f) job title

berufstätig working (adj)

Berufstätige(r) worker

Berufung (f) vocation

Berufung (f) *[Ernennung]* appointment *[to a job]*

Berufung (f) *[Rechtsmittel]* appeal (n) *[against a decision]*

Berufung (f) einlegen appeal (v) *[against a decision]*

beschädigen damage (v)

beschädigt damaged

Beschädigung (f) damage (n)

beschaffen procure *or* raise (v) *or* obtain *[money]*

beschäftigen employ

beschäftigt busy

beschäftigt *[angestellt]* employed *[in job]*

Beschäftigung (f) employment

Bescheid (m) notice *[warning that a contract is going to end]*

Bescheid (m) *[Antwort]* answer (n)

Bescheid (m) *[Mitteilung]* note (n)

bescheinigen certify

bescheinigt certificated

Bescheinigung (f) certificate

beschlagnahmen seize *or* impound

Beschlagnahmung (f) seizure *or* impounding

beschleunigen hurry up

beschleunigte Abschreibung accelerated depreciation

beschließen *[entscheiden]* decide *or* resolve

beschließen *[festlegen]* fix *or* arrange

Beschluß (m) *[Entscheidung]* decision *or* resolution

Beschluß (m) *[Gerichtsentscheidung]* adjudication

beschlußfähige Anzahl quorum

Beschlußfassung (f) decision making

beschränken limit (v) *or* restrict *or* check (v)

beschränkt limited

beschränkte Haftung limited liability

Beschränkung (f) limitation *or* restriction *or* restraint

beschreiben describe

Beschreibung (f) description

beschriften mark (v) *or* label (v)

beschuldigen blame (v)

Beschwerde (f) complaint *or* grievance

Beschwerdebrief (m) letter of complaint

beschweren: sich beschweren complain (v)

besetzen man (v) *or* staff (v)

besetzt engaged *[telephone]*

besetzt *[bemannt]* manned

Besetztzeichen (n) engaged tone

Besetzung (f) manning

Besitzanspruch (m) tenure *[right]*; claim of ownership

besitzen possess *or* own (v)

Besitzer/-in owner *or* proprietor/proprietress

Besitzer/-in holder *[person]*

Besitztitel (m) tenure *[right]*

Besorgnis (f) concern (n) *or* worry

besprechen discuss

Besprechung (f) conference *or* meeting; discussion

Besprechungszimmer (n) conference room

Bestand (m) stock(s) *or* store(s) *or* supply (n)

beständig stable *or* firm

Beständigkeit (f) steadiness *or* stability *or* firmness

Bestandsaufnahme (f) stocktaking

bestätigen confirm *or* acknowledge

bestätigen *[bezeugen]* witness (v) *[a document]*

bestätigen *[genehmigen]* ratify

bestätigen *[überprüfen]* verify

bestätigter Scheck certified cheque

Bestätigung (f) confirmation

Bestätigung (f) *[Genehmigung]* ratification

Bestätigung (f) *[Überprüfung]* verification

bestechen bribe (v)

Bestechungsgeld (n) bribe (n)

bestehen aus consist of

bestellen order (v) *[goods]*

bestellen *[buchen]* book (v)

bestellt on order

Bestellung (f) *[Auftrag]* order (n) *[for goods]*

Bestellung (f) *[Buchung]* booking *or* reservation

Bestellung (f) *[Kaufauftrag]* purchase order

besteuern tax (v)

Besteuerung (f) taxation

Besteuerungssystem (n) tax system

bestimmen determine

Bestimmung (f) provision *[condition]*; determination; rule

Bestimmungsort (m) destination

bestrafen penalize

Bestrebung (f) aim (n)

bestreiten *[abstreiten]* dispute (v) *or* contest (v)

bestreiten *[begleichen]* meet *[expenses]* *or* pay for *or* defray

bestreiten *[leugnen]* deny

Besuch (m) call (n) *[visit]*

besuchen call on (visit]

Besuchsrate (f) call rate

Beteiligung (f) participation *or* involvement

Beteiligung (f) *[Anteil]* shareholding *or* stake *or* interest

Beteiligungsgesellschaft (f) associate company

Betrag (m) sum *or* amount *[of money]*

betragen amount to

betreffen *[angehen]* concern (v) *[deal with]*

betreffen *[gelten]* apply to *[affect]*

betreffend regarding

betreiben run (v) *[manage]*

Betrieb (m) operating (n) *or* running (n) *[of machine]*

Betrieb (m) *[Geschäft]* establishment *or* business *or* operation

Betrieb (m) mit Staatsaufträgen government contractor

betriebliche Ausbildung on-the-job training

Betriebsanlage (f) facility *[building]*

Betriebsbudget (n) operating *or* operational budget

Betriebsgewinn (m) trading *or* operating profit

Betriebsingenieur/-in product engineer

betriebsintern in-house *or* internal

Betriebskapital (n) working capital

Betriebskosten (pl) operating *or* running costs *or* running expenses

Betriebsstörung (f) breakdown (n) *[machine]*

Betriebssystem (n) operating system

Betriebsunfall (m) industrial accident

Betriebsverlust (m) trading loss

Betriebszeitung (f) house magazine

Betrug (m) fraud *[deed]*

Betrüger/-in racketeer *or* fraudster

betrügerisch fraudulent

beurkunden authenticate *or* certificate *or* verify; register *or* record

Beurlaubung (f) leave of absence

beurteilen judge (v)

bevollmächtigen *[delegieren]* delegate (v)

bevollmächtigen *[ermächtigen]* authorize *[give permission] or* empower

bevollmächtigt *[befugt]* authorized *or* accredited

Bevollmächtigte(r) *[rechtliche(r) Vertreter/-in]* attorney

Bevollmächtigte(r) *[Stellvertreter/-in]* proxy *[person]*

Bevollmächtigte(r) *[Delegierte(r)]* delegate (n)

Bevollmächtigte(r) *[Rechtsnachfolger/-in]* assignee

Bevollmächtigung (f) authorization

bevorrechtigter Konkursgläubiger preferential creditor

bevorzugen prefer

bevorzugt preferential

Beweglichkeit (f) mobility

Bewegung (f) movement

Beweis (m) proof

bewerben: sich bewerben um apply for

Bewerber überprüfen screen candidates

Bewerber/-in *[Befragte(r)]* interviewee

Bewerber/-in *[Kandidat/-in]* candidate *or* applicant

Bewerbungsformular (n) application form

Bewerbungsschreiben (n) letter of application

Bewertung (f) des Lagerbestands stock valuation

bewilligen *[gestatten]* allow *[permit] or* authorize

bewilligen *[gewähren]* grant (v)

bewilligen *[zuweisen]* appropriate (v) *[funds]*

Bewohner/-in occupant *or* resident

bezahlen *[auszahlen]* pay (v) *[worker]*

bezahlen *[begleichen]* pay (v) *[bill]*

bezahlt paid *[for work]*

bezahlt *[beglichen]* paid *[invoice]*

bezahlter Betrag amount paid

Bezahlung (f) payment

Bezahlung (f) in Naturalien payment in kind

bezeichnen describe

bezeugen witness (v) *[a document]*

beziehen *[erhalten]* obtain

Beziehungen (pl) relations

Bezirk (m) district *or* area *or* territory

Bezirksleiter/-in area manager

Bezogene(r) drawee

Bezug (m) reference *[dealing with]*

bezüglich regarding *or* relating to

Bezugsrechtsemission (f) rights issue

bieten offer (v) *[to buy] or* bid *or* tender

Bieter/-in bidder

Bilanz (f) balance sheet *or* financial statement

bilateral bilateral

Bildschirm (m) monitor (n) *or* screen

billig cheap

billige Arbeitskräfte (fpl) cheap labour

billiges Geld cheap money

Billigladen (m) *[Discountgeschäft]* discount house *or* discount store

Billigwaren (fpl) cut-price goods

binden *[Kapital festlegen]* lock up *[capital]*

bindend *[verbindlich]* binding

Binnen- inland *or* internal

Binnenhandel (m) domestic trade

Binnenmarkt (m) (EU) Single European Market

Binnenmarkt (m) *[Inlandsmarkt]* domestic market *or* home market

BIP (Bruttoinlandsprodukt) (n) GDP (gross domestic product)

bitte warten *[bleiben Sie bitte am Apparat]* hold the line please *or* please hold

bitten *[fragen nach]* ask for *[something]*

bitten *[verlangen]* ask *[someone to do something]*

Blankokredit (m) open credit

Blankoscheck (m) blank cheque

Blatt (n) Papier sheet of paper

bleiben *[übernachten]* remain *[stay]*

bleiben *[übrigbleiben]* remain *[be left]*

bleiben Sie bitte am Apparat hold the line please *or* please hold

Blisterpackung (f) bubble pack *or* blister pack

Block (m) block (n) *[building]*; block *or* pad *[paper]*

blockieren block (v)

blockierte Währung blocked currency

Blue Chip (m) blue chip

blühen flourish *or* thrive

blühend booming *or* flourishing *or* prosperous

Boden (m) floor *[surface]*; ground

Bodenfläche (f) floor space

Bon (m) voucher

Bonität (f) credit rating

Boom (m) boom (n)

boomen boom (v)

Bord: an Bord on board

Bordkarte (f) boarding card *or* boarding pass

Bordkarte (f) *[Schiff]* embarkation card

Börse (f) stock exchange *or* stock market

Börsenbeobachter/-in market economist

Börsengeschäft (n) bargain (n) *[stock exchange]*

Börsenkapitalisierung (f) stock market capitalization

Börsenkrach (m) (stock market) crash

Börsenmakler/-in stockbroker

Börsenschluß (m) close (n) *[stock market]*

Boß (m) boss (informal)

Bote (m) messenger

Boykott (m) boycott (n)

boykottieren boycott (v)

Branche (f) industry *or* trade; line of business

Branchenverzeichnis (n) classified directory *or* trade directory

brandgeschädigte Waren (fpl) fire-damaged goods

Brandschaden (m) fire damage

Brandschutzbestimmungen (fpl) fire regulations

brauchbar useful

brauchen need *or* require *or* take

Break-Even-Punkt (m) breakeven point

bremsen check (v) *or* stop (v)

Brief (m) letter

Briefkastenadresse (f) accommodation address

Briefmarke (f) stamp (n) *[post]*

Briefpartner/-in correspondent *[who writes letters]*

Briefqualität (f) near letter-quality (NLQ)

Briefwerbeaktion (f) mail(ing) shot

bringen *[einbringen]* bear (v) *or* carry *or* earn *[interest]*

bringen *[herbringen]* bring (in)

britisch British

Broker (m) broker

Broschüre (f) brochure

Bruch (m) *od* **Bruchschaden (m)** breakages

Brückenwaage (f) weighbridge

brutto gross (adj)

brutto verdienen *od* **brutto einnehmen** gross (v)

Bruttoeinkommen (n) gross income *or* gross earnings

Bruttoertrag (m) gross yield

Bruttogehalt (n) gross salary

Bruttogewicht (n) gross weight

Bruttogewinn (m) gross profit

Bruttogewinnspanne (f) gross margin

Bruttoinlandsprodukt (BIP) (n) gross domestic product (GDP)

Bruttomarge (f) gross margin

Bruttoraumzahl (BRZ) (f) gross tonnage

Bruttosozialprodukt (BSP) (n) gross national product (GNP)

B-Sortiment (n) seconds

BSP (Bruttosozialprodukt) (n) GNP (= gross national product)

Buch (n) book (n)

Buch führen über log (v) *or* keep a record *or* a tally

Buchführung (f) bookkeeping

Buchgewinn (m) paper profit

Buchhalter/-in bookkeeper

Buchhaltung (f) *[Abteilung]* accounts department

Buchhaltung (f) *[Rechnungswesen]* accounting *or* accountancy

Buchprüfung (f) audit(ing)

Buchung (f) booking

Buchwert (m) book value

Budget (n) budget (n) *[personal, company]*

Budgetkontrolle (f) budgetary control

Bulletin (n) bulletin

Bummelstreik (m) go-slow

Bürge (m) guarantor *or* surety (n) *[person]*

bürgen für underwrite *or* guarantee; stand surety for

bürgerliches Recht civil law

Bürgschaft (f) security *or* guarantee *or* surety

Bürgschaft leisten für stand security for

Büro (n) office

Büroangestellte(r) clerk *or* clerical worker *or* office worker

Büroarbeit (f) clerical work

Büroaustattung (f) office equipment

Bürochef/-in chief clerk

Büroklammer (f) paperclip

Bürokratismus (m) bureaucracy *or* red tape

Büromaschinen (fpl) office *or* business equipment

Büromaterial (n) office stationery

Büromöbel (npl) office furniture

Büropersonal (n) office staff

Büropersonal (n) *[Schreibkräfte]* clerical staff

Büroräume (mpl) office space

Büroräume (mpl) zu vermieten offices to let

Bürozeit (f) office hours

Bus (m) bus

Business Class (f) business class

Cc

Carnet (n) carnet *[document]*

Cash-flow (m) cash flow

Cash-flow-Bericht (m) cash flow statement

Cash-flow-Prognose (f) cash flow forecast

Charter (m) charter (n)

Charterer (m) charterer

Charterflug (m) charter flight

Charterflugzeug (n) charter plane

Chartern (n) chartering

chartern charter (v)

Chef/-in (mf) head; boss (informal)

Chiffre (f) box number; code

Chiffrierung (f) coding

chronisch chronic

chronologische Reihenfolge chronological order

cif (Kosten, Versicherung, Fracht) c.i.f. (= cost, insurance and freight)

Computer (m) computer

Computer-Programmierung (f) computer programming

Computerauflistung (f) computer listing

Computerausdruck (m) computer printout

Computerdatei (f) computer file

Computerfehler (m) computer error

computerisiert computerized

computerlesbare Codes (mpl) computer-readable codes

Computerprogramm (n) computer program

Computersprache (f) computer language

Computerterminal (n) computer terminal

Container (m) container *[for shipping]*

Containerhafen (m) container port

Containerschiff (n) container ship

Containerterminal (m) container terminal

Containerzug (m) freightliner

Controller (m) controller *[who checks]*

Copy-Shop (m) photocopying bureau

Coupon (m) coupon

Couponanzeige (f) coupon ad

Courtage (f) brokerage *or* broker's commission

Crash (m) crash (n) *[financial]*

Dd

Dachgesellschaft (f) holding company *or* proprietary company (US)

Dame (f) am Empfang receptionist *or* reception clerk

Dankesrede (f) speech of thanks

Dankesworte (pl) vote of thanks

Darlehen (n) loan (n) *or* credit (n)

Darlehensbetrag (m) principal (n) *[money]*

Datei (f) file (n) *[computer]*

Daten (pl) data

Daten (pl) eingeben input information

Datenbank (f) database

Datenkasse (f) electronic point of sale (EPOS)

Datenrückgewinnung (f) data retrieval

Datenrückgewinnungssystem (n) retrieval system

Datenstation (f) computer workstation

Datentypist/-in keyboarder

Datenverarbeitung (f) data processing

datieren date (v)

datiert dated

Datum (n) date (n)

Datumsstempel (m) date stamp

Dauerauftrag (m) banker's order *or* standing order

Dauerkarte (f) season ticket

Debetspalte (f) debtor side *or* debit column

Debitorenbuch (n) sales ledger

decken cover (v) *[expenses]*

Deckladung (f) deck cargo

Deckung (f) collateral (n) *or* cover *or* security

Deckungslücke (f) shortfall

Defekt (m) defect *or* mechanical fault

defekt defective *or* faulty

Defizit (n) deficit

Defizitfinanzierung (f) deficit financing

Deflation (f) deflation

deflationär *od* **Deflations-** deflationary

Deklaration (f) declaration

Delegation (f) delegation *[people, action]*

delegieren delegate (v)

Delegierte(r) delegate (n)

Delegierung (f) delegation *[action]*

Delkredere (n) del credere

Delkrederevertreter/-in del credere agent

deponieren deposit (v)

Deport (m) backwardation

Depositorium (n) depository

Depot (n) depot

Depression (f) depression

Deregulierung (f) deregulation

derzeitig current *or* present (adj)

Design (n) design (n)

Designabteilung (f) design department

Desktop publishing (DTP) (n) desk-top publishing (DTP)

Detail (n) detail (n)

detailliert detailed

detailliert aufführen detail (v)

Devisen (pl) foreign exchange *or* foreign currency

Devisenbörse (f) foreign exchange market

Devisenhandel (m) foreign exchange dealing(s)

Devisenhändler/-in foreign exchange dealer

Devisenkontrolle (f) exchange control

Devisenmakler/-in foreign exchange broker

Devisenmarkt (m) foreign exchange market

dezentralisieren decentralize

Dezentralisierung (f) decentralization

Dezimalzahl (f) decimal number

Diagramm (n) diagram

Diebstahl (m) theft

Dienst (m) *[Amtspflicht]* duty *or* service (n) *[regular working]*

Dienst (m) *[Leistung]* service (n) *[working for an organization]*

Dienst (m) nach Vorschrift work-to-rule

Dienstleistung (f) service (n)

Dienstleistungsgewerbe (n) service industry *or* tertiary industry

Dienstleistungssektor (m) service sector *or* tertiary sector

dienstlich official; officially; on business

Dienstreise (f) business trip

Dienststunden (fpl) office hours *or* working hours

Dienstzeit (f) tenure *[time]* *or* length of service; office *or* working hours

Differentialtarife (mpl) differential tariffs

Diktat (n) dictation

diktieren dictate

Diktiergerät (n) dictating machine

direkt direct (adj & adv)

direkte Besteuerung direct taxation

direkte Steuer direct tax

Direktive (f) directive

Direktor/-in director

Direktorenverzeichnis (n) register of directors

Direktverkauf (m) direct selling

Direktverkauf (m) an der Haustür door-to-door *or* house-to-house selling

Direktversand (m) direct mail(ing)

Direktwerbung (f) direct advertising

Discountgeschäft (n) discount shop *or* store

Diskette (f) diskette

Diskettenlaufwerk (n) disk drive

Diskontbank (f) discount bank *or* discount house

diskontfähig *od* **diskontierbar** discountable

diskontierter Cash-flow discounted cash flow (DCF)

Diskontsatz (m) discount rate

Diskrepanz (f) discrepancy

Diskussion (f) discussion

Diskussionen (fpl) einleiten initiate discussions

diskutieren discuss

Disponibilität (f) availability

Distributionskanäle (mpl) distribution channels *or* channels of distribution

Diverses sundry items *or* sundries

Diversifikation (f) *od* **Diversifizierung (f)** diversification

diversifizieren diversify

Dividende (f) dividend

Dividendendeckung (f) dividend cover

Dividendenertrag (m) dividend yield

Dividendenschein (m) dividend coupon

Dividendenzahlungsanweisung (f) dividend warrant

D-Mark (f) mark (n) *or* Deutschmark

Dock (n) dock (n)

docken dock (v) *[ship]*

Dokument (n) document

dokumentarisch documentary

Dokumentation (f) documentation

Dokumente abheften file documents

Dollar (m) dollar

Dollarbilanz (f) dollar balance

Dollarkrise (f) dollar crisis

Dollarzone (f) dollar area

dolmetschen interpret

Dolmetscher/-in interpreter

Doppelbesteuerung (f) double taxation

Doppelbesteuerungsabkommen (n) double taxation agreement

Doppelbuchung (f) double-booking

doppelt double (adj)

doppelt belegen *od* **doppelt buchen** double-book

Dossier (n) dossier

Drachme (f) drachma *[Greek currency]*

dreifach triple

dreifach: in dreifacher Ausfertigung in triplicate

dringend urgent *or* pressing

Dritte(r) third party

drittes Quartal third quarter

drucken print

Drucker (m) printer *[machine, person]*

Druckerei (f) printer *or* printing firm

drücken (de)press *or* force down *or* squeeze *[margins]*

Dumping (n) dumping

Duplikat (n) duplicate (n)

durchführbar viable *or* feasible

Durchführbarkeit (f) viability *or* feasibility

Durchführbarkeitsbericht (m) feasibility report

durchführen carry out *or* effect *or* implement (v) *or* execute

Durchführung (f) execution *or* implementation

durchgehend non-stop; continuous *or* round-the-clock

Durchlauf (m) run (n) *or* pass (n) *[work routine]*

Durchsatz (m) throughput

Durchschlag (m) carbon *or* (carbon) copy

Durchschlagpapier (n) carbon paper

Durchschnitt (m) average (n) *or* mean (n)

durchschnittlich average (adj) *or* mean (adj)

durchschnittlich betragen *od* **ausmachen** average (v)

durchschnittlicher Jahreszuwachs mean annual increase

Durchschnittspreis (m) average price

durchsetzen enforce

Durchsetzung (f) enforcement

durchstreichen cross out

durchwählen dial direct

Duty-free Shop (m) duty-free shop

Dutzend (n) dozen

dynamisch dynamic *or* go-ahead (adj); index-linked *[pension]*

Ee

echt genuine *or* real

Echtzeitsystem (n) real-time system

Eckladen (m) corner shop

Eckwert (m) benchmark

Eckzins (m) bank base rate

Economyklasse (f) economy class

Ecu *od* **ECU (m** *od* **f)** ecu *or* ECU (= European currency unit)

EDV-Abteilung (f) computer department

EDV-gesteuert computerized

EDV-Service (m) computer services

EDV-Servicebüro (n) computer bureau

Effekt (m) effect (n)

Effekten (pl) securities *or* stocks and shares

Effektenhandel (m) dealing *[stock exchange]*

Effektenmanagement (n) portfolio management

effektiv *[wirksam]* effective

effektiv *[tatsächlich]* effective *or* actual

effektive Nachfrage effective demand

Effektivertrag (m) *od* **Effektivrendite (f)** effective *or* net yield

effizient efficient

Effizienz (f) efficiency

eidesstattliche Versicherung affidavit

Eigenfinanzierung (f) self-financing (n)

Eigengewicht (n) deadweight *or* net weight

Eigenkapital (n) personal capital; (shareholders') equity

Eigenmarkenwaren (fpl) own label goods *or* own brand goods

Eigentum (n) ownership; property

Eigentum im Grundbuch eintragen lassen register a property

Eigentümer/-in owner *or* proprietor/proprietress

Eigentumsübertragung (f) conveyance *or* transfer of ownership

Eignung (f) suitability *or* qualification *or* aptitude

Eil- *od* **eilig** urgent *or* express (adj)

Eilauftrag (m) rush job

Eilauftrag (m) *od* **Eilbestellung (f)** express *or* rush order *or* rush job

Eilbote (m) courier *[messenger]*

Eilbrief (m) express letter

Eile (f) rush (n) *or* hurry (n)

Eilsendung (f) express item

Eilzustellung (f) express delivery

Einbauten (mpl) fittings

einbehalten keep back *or* withold *or* retain

einberufen call (v) *or* convene *[meeting]*

einbringen bear *or* earn *or* yield (v) *[interest]*

einbringen *[Antrag]* table *[motion]*

Einbruch (m) collapse *or* drop *or* slump (n)

Einbuße (f) loss *[not a profit]*

einbüßen lose *[money]*

einchecken check in *[at airport]*

Eincheckzeit (f) check-in time

eindocken dock (v) *[ship]*

einfach easy *or* simple

einfache Zinsen (pl) simple interest

einfacher Fahrpreis *od* **einfacher Flugpreis** one-way fare

Einfluß (m) influence (n)

einfrieren freeze (v) *[prices]*

Einfrieren (n) der Löhne wage freeze

Einfrieren (n) von Krediten (mpl) credit freeze

Einfuhr (f) importation *or* importing

Einfuhrbeschränkungen (fpl) import restrictions

Einfuhren (fpl) imports

einführen *[importieren]* import (v)

einführen *[vorstellen]* introduce

Einfuhrkontingent (n) import quota

Einfuhrsteuer (f) import levy

Einfuhrstopp (m) import ban

Einführung (f) introduction *[bringing into use]*

Einführung (f) *[Einweisung]* induction

Einführungsangebot (n) introductory offer

Einführungsbrief (m) introduction *[letter]*

Einführungskurse (mpl) induction courses

Einführungslehrgang (m) induction training

Einfuhrverbot (n) import ban

Einfuhrzoll (m) import duty

Eingang (m) *[Ankunft]* arrival *[of goods]*

Eingang (m) *[Eintritt]* entrance *or* entry *[going in]*

Eingang (m) *[Erhalt]* receipt *[receiving]*

Eingangsdatum (n) date of receipt

Eingangssteuer (f) basic tax

eingebaut built-in

eingefroren frozen

eingefrorene Vermögenswerte (mpl) *od* **eingefrorenes Guthaben (n)** frozen assets

eingehen *[ankommen]* arrive

eingehen *[auf sich nehmen]* incur *[costs]*

eingehen *[aufnehmen]* enter into *[discussion, agreement]*

eingehen *[schließen]* fold (up) *[business]*

eingehendes Telefongespräch incoming call

eingeschweißt shrink-wrapped

eingestehen admit *or* confess

eingestellt sein auf cater for

eingetragen registered (adj)

eingetragener Sitz registered office

eingetragenes Warenzeichen registered trademark

eingliedern incorporate

einhalten keep *[appointment]*; meet *[deadline]*

Einhaltung (f) compliance

einheimisch domestic *or* homegrown

Einheitssteuersatz (m) standard rate (of tax)

Einheitstarif (m) flat rate

Einkauf (m) *[Einkaufsabteilung]* buying department

Einkauf (m) *[Warenbeschaffung]* purchasing *or* buying

Einkäufe (mpl) shopping *[goods bought]*

Einkaufen (n] shopping *[action]*

Einkäufer/-in buyer *[for a store]*

Einkaufsabteilung (f) purchasing *or* buying department

Einkaufsbuch (n) purchase ledger *or* bought ledger

Einkaufsbuchhalter/-in bought ledger clerk

Einkaufsleiter/-in purchasing manager

Einkaufsmarkt (m) superstore

Einkaufspassage (f) shopping arcade *or* shopping mall (US)

Einkaufszentrum (n) shopping centre

Einklang (m) agreement *or* accord

Einklang: in Einklang bringen reconcile

Einkommen (n) earnings *or* income *or* revenue

Einkommenssteuer (f) income tax

Einkommenssteuererklärung (f) declaration of income *or* income tax return

Einkünfte (pl) earnings *or* income *or* revenue

Einkünfte aus unsichtbaren Leistungen invisible earnings

einladen invite

Einladung (f) invitation

Einlage (f) *[Einzahlung]* deposit (n) *[in bank]*

Einlagenzertifikat (n) certificate of deposit (CD)

einlagern store (v) *[in warehouse]*

Einleger/-in depositor

einleiten institute (v) *or* initiate

einleitend opening (adj) *or* introductory

einlösbar redeemable *or* (en)cashable

einlösen (en)cash *or* redeem

Einlösung (f) encashment

einmalig one-off *or* unique

einmalige Posten (mpl) non-recurring items

einmalige Summe (f) lump sum

Einnahmen (fpl) income *or* receipts *or* revenue *or* takings

Einnahmen (pl) aus Werbung revenue from advertising

Einnahmequelle (f) source of income

einnehmen take (v) *or* receive *[money]*

Einordnen (n) filing *[action]*

einpacken pack (v)

einpendeln: sich einpendeln level off *or* level out

einplanen plan (v)

Einrede (f) defence *[legal]*

einreichen file (v) *[request]*; hand in *or* tender *[resignation]*

Einreisekarte (f) landing card

Einreisevisum (n) entry visa

einrichten *[ausstatten]* furnish *or* equip

einrichten *[einleiten]* institute (v) *or* open *or* establish

einrichten *[vereinbaren]* arrange *or* set up *[meeting]*

Einrichtung (f) *[Ausstattung]* equipment

Einrichtungen (fpl) facilities

Einschiffung (f) embarkation

Einschiffungshafen (m) port of embarkation

einschlagen wrap up *[goods]*

einschließen include

einschließlich all-in *or* inclusive

einschränken limit (v) *or* restrict

einschränkend restrictive

Einschränkung (f) restraint *or* limitation *or* restriction

Einschreiben (n) *[Postsendung]* registered letter *or* parcel

Einschreiben (n) *[Postdienst]* recorded delivery *or* registered post

Einschweißen (n) shrink-wrapping *[action]*

einseitig *[parteiisch]* one-sided

einseitig *[unilateral]* unilateral

einseitiger Handel one-way trade

einseitiges Abkommen one-sided agreement

einsetzen use (v); set up

einsparen save (on) *or* economize

Einstandspreis (m) cost price

einstecken pocket (v)

einsteigen enter *or* go in(to) *or* get in(to)

einstellen *[beenden]* discontinue

einstellen *[beschäftigen]* employ *or* take on *[staff]*

einstellen *[regulieren]* regulate *or* adjust

Einstellungsbedingungen (fpl) conditions *or* terms of employment

Einstellungsschreiben (n) letter of appointment

einstufen classify *or* grade (v) *or* rank (v)

Einstufung (f) classification

Eintrag (m) entry *[writing]*

eintragen enter *[write in]*

eintragen *[registrieren]* register (v) *[in official list]*

einträglich money-making *or* paying *or* profitable *or* lucrative

Eintragung (f) entering *or* recording

Eintragung (f) *[Registrierung]* registration

Eintragungsbescheinigung (f) certificate of registration

Eintragungsbuch (n) register (n) *[book]*

Eintragungsgebühr (f) registration fee

Eintragungsnummer (f) registration number

eintreiben collect *or* recover *[debt]*

Eintreibung (f) collection *or* recovery *[of debt]*

eintreten enter *or* go in

Eintritt (m) *[Eingang]* entry *[going in]*

Eintritt (m) *[Geld]* admission charge

Eintritt (m) *[Zutritt]* admission

einverstanden: sich einverstanden erklären agree

Einweg- disposable *or* non-returnable

Einweg(ver)packung (f) non-returnable packing *or* disposable wrapping

Einweisung (f) *[Einführung]* induction

einwickeln wrap up *[goods]*

Einwohner/-in resident (n) *or* inhabitant

einzahlen deposit (v) *or* pay in

Einzahler/-in depositor

Einzahlung (f) deposit (n) *[in bank]*

Einzahlungsbeleg (m) deposit slip *or* paying-in slip

Einzelfirma (f) sole trader *[company]*

Einzelhandel (m) retail(ing) *or* the retail trade

Einzelhandelsgeschäfte (npl) retail outlets

Einzelhandelspreis (m) retail price

Einzelhändler/-in retailer

Einzelheiten (fpl) details *or* particulars

Einzelkauffrau (f)/Einzelkaufmann (m)) sole trader *[person]*

einzeln individual *or* separate *or* single

einzeln aufführen *[spezifizieren]* specify

einzeln aufführen *[aufgliedern]* itemize

Einzelstück (n) one-off item

einziehen *[Banknoten]* withdraw *or* call in *[banknotes]*

einziehen *[beschlagnahmen]* seize

einziehen *[eintreiben]* collect (v) *[money]*

Einziehung (f) collection *[of money]*; seizure *[of assets]*

einzigartiges Verkaufsargument unique selling point *or* proposition (USP)

Elan (m) elan *or* drive (n) *or* energy

Elastizität (f) elasticity

elektronische Post electronic mail

elektronisches Kassenterminal (n) electronic point of sale (EPOS)

elementar basic (adj) *or* elementary

E-Mail (f) *[elektronische Post]* email (= electronic mail)

Embargo (n) embargo (n)

Emission (f) issue (n) *[of shares]*; emission

Emission (f) von Gratisaktien bonus issue

Emissionsbank (f) issuing bank

Emissionskonsortium (n) underwriting syndicate

Emissionskurs (m) offer price *or* issue price

emittieren issue (v) *[shares]*

Empfang (m) *[Annahme]* receiving *or* receipt

Empfang (m) *[Rezeption]* reception (desk)

empfangen receive

Empfänger/-in recipient *or* receiver *or* addressee

Empfänger/-in *[Kommissionär]* consignee *or* receiver

Empfangsbestätigung (f) acknowledgement of receipt

Empfangsdatum (n) date of receipt

empfehlen recommend *[say something is good]*

empfehlen *[raten zu]* recommend *[suggest action]* *or* advise *[what should be done]*

Empfehlung (f) recommendation

empfohlener Abgabepreis manufacturer's recommended price (MRP)

Endbenutzer (m) end user

Endbetrag (m) (grand) total

Ende (n) end (n)

enden end (v)

endgültig festlegen finalize

Endlospapier (n) continuous stationery

Endlospapiereinzug (m) continuous feed

Endprodukt (n) end product

Endsaldo (m) closing balance

Endverbraucher (m) end user *or* ultimate consumer

Energie (f) *[Strom]* energy *[electricity]*

Energie (f) *[Schwung, Tatkraft]* energy *[human]*

energiesparend energy-saving (adj)

engere Wahl shortlist (n)

Engpaß (m) bottleneck; shortage

entbinden release (v) *[free]*

Entbindung (f) release (n)

Enteignung (f) compulsory purchase *or* expropriation

entfernen excise (v) *[cut out]* *or* remove

entgegengesetzt opposite *or* opposing *or* conflicting

enthalten *[fassen]* hold (v) *[contain]*

enthalten *[einschließen]* include

enthüllen disclose

Enthüllung (f) disclosure

Enthüllung (f) vertraulicher Informationen disclosure of confidential information

entladen unload *[goods]*

entlassen dismiss (v) *[employee]*

entlassen werden get the sack

Entlassung (f) dismissal *or* removal *or* sacking

Entlassung (f) *[Arbeitslosigkeit]* redundancy

Entleiher/-in borrower

Entnahmeliste (f) picking list

entschädigen compensate *or* indemnify

Entschädigung (f) compensation *or* indemnification *or* indemnity *or* damages

entscheiden *[anordnen]* rule (v) *[give decision]*

entscheiden *[beschließen]* decide

entscheidender Faktor deciding factor

Entscheidung (f) *[Anordnung]* ruling (n)

Entscheidung (f) *[Beschluß]* decision

Entscheidungsfindung (f) decision making

Entscheidungsprozeß (m) decision-making process

Entscheidungsträger/-in decision maker

enschuldigen excuse (v)

enschuldigen: sich entschuldigen apologize (v)

Entschuldigung (f) excuse (n); apology

entsprechen meet *[be satisfactory]* *or* comply with

entsprechend relevant *or* in accordance with

entwerfen *[entwickeln]* design (v)

entwerfen *[konzipieren]* draft (v) *or* draw up

entwerten devalue *or* depreciate; withdraw *or* cancel

entwickeln develop

entwickelte Volkswirtschaft developed *or* mature economy

Entwicklung (f) development

Entwicklungsland (n) developing country

Entwurf (m) *[Konzept]* outline *or* draft (n) *or* rough plan

Entwurf (m) *[Design]* design (n)

Entwurf (m) *[Plan]* plan (n) *[drawing]*

entziehen take away *or* withdraw

entziehen: sich entziehen evade

Erdöl (n) oil *[petroleum]*

erdölexportierende Länder (npl) oil-exporting countries

erfahren experienced (adj)

erfahren experience (v)

Erfahrung (f) experience (n)

Erfolg (m) success

Erfolg haben succeed *[do well]*

erfolglos unsuccessful

erfolgreich successful

erfolgreicher Bieter *od* **Submittent** successful bidder

Erfolgs- und Leistungsnachweis (m) track record

erfordern require *or* need *or* entail

erfüllen fulfil *or* implement; fulfil *or* meet *or* satisfy

Erfüllung (f)) fulfilment *or* implementation

ergänzen amend; supplement (v)

Ergänzung (f) *[Abänderung]* amendment

Ergänzung (f) *[Zusatz]* supplement *or* addition

ergeben total (v) *or* add up to

ergeben: sich ergeben aus result from

Ergebnis (n) result

Erhalt (m) receipt *[receiving]*

erhalten *[bekommen]* obtain *or* receive *or* get *or* win *[contract]*

erhalten *[bewahren]* maintain *[keep at same level, keep going]*

erhältlich *[verfügbar]* available

erhältlich *[zu bekommen]* obtainable

Erhaltung (f) maintenance *[keeping things going]*

erheben file (v) *[charges]*

erheben *[einziehen]* levy (v) *or* charge (v) *or* impose a charge

erhöhen raise (v) *or* increase *or* mark up

Erhöhung (f) advance (n) *or* increase (n) *or* rise (n)

erholen: sich erholen pick up *or* rally (v) *or* recover

erinnern remind

erinnern: sich erinnern remember

Erinnerungsschreiben (n) follow-up letter *or* chaser

erklären *[erläutern]* explain *or* account for

erklären *[bekanntgeben]* declare

erklärt declared *or* acknowledged *or* professed

Erklärung (f) explanation

Erklärung (f) *[Deklaration]* declaration *or* return

Erklärung (f) *[Aussage]* statement

erkundigen: sich erkundigen inquire *or* query (v)

Erkundigungen (fpl) einziehen inquire

erlangen achieve *or* gain (v) *or* get

erlassen waive *[payment]*; release *[from debts]*

erlauben permit (v) *or* allow

Erlaubnis (f) *[Genehmigung]* permission

Erlaubnis (f) *[Bescheinigung]* permit (n)

erlaubter Handel lawful trade

erledigen deal with *or* carry out *or* take care of *or* settle

Erledigung (f) *[Handhabung]* handling

Erleichterung (f) facility *[ease]*

Erlöschen (n) expiry *or* expiration

erlöschen expire

ermächtigen authorize *or* empower

Ermächtigung (f) authority

ermäßigt cut-price (adj) *or* reduced

ermäßigter Tarif reduced rate

ermitteln investigate

Ermittlung (f) investigation

ernennen appoint

Ernennung (f) appointment *[to a job]*

Ernennungsschreiben (n) letter of appointment

erneuern renew

Erneuerung (f) renewal

erneut bewerben reapply

erneute Bewerbung reapplication

ernsthafte(r) Käufer/-in genuine purchaser

erobern capture

eröffnen open (v) *or* set up

Eröffnung (f) opening (n)

Eröffnungsbestand (m) opening stock

Eröffnungsbilanz (f) opening balance

Eröffnungsgebot (n) opening bid

Eröffnungskurs (m) *od* **Eröffnungsnotierung (f)** opening price

Erprobung (f) trial *or* test *[of product]*

erreichen reach *[arrive]*

Ersatz (m) replacement *[item, person]*

Ersatz (m) *[Geld]* reimbursement *or* compensation

Ersatzteil (n) spare part

erscheinen appear

erschließen develop *or* open up

ersetzen replace

Ersparnisse (fpl) savings

erstatten refund (v) *or* repay *or* reimburse

Erstattung (f) refund (n) *or* reimbursement *or* rebate

Erstattung (f) in voller Höhe full refund

Erstattung (f) von Auslagen reimbursement of expenses

erstattungsfähig recoverable *or* refundable

erste(r,s) first

erstes Quartal first quarter

erstklassig first-class *or* excellent *or* high-grade *or* choice *[foodstuffs]*

erstklassige Effekten (pl) blue-chip investments

erstklassige Qualität premium quality

ersuchen request (v)

erteilen give (out) *or* issue *or* place *[an order]*

Ertrag (m) yield (n) *[on investment]* *or* return (n) *or* proceeds

Ertrag (m) aus Kapitalanlage return on investment (ROI)

Ertragskonten (npl) revenue accounts

Ertragskraft (f) profitability *or* earning power

Ertragszentrum (n) profit centre

erwähnen refer *[to item]*

erwartet due *or* awaited *or* expected

erwartet *[geplant]* projected

erwarteter Umsatz (m) projected sales

erwartungsgemäß duly *or* as expected

Erwerb (m) acquisition

erwerben *[erlangen]* gain (v) *or* get *or* acquire *or* earn

erwerben *[kaufen]* purchase (v)

Erzeugnis (n) product

erzielen *[abwerfen]* make *or* fetch *or* net (v) *or* produce (v) *or* realize

erzielen *[erreichen]* achieve *or* attain *or* obtain

erzielen *[kommen zu]* reach *or* come to *or* arrive at

erzwingen enforce

Erzwingung (f) enforcement

erzwungen forced

Escudo (m) escudo *[Portuguese currency]*

eskalieren escalate

Etage (f) floor *[level]*

Etappe (f) stage

Etat (m) budget (n) *[government]*

Etikett (n) label (n)

etikettieren label (v)

Etikettierung (f) labelling

etwa approximately

EU (Europäische Union) (f) EU (= European Union)

Eurocheque (m) Eurocheque

Eurodollar (m) Eurodollar

Euromarkt (m) Euromarket

europäisch European

Europäische Investitionsbank European Investment Bank (EIB)

Europäische Union (EU) European Union (EU)

Europäisches Währungssystem (EWS) European Monetary System (EMS)

Euroscheck (m) Eurocheque

Eurowährung (f) Eurocurrency

EWS (Europäisches Währungssystem) (n) EMS (= European Monetary System)

exakt exact *or* accurate

Examen (n) examination *or* test

exekutiv executive (adj)

Exemplar (n) copy (n) *[book, newspaper]*

exklusiv exclusive *or* select *or* up-market

exklusive exclusive of

Exklusivrecht (n) exclusivity *or* exclusive rights

Exklusivvertrag (m) exclusive agreement

Expansion (f) expansion

Expedient/-in shipping clerk *or* dispatcher

Expedierung (f) forwarding *or* dispatch

Experte/Expertin expert

Experte/Expertin für Verkaufsförderung (f) merchandizer

Export (m) export (n)

Exportabteilung (f) export department

Exporteur (m) exporter *[person or firm]*

Exportfirma (f) exporter *[firm]*

Exporthandel (m) export trade

exportieren export (v)

Exportleiter/-in export manager

extern external *or* outside *or* out-house

externe(r) Revisor/-in external auditor

Extras (npl) (optional) extras

Ff

Fabrik (f) factory

Fabrikanlage (f) plant (n) *or* factory unit

Fabrikant (m) manufacturer

Fabrikationsnummer (f) serial number

Fabrikpreis (m) factory price

Facharbeiter/-in skilled worker *or* specialist *or* technician

Facharbeiter (mpl) skilled labour

Fachblatt (n) trade journal

fachgerecht professional (adj) *or* expert (adj)

Fachgeschäft (n) specialist shop

Fachhändler (m) stockist *or* specialist supplier

Fachmann (m) professional (n) *or* expert (n) *or* specialist (n)

Fachmann/Fachfrau des Rechnungswesens accountant

fachmännisch professional (adj) *or* expert (adj)

Fachwissen (n) expertise

Fachzeitschrift (f) trade magazine *or* trade journal

Factor (m) factor (n) *[person, company]*

Factoring (n) factoring

Factoring-Gebühren (fpl) factoring charges

Fähigkeit (f) *[Effizienz]* efficiency

Fähigkeit (f) *[Qualifikation]* eligibility *or* qualification

Fähigkeit (f) *[Tüchtigkeit]* ability *or* capability

Fähre (f) ferry

fahren drive (v) *[a car]*

fahren *[verkehren]* run (v) *[buses, trains]*

Fahrer/-in driver

Fahrkartenschalter (m) booking office *or* ticket counter

fahrlässig negligent

Fahrlässigkeit (f) negligence

Fahrplan (m) timetable (n) *[trains, etc.]*

Fahrpreis (m) fare

Fahrstuhl (m) lift (n)

Fahrt(en)schreiber (m) tachograph

Fahrzeug (n) vehicle

fair fair (adj) *[just]*

Faktor (m) factor (n) *[influence]*

fallen *[abnehmen]* decrease (v)

fallen *[an Wert verlieren]* depreciate *[lose value]*

fallen *[liegen]* fall (v) *[on a date]*

fallen *[sinken]* fall *or* lose *or* sink *or* slip

fallen *[zurückgehen]* fall off *or* drop (v)

fällig due *or* owing *or* payable

fällig sein *od* **werden** fall due; mature (v)

fällige Rechnungen (fpl) *od* **fällige Inkassowechsel (mpl)** bills for collection

fällige Schulden (fpl) debts due

fälliger Rechnungsbetrag balance due to us

Fälligkeitstermin (m) maturity date

falsch *[ungenau]* wrong *or* incorrect *or* false

falsch *[unrichtig]* false *or* untrue *or* ficitious

falsch berechnen *od* **falsch kalkulieren** miscalculate

fälschen falsify

fälschen *[imitieren]* fake (v)

fälschen *[nachmachen]* forge *or* counterfeit (v)

falsches Gewicht false weight

Fälschung (f) forgery *[copy]* *or* fake (n)

Fälschung (f) *[Verfälschung]* falsification *or* forgery *[action]*

Familienunternehmen (n) family company

fassen hold (v) *or* contain

Fassungsvermögen (n) capacity *[space]*

Fax (n) fax (n)

faxen fax (v)

Fazilität (f) facility

Feedback (n) feedback

Fehlbetrag (m) shortfall *or* deficit

fehlen an be short of

fehlende Geldmittel (pl) lack of funds

Fehler (m) error *or* mistake

Fehler (m) *[Defekt]* (mechanical) fault *or* imperfection

fehlerfrei accurate *or* faultless

fehlerhaft imperfect *or* defective *or* faulty

fehlerhaft *[ungenau]* incorrect

fehlerhafte Ausrüstung faulty equipment

Fehlerquote (f) error rate

Fehlerspielraum (m) margin of error

Fehlkalkulation (f) miscalculation

fehlschlagen fall through *or* fail *or* go wrong

Feierabend machen knock off *[stop work]*

feilschen haggle

fein *[dünn]* fine (adj) *[very small]*

fein *[gut]* fine (adj) *[very good]*

Feinabstimmung (f) fine tuning

Feldforschung (f) field work

Fernbedienung (f) remote control

Fernfahrer/-in trucker

Fernflug (m) long-haul flight

Fernschreiber (m) telex (n)

Fernsehüberwachungsanlage (f) closed circuit TV

Fernspediteur (m) road haulier

Fernsprechauftragsdienst (m) answering service

Fernsprechteilnehmer/-in telephone subscriber

fertig ready

fertig bearbeitet finished

fertig packen prepack *or* prepackage

fertig werden *[zurechtkommen]* cope

fertigen manufacture (v)

fertiggestellt finished

Fertigkeit (f) skill *or* proficiency

Fertigprodukte (npl) finished goods

fertigstellen complete (v)

Fertigstellung (f) completion

Fertigung (f) manufacture (n) *or* manufacturing

Fertigungsgemeinkosten (pl) indirect labour costs *or* manufacturing overheads

Fertigungskapazität (f) manufacturing capacity

Fertigungsstraße (f) production line *or* assembly line

Fertigwaren (fpl) finished goods *or* manufactured goods

fest *[gebunden]* fixed

fest *[stabil]* firm (adj)

festangestellt salaried

festangestelltes Personal regular staff

feste Einkünfte (pl) fixed income

feste Zinsen (pl) fixed interest

fester Wechselkurs fixed exchange rate

festes Einkommen (n) fixed income

Festgeld (n) fixed deposit

festgelegt set (adj) *or* fixed

festgesetzter Preis set price

festigen stabilize

Festigung (f) stabilization

festlegen *[festsetzen]* set (v) *or* fix *or* determine

festlegen *[Geld]* tie up *[capital]*

festlegen *[vertraglich vereinbaren]* stipulate

festmachen *[Geschäft]* wrap up *or* clinch *[deal]*

Festplatte (f) hard disk

Festpreis (m) firm price *or* fixed price

Festpreisvereinbarung (f) fixed-price agreement

festsetzen *[bestimmen]* determine *or* evaluate *or* assess

festsetzen *[festlegen]* set (v) *or* fix *or* peg (v)

Festsetzung (f) fixing; assessment *or* evaluation

festverzinsliche Anleihen (fpl) loan stock

festverzinsliche Kapitalanlagen (fpl) fixed-interest investments

Feuer (n) fire (n)

Feuerrisiko (n) fire risk

Feuerschaden (m) fire damage

Feuerversicherung (f) fire insurance

Filiale (f) *[Kettenladen]* multiple store

Filiale (f) *[Zweigstelle]* branch (office)

Filialgeschäft (n) chain store *or* multiple store; branch

Filialleiter/-in branch manager

Finanz- budgetary *or* financial *or* fiscal

Finanzen (pl) finances

finanziell financial(ly)

finanzielle Abfindung financial settlement

finanzielle Mittel (pl) financial resources

finanzielle Unterstützung (f) financial backing

finanzielles Risiko financial risk

finanzieren finance (v) *or* fund (v)

Finanzierung (f) financing *or* funding *or* finance

Finanzierungsgesellschaft (f) finance company

Finanzinstitut (n) financial institution

Finanzjahr (n) financial year

Finanzkrise (f) financial crisis

Finanzlage (f) financial position

Finanzministerium (n) finance ministry

Finanzmittel (pl) financial resources

Finanzplan (m) budget (n) *[personal, company]*

finanzpolitische Maßnahmen (fpl) fiscal measures

Firma (f) firm (n) *or* business *or* company

Firmenchef/-in head of the firm *or* business *or* company

Firmenimage (n) corporate image

Firmenmantel (m) shell company

Firmenname (m) corporate name

Fixkosten (pl) fixed costs

Fixpreis (m) set price

Fläche (f) area *[surface]*

flau slack *or* quiet *or* inactive

Flaute (f) depression *or* lull

flexibel flexible

Flexibilität (f) flexibility

flexible Preispolitik (f) flexible pricing policy

Fließband (n) assembly line *or* production line

Flip-Chart (f) flip chart

floaten float (v) *[a currency]*

florieren flourish *or* boom (v)

florierend flourishing *or* booming

florierender Handel flourishing trade

Flucht (f) flight *[of money]*

Flug (m) flight *[of plane]*

Flugabfertigung (f) check-in *[at airport]*

Fluggesellschaft (f) airline

Flughafen (m) airport

Flughafenbus (m) airport bus

Flughafengebühr (f) airport tax

Fluginformation (f) flight information

Flugpreis (m) air fare

Flugzeug (n) plane *or* aircraft

Fluktuation (f) turnover *[of staff]*

Fluktuation (f) *[Schwankung]* fluctuation

fluktuieren fluctuate

fluktuierend fluctuating

Fluß (m) flow (n)

Flußdiagramm (n) flow chart *or* flow diagram

flüssiges Vermögen liquid assets

flüssigmachen free (v) *or* realize *[assets, capital]*

Flut (f) flood (n)

folgen follow; succeed

Folgeprämie (f) renewal premium

Folgewirkung (f) knock-on effect

Fonds (m) fund (n)

Fonds (m) für außerordentliche Rückstellungen contingency fund

Fondsanteil (m) unit *[in unit trust]*

fordern demand (v) *or* ask; claim (v) *[insurance]*

fördern sponsor (v) *or* promote *or* encourage

Forderung (f) claim (n) *or* demand (n) *[for payment]*

Forderung (f) *[zu zahlender Betrag]* amount owing

Förderung (f) sponsorship *or* promotion *or* support

Forderungen (fpl) receivables

Forderungen (fpl) aufkaufen factor (v)

Formalität (f) formality

Formbrief (m) standard letter *or* form letter

Formular (n) form (n)

Formulierung (f) form of words *or* wording

forschen research (v)

Forscher/-in research worker *or* researcher

Forschung (f) research (n)

Forschung betreiben research (v)

Forschung und Entwicklung (F&E) (f) research and development (R & D)

Forschungsprogramm (n) research programme

fortfahren proceed *or* continue

Fortführung (f) continuation

Fortschritt (m) progress (n) *or* advance (n)

Fortschritte machen progress (v)

fortsetzen proceed *or* continue

Fortsetzung (f) continuation

Fotokopie (f) photocopy (n)

fotokopieren photocopy (v)

Fotokopieren (n) photocopying

Fotokopierer (m) photocopier

Fracht (f) freight *or* carriage (charges)

Fracht (f) *[Ladung]* cargo *or* freight

Fracht aufnehmen *od* **aufladen** take on freight

Fracht gegen Nachnahme freight forward *or* carriage forward

Fracht- und Löschungskosten (pl) landed costs

Frachtbrief (m) waybill *or* bill of lading *or* shipping note

Frachter (m) freighter *[ship]*

frachtfrei carriage free *or* carriage paid

Frachtkosten (pl) freightage *or* freight costs

Frachtschiff (n) cargo ship

Frachttarife (mpl) freight rates

Frage (f) question *or* query; matter (n) *[to be discussed]* *or* issue

fragen ask

fragen nach ask for *[something]*

Franc (m) franc

Franchise (n) franchise (n)

Franchise-Geber/-in franchiser

Franchise-Nehmer/-in franchisee

Franchising (n) franchising

Franken (m) Swiss franc

frankieren frank *or* stamp (v) *[letter]*

Frankiermaschine (f) franking machine

frei *[kostenlos]* free *[no cost]*

frei *[unabhängig]* free (adj) *[no restrictions]* *or* open

frei *[unbesetzt]* free (adj) *[not busy, not occupied]* *or* vacant

frei *[verfügbar]* off *[away from work]* *or* free *[available]*

frei: sich frei nehmen take time off (work)

frei an Bord (f.o.b.) free on board (f.o.b.)

frei Bahn free on rail

frei Haus carriage paid

frei konvertierbare Währung freely convertible currency

frei schwankende Wechselkurse (mpl) floating exchange rates

frei Waggon free on rail

Frei- free (adj) *[no payment]* *or* complimentary

freiberuflich self-employed *or* freelance (adj)

freiberufliche(r) Mitarbeiter/-in freelance(r)

freie Marktwirtschaft free market economy

freie Stelle vacancy *[for job]*

freier Markt open market

Freigabe (f) release (n)

freigeben *[entbinden]* release (v) *[free]*

freigeben *[liberalisieren]* deregulate *or* decontrol *or* float *[currency]*

Freihafen (m) free port *or* free zone

Freihandel (m) free trade

Freihandelszone (f) free trade area

Freikarte (f) complimentary ticket

freimachen *[frankieren]* frank (v) *or* stamp (v)

freistellen *[befreien]* exempt (v) *or* release (v)

freiwillig optional *or* voluntary

freiwillige Liquidation voluntary liquidation

freiwilliges Ausscheiden aus dem Betrieb voluntary redundancy

Freizeichen (n) ringing tone

Freizeichnungsklausel (f) exclusion clause

Freizeit (f) spare time

Fremdkapital (n) loan capital

Fremdwährung (f) foreign currency

frisieren fiddle (v)

Frist (f) *[Zeitpunkt]* time limit *or* deadline

Frist (f) *[Zeitraum]* notice *[time allowed] or* term *[of validity]*

früh early

früher earlier *or* former; prior

frühzeitiges Einlösen surrender (n) *[insurance policy]*

führen *[auf Lager haben]* carry *or* have in stock *or* stock (v)

führen *[handeln mit]* handle (v) *or* conduct *[negotiations]*

führen *[leiten]* direct (v) *or* manage *or* run

führen zu result in

Führung (f) management *or* leadership; direction *or* guidance

Führungsgruppe (f) management team

Führungskraft (f) executive (n)

Führungsmethoden (fpl) management techniques

Führungsnachwuchs (m) management trainee

Fuhrunternehmer (m) haulage contractor

Fundierung (f) funding *[of debt]*

fungieren act (v) *[work]*

Funktelefon (n) cellular telephone

funktionierend *[in Betrieb]* going *or* functioning *or* operating

Fusion (f) merger

fusionieren merge

Fußgängerzone (f) shopping precinct

Gg

Gabelstapler (m) fork-lift truck

Gang (m) operation *or* running

Gang: in Gang setzen initiate *or* set in motion

gängiger Satz going rate

ganz outright *or* total; fully *or* in full

ganztags full-time

Ganztagsbeschäftigung (f) full-time employment

Garant (m) surety (n) *[person] or* guarantor

Garantie (f) guarantee (n) *or* warranty (n)

Garantiebescheinigung (f) certificate of guarantee

garantieren guarantee (v) *or* warrant (v)

garantierter Mindestlohn guaranteed minimum wage

Garantieverletzung (f) breach of warranty

Gauner/-in racketeer *or* crook

Gebiet (n) *[Bezirk]* territory *[of salesman]*

Gebiet (n) *[Viertel]* area *[of town]*

Gebiet (n) *[Zone]* area *or* region

Gebietsleiter/-in area manager

Gebot (n) bid (n) *or* bidding

Gebrauch (m) use (n) *or* usage

Gebrauchsanweisung (f) directions for use

Gebrauchsartikel (m) commodity *or* article of daily use

gebraucht secondhand

Gebühr (f) *[Kosten]* fee *or* charge (n) *[money]*

Gebühr (f) *[Satz]* rate (n) *[price]*

Gebühr bezahlt postpaid

Gebühr bezahlt Empfänger charges forward

Gebühreneinzug per Lastschrift direct debit

gebührenfrei *[kostenlos]* free of charge

gebührenfrei *[Porto bezahlt]* postage paid

gebührenfreie Nummer freephone number *or* toll free number (US)

Gebührenordnung (f) scale of charges

gebührenpflichtige Verwarnung fine (n)

gebunden fixed *or* controlled; tied up *[capital]*

Gedeck (n) cover charge

geeignet suitable

Gefahr laufen run a risk

Gefälligkeitswechsel (m) accommodation bill

gefälscht counterfeit (adj) *or* forged *or* fake(d)

gefälschte Papiere (npl) faked documents

gegen bar kaufen buy for cash

gegen etwas protestieren protest (v) *[against something]*

Gegenbuchung (f) contra entry

Gegenforderung (f) counter-claim (n)

Gegengebot (n) counter-offer *or* counterbid

Gegenkonto (n) contra account

gegenläufige Fusion reverse takeover

Gegensatz (m) contrast (n)

gegenseitig reciprocal

Gegenseitigkeit (f) reciprocity

Gegenteil (n) contrary

gegenüberstellen set against

gegenwärtig current *or* present

Gegenwartswert (m) present value

gegenzeichnen countersign

Gehalt (m) *[Anteil]* content

Gehalt (n) *[Lohn]* salary *or* pay

Gehaltsaufbesserung (f) salary review

Gehaltserhöhung (f) (pay) rise *or* (salary) increase

Gehaltsscheck (m) salary cheque *or* pay cheque

Gehaltssteigerungstabelle (f) incremental scale

Gehaltsstreifen (m) pay slip

Gehaltszulage (f) zur Anpassung an gestiegene Lebenshaltungskosten cost-of-living increase

geheim secret (adj)

Geheimnis (n) secret (n)

gehen go *or* walk

gehen *[weggehen]* leave *or* go away

gehen *[sich belaufen auf]* run to *or* amount to

gehen von ... bis *[reichen]* range (v) from ... to

gehören belong to

gekauft bought

Gelände (n) site

Gelbe Seiten (pl) yellow pages

Geld (n) money

Geld anzahlen pay money down

Geld verdienen earn *or* make money

Geld verlieren *od* **einbüßen** lose money

Geldautomat (m) cash dispenser *or* automated teller machine (US)

Geldautomatenkarte (f) cash card

Geldbasis (f) monetary base

Gelder (pl) funds

Gelder flüssigmachen mobilize capital

Geldgeber/-in backer *or* sponsor (n)

Geldkurse (mpl) money rates

Geldmärkte (mpl) money markets

Geldmenge (f) money supply

Geldmittel für ein Projekt bereitstellen *od* **einsetzen** earmark funds for a project *or* commit funds to a project

Geldsendung (f) remittance

Geldstrafe (f) fine (n)

Geldstück (n) coin

Geldüberweisung (f) transfer of funds *or* credit transfer

Geldverleiher (m) moneylender

Geldwechsler (m) money changer

Geldwechsler (m) *[Wechselautomat]* change machine

gelegen situated *or* located

Gelegenheit (f) opportunity

Gelegenheitsarbeit (f) casual work

Gelegenheitsarbeiter/-in casual worker

Gelegenheitskauf (m) bargain (n) *[cheaper than usual]*

gelenkt planned *or* managed

gelenkte Wirtschaft controlled economy

gelingen succeed *[do as planned]*

gelten *[betreffen]* apply to *or* affect

gelten *[gültig sein]* be valid *or* be in force] *or* rule *or* operate

geltend ruling (adj) *or* in force

gemäß under *or* according to

gemäß dem Muster as per sample

gemäßigt moderate (adj)

Gemeinde (f) community

Gemeindeverwaltung (f) local government

Gemeineigentum (n) common property

Gemeinkosten (pl) overhead costs *or* expenses *or* overheads

Gemeinkostenbudget (n) *od* **Gemeinkostenplan (m)** overhead budget

gemeinnützig non profit-making

gemeinsam joint *or* collective *or* common

gemeinsam besitzen share (v) *[use with someone]*

gemeinsame Beratung joint discussions

gemeinsame Leitung joint management

Gemeinsamer Markt Common Market

gemeinsames Eigentum joint ownership

gemeinsames Konto joint account

Gemeinschaft (f) community

Gemeinschaftseigentum (n) multiple ownership

Gemeinschaftskonto (n) joint account

Gemeinschaftsunternehmen (n) joint venture

gemischt mixed *[different sorts]*

genau exact *or* accurate

genaue Angabe specification

genehmigen *[bestätigen]* ratify

genehmigen *[erlauben]* permit (v) *or* approve *or* authorize *or* license

Genehmigung (f) *[Bestätigung]* ratification

Genehmigung (f) *[Bevollmächtigung]* authorization *or* approval

Genehmigung (f) *[Erlaubnis]* permit (n) *or* permission

Genehmigung (f) *[Konzession]* licence

Generaldirektor/-in chief executive

Generalstreik (m) general strike

generell *[allgemein]* general *or* across-the-board

Genossenschaft (f) cooperative society *or* cooperative (n)

genügend sufficient

geöffnet open (adj) *[not closed]*

Gepäck (n) luggage

Gepäckaufbewahrung (f) left luggage office

geplant planned *or* projected

geprüfte(r) Buchhalter/-in certified accountant

Gerät (n) *[Vorrichtung]* device

Gerät (n) *[Werkzeug]* implement (n) *or* machine

gerecht fair (adj) *or* just

geregeltes Einkommen regular income

Gericht (n) (law) courts

gerichtlich (gegen jdn) vorgehen take legal action

gerichtliche Verfahren (npl) judicial processes

gerichtliche Verfügung writ

Gerichtsurteil (n) judgement *or* judgment

Gerichtsverfahren (n) legal proceedings *or* court case

Gerichtsverhandlung (f) trial *or* court case

gering low (adj) *or* modest *or* small

geringer Absatz low sales

geringfügig negligible *or* slight

geringfügige Ausgaben (fpl) petty expenses

gesamt overall *or* total *or* aggregate

Gesamtausgaben (fpl) total expenditure

Gesamtbetrag (m) total amount

Gesamteinkommen (n) total income

Gesamteinnahmen (fpl) total revenue

Gesamtkosten (pl) total cost

Gesamtplan (m) overall plan

Gesamtpreis (m) all-in price

Gesamtproduktion (f) total output

Gesamtsumme (f) grand total

Gesamtvereinbarung (f) package deal *or* blanket agreement

Gesamtvermögen (n) total assets

Gesamtzuladungsgewicht (n) deadweight tonnage

Geschäft (n) *[Betrieb]* business *or* establishment

Geschäft (n) *[Gewerbe]* business *[commerce]*

Geschäft (n) *[Handel]* bargain (n) *or* transaction *or* deal (n)

Geschäft (n) *[Laden]* shop *or* outlet

Geschäfte tätigen transact business

geschäftlich (on) business

geschäftlich tätig sein carry on a business

Geschäftsabschluß (m) mit harten Bedingungen hard bargain

Geschäftsadresse (f) business address

Geschäftsbank (f) commercial bank

Geschäftsbereich (m) sphere of operations

Geschäftsbereich (m) *[Sparte]* division *[part of a group]*

Geschäftsbesuch (m) business call

Geschäftsbrief (m) business letter

Geschäftsessen (n) business lunch

Geschäftsfrau (f) businesswoman

geschäftsführende(r) Direktor/-in general manager; managing director

geschäftsführende(r) Mitdirektor/-in joint managing director

Geschäftsführer/-in *[GmbH]* managing director (MD)

Geschäftsführer/-in *[Laden]* manager *[of branch or shop]*

Geschäftsführer/-in *[Schriftführer/-in]* secretary *[company official]*

Geschäftsgewinn (m) trading profit

Geschäftsinhaber/-in shopkeeper

Geschäftsjahr (n) financial year

Geschäftsmann (m) businessman

Geschäftsräume (mpl) business premises

Geschäftsreise (f) business trip

Geschäftsschluß (m) closing time

Geschäftsstelle (f) office *or* branch

Geschäftsstrategie (f) business strategy

Geschäftsstunden (pl) business hours

Geschäftsviertel (n) business centre *or* business district

Geschäftszeichen (n) reference

Geschäftszeit (f) business hours *or* opening hours

geschätzt estimated

geschätzter Absatz estimated sales

Geschenk (n) gift *or* present (n)

Geschenkboutique (f) gift shop

Geschenkgutschein (m) gift voucher *or* gift token *or* gift coupon

geschlossen closed *or* shut (adj)

geschlossener Markt closed market

Gesellschaft (f) society *[general]*

Gesellschaft (f) *[Verband]* association *or* institution *or* society *[club]*

Gesellschaft (f) mit beschränkter Haftung (GmbH) limited (liability) company (Ltd) *or* private limited company

Gesellschafter/-in associate (n) *or* partner

gesellschaftlich social

Gesellschaftsgründung (f) (an der Börse) flotation *or* float (n) *[of company]*

Gesellschaftsgründung (f) *[amtliche Eintragung]* incorporation

Gesellschaftsvertrag (m) deed of partnership

Gesellschaftsvertrag (m) *[Satzung]* articles of association

Gesetz (n) law *or* statute *or* act (GB)

Gesetz (n) vom abnehmenden Ertragszuwachs law of diminishing returns

Gesetz (n) von Angebot und Nachfrage law of supply and demand

Gesetzesvorlage (f) *od* **Gesetzentwurf (m)** bill (n) *[in Parliament]*

Gesetzgebung (f) legislation

gesetzlich statutory *or* legal

gesetzliche Währung legal currency

gesetzlicher Feiertag bank holiday *or* statutory holiday

gesetzlicher Kündigungsschutz security of tenure

gesetzliches Zahlungsmittel legal tender

Gesetzmäßigkeit (f) law *[rule]*; legality *or* legitimacy

gesicherte Verbindlichkeiten (fpl) secured debts

gesichertes Darlehen secured loan

gesondert separate (adj)

gesperrte Kredite (mpl) frozen credits

gesperrtes Konto frozen account

Gespräch (n) *[Unterhaltung]* conversation *or* discussion

Gespräch (n) *[Anruf]* (phone) call

Gesprächsleiter/-in interviewer

gestaffelt graduated

gestaffelte Anzeigensätze (mpl) graded advertising rates

gestaffelte Einkommenssteuer graduated income tax

gestaffelte Steuer graded tax

gestatten allow *or* permit (v)

Gestehungskosten (pl) prime cost

gestoppt stopped *or* frozen

Gesuch (m) request (n) *or* application *or* petition

gesunder Gewinn healthy profit

Gesundheit (f) health

Getreidespeicher (m) silo *or* (grain) elevator

getrennt separate (adj)

gewagt risky

gewähren allow *or* give *or* grant (v)

Gewerbeaufsichtsbeamte(r)/-beamtin factory inspector

Gewerbegebiet (n) commercial district; industrial *or* trading estate

gewerbliche Räumlichkeiten (fpl) business premises

gewerbliches Unternehmen commercial undertaking

Gewerkschaft (f) (trade) union

Gewerkschaft(l)er/-in trade unionist

Gewicht (n) weight

Gewinn (m) profit *or* gain *or* return

Gewinn (m) nach Steuern after-tax profit *or* profit after tax

Gewinn (m) vor Steuern pretax profit *or* profit before tax

Gewinnaufschlag (m) mark-up *[profit margin]*

Gewinnbeteiligung (f) profit-sharing

gewinnbringend profitable *or* profit-making

gewinnbringender Plan money-making plan

gewinnen *[anziehen]* attract

gewinnen *[erwerben]* gain *[custom]*

gewinnen *[siegen]* win *[contest]*

Gewinnrendite (f) earnings per share *or* earnings yield

Gewinnspanne (f) profit margin

Gewinn- und Verlustrechnung (f) profit and loss account

gewogener Index weighted index

gewogener Mittelwert weighted average

gewöhnlich ordinary *or* usual

girieren endorse *[cheque]*

Girokonto (n) current account *or* giro account

Girokontonummer (f) giro account number

Giroverkehr (m) giro system

Gitterstruktur (f) grid structure

Glauben (m) belief *or* faith *or* trust

Glauben: in guten Glauben bona fide *or* in good faith

Gläubiger/-in creditor

Gläubiger (m) ohne Sicherheiten unsecured creditor

gleich equal (adj) *or* same *or* similar

gleich *[umgehend]* immediately

gleichbleibend constant *or* stable

gleichen equal (v)

gleichkommen equal (v) *or* be equivalent to

gleichlautende Kopie true copy

Gleichstellung (f) parity

Gleis (n) (railway) platform

GmbH (f) (Gesellschaft mit beschränkter Haftung) Ltd (= limited company)

goldene Kreditkarte gold card

Goodwill (m) goodwill

Gramm (n) gram *or* gramme

graphische Darstellung (f) diagram

gratis gratis *or* free (adv)

Gratisprobe (f) free sample

greifbar *[erreichbar]* handy *or* available

greifbar *[Geld, Ware]* available *or* in stock

greifbar *[konkret]* tangible

Grenze (f) border *or* limit (n)

Grenzkosten (pl) incremental cost *or* marginal cost

Grenzkostenkalkulation (f) marginal pricing

grob *[schlimm]* big *or* gross *or* serious *[mistake]*

grob *[ungefähr]* rough

grobe Kalkulation rough calculation

grobe Schätzung rough estimate

Gros (n) gross (n) (= 144)

Größe (f) size

große Nachfrage (f) keen demand

große Havarie general average

Großeinkauf (m) bulk buying

Größendegression (f) *od* **Größenvorteile (mpl)** economies of scale

Großhandels- wholesale (adj, adv)

Großhandelspreis (m) trade price

Großhandelspreisindex (m) wholesale price index

Großhandelsrabatt (m) wholesale discount

Großhändler/-in wholesaler *or* wholesale dealer

Großraumbüro (n) open-plan office

Grundbesitz (m) property *or* real estate

gründen form (v) *or* establish *or* set up

gründen *[basieren]* base (v) *[start to calculate from]*

Grundfläche (f) floor space

Grundfreibeträge (mpl) personal allowances

Grundgebühr (f) basic charge *or* standing charge

Grundlage (f) basis *or* base

grundlegend fundamental *or* basic *or* primary

Grundrabatt (m) basic discount

Grundriß (m) floor plan

Grundstoffindustrie (f) primary industry

Grundstück (n) plot *or* property

Gründung (f) *[Inbetriebnahme]* start-up

Gründung (f) einer Gesellschaft durch Aktienemission an der Börse floating of a company

Gründungskapital (n) initial capital *or* start-up capital

Gruppe (f) group *[of people]*

Gruppe (f) *[Klasse]* category *or* class *or* bracket

Gruppenbuchung (f) block booking

gruppieren *[anordnen]* group (v) *or* arrange *or* set out *[in groups]*

Gulden (m) guilder *[Dutch currency]*

gültig valid

gültig sein rule (v) *or* be in force

Gültigkeit (f) validity

Gültigkeitsdauer (f) period of validity

günstig *[geeignet; praktisch]* convenient

günstig *[vorteilhaft]* favourable

günstige Bedingungen (fpl) easy terms

günstige Preise (mpl) keen prices

günstiges Angebot bargain offer

gut good (adj); well (adv)

Gutachten (n) survey (n) *or* expert's report

Gutachter/-in surveyor; expert *or* consultant

gutbezahlte Arbeit well-paid job

Güteklasse (f) class

Güter in einem Hafen löschen land goods at a port

Güterbahnhof (m) freight depot

Güterverkehr (m) freight *or* goods traffic

Güterwagen (m) railway goods wagon

Güterzug (m) freight train *or* goods train

Gütezeichen (n) quality label *or* hallmark *or* kite mark (GB)

gutgehend flourishing *or* prosperous

Guthaben (n) credit *or* credit balance

Gutschein (m) voucher *or* coupon

gutschreiben credit (v)

Gutschrift (f) credit entry *or* credit item

Gutschriftanzeige (f) credit note

Hh

Habenbuchung (f) credit entry

Habensaldo (m) credit balance

Habenseite (f) credit side

Habenspalte (f) credit column

Hafen (m) harbour *or* port

Hafenanlagen (pl) harbour facilities

Hafenbehörde (f) port authority

Hafengebühren (fpl) port charges *or* port dues *or* harbour dues

haften für *od* **haftbar sein für** liable for

Haftpflichtversicherung (f) third-party insurance

Haftung (f) liability

Haftung (f) übernehmen für underwrite *or* accept liability for

Haftungsablehnungserklärung (f) disclaimer

halb half (adj)

Halberzeugnisse (npl) semi-finished products

Halbfabrikate (npl) work in progress; semi-finished products

Halbjahr (n) half-year

Halbjahresbericht (m) half-yearly statement

Halbjahresbericht (m) *[Zwischenbericht]* interim report

halbjährliche Abrechnung half-yearly accounts

halbjährliche Zahlung half-yearly payment

Halbtags- part-time

Hälfte (f) half (n)

Halt (m) stop (n)

Haltbarkeitsdatum (n) sell-by date

halten hold (v) *[keep]*

halten *[erhalten]* maintain *[keep at same level]*

halten für *[beurteilen]* judge (v)

Halter (m) *[Halterung]* holder *[thing]*

Halter (m) *[Inhaber]* holder *or* user

hamstern hoard (v)

Handbuch (n) manual (n) *or* handbook

Handel (m) *[Geschäft]* bargain (n) *or* deal *or* transaction

Handel (m) *[Handelsverkehr]* commerce *or* trade (n) *or* trading

Handel treiben *[handeln]* deal in (v) *or* trade (v)

Handeln (n) *[Aushandeln]* bargaining

handeln deal in (v) *or* trade (v)

handeln *[agieren]* act (v) *[do something]*

handeln *[feilschen]* bargain *or* haggle

handeln mit *[führen]* handle (v) *[sell]*

Handelsabkommen (n) trade agreement

Handelsattaché (m) commercial attaché

Handelsbilanz (f) balance of trade

Handelsdelegation (f) trade mission

Handelsgesellschaft (f) trading company

Handelskammer (f) Chamber of Commerce

Handelsmarine (f) merchant navy

Handelsmarke (f) trademark

Handelsmesse (f) trade fair

Handelsname (m) trade name

Handelspartner (m) trading partner

Handelsrecht (n) commercial law

Handelsregister (n) companies' register

Handelsschiff (n) merchant ship *or* merchant vessel

Handelsschule (f) commercial college

Handelssperre (f) embargo (n)

handelsüblich standard (adj) *or* usual (in the trade)

Handelsverkehr (m) commerce *or* trade

Handelsvertreter/-in sales representative *or* commercial traveller

Handelsvertreterstab (m) sales force

Handelsvolumen (n) volume of trade *or* volume of business

Handelsware (f) commodity *or* merchandise (n)

handgemacht handmade

Handgepäck (n) hand luggage

handgeschrieben handwritten

handhaben handle (v) *or* deal with

Handhabung (f) handling

Händler/-in dealer *or* merchant *or* trader; broker

Händlerrabatt (m) trade discount *or* trade terms

handlich handy

Handlung (f) action *[thing done]*

Handlungsvollmacht (f) power of attorney

Handschrift (f) handwriting

Harmonisierung (f) harmonization

harte Konkurrenz (f) keen competition

harte Verhandlungen (fpl) hard bargaining

harte Währung hard currency

härter durchgreifen bei tighten up on

Hast (f) rush (n) *or* haste

häufig frequent *or* common

Haupt- main

Haupt- *[bedeutend]* major

Haupt- *[erste(r,s)]* chief (adj)

Haupt- *[hauptsächlich]* basic (adj)

Haupt- *[wesentlich]* prime

Haupt- *[wichtigste(r,s)]* principal (adj)

Hauptaktionär/-in major shareholder

Hauptbuch (n) (nominal) ledger

Hauptbüro (n) general office *or* main office

Hauptgebäude (n) main building

Hauptgeschäftsstelle (f) main office *or* head office *or* headquarters

Haupthandelsware (f) staple product

Hauptindustriezweig (m) staple industry

Hauptpost (f) main *or* general post office

Hauptpunkte (mpl) eines Vertrags heads of agreement

hauptsächlich basic (adj) *or* essential

Hauptsitz (m) headquarters (HQ)

Hauptverkehrszeit (f) rush hour *or* peak period

Hauptversammlung (f) general meeting

Haus (n) house *[company]*; house *or* home

Haushaltskonto (n) budget account *[in bank]*

Haushaltskontrolle (f) budgetary control

Haushaltspolitik (f) budgetary policy

Hausierer (m) door-to-door salesman

Haussemarkt (m) bull market

Haussier (m) bull *[stock exchange]*

Haustelefon (n) internal telephone

Haustürverkauf (m) door-to-door selling

Haus- und Hausratversicherung (f) house insurance

Havarie (f) *[Schaden]* average (n) *[insurance]*

Havarie (f) *[Schiff, Flugzeug]* (air, marine) accident

Hedgegeschäft (n) *od* **Hedging (n)** hedging

Hefter (m) *[Büromaschine]* stapler

Hefter (m) *[Ordner]* binder *or* file

Heftklammer (f) staple (n)

Heimarbeiter/-in homeworker *or* outworker

Heimathafen (m) port of registry *or* home port

Hektar (m) hectare

helfen help *or* assist

Hemmnis (n) check (n) *or* bar (n)

herabgesetzt cut-price (adj)

herabgesetzte Waren (fpl) cut-price goods

herabsetzen reduce *or* mark down *or* scale down

heraufsetzen mark up *or* put up *or* raise (v)

herausbringen bring out *or* release (v) *[put on the market]*

herausschneiden excise (v) *or* cut out

hereinbekommen recover *or* recoup *[losses]*

Herkunft (f) origin

Herkunftsbescheinigung (f) certificate of origin

Herr (m) am Empfang receptionist *or* reception clerk

herrschend ruling (adj)

herstellen produce (v) *or* make *or* manufacture

Hersteller (m) producer *or* manufacturer

Herstellung (f) making *or* manufacturing *or* manufacture (n)

Herstellungskosten (pl) manufacturing costs *or* prime cost

Herstellungsprozeß (m) manufacturing process

herunterhandeln knock down (v) *[price]*

hervorragend excellent

hetzen rush (v) *or* hurry

Hilfe (f) help *or* assistance

hinausgehen über exceed

Hinterlegungsstelle (f) depository

Hintermann (m) (financial) backer

hinzufügen add

historische Zahlen (fpl) historical figures

hoch motiviertes Verkaufspersonal highly motivated sales staff

hochbezahlt highly-paid

Hochkonjunktur (f) boom (n)

hochmodern state-of-the-art *or* ultra-modern

hochqualifiziert highly qualified

Hochschulabsolvent in der Berufsausbildung graduate trainee

Höchstbietende(r) highest bidder

Höchstgebot (n) highest *or* closing bid

Höchstgewicht (n) maximum weight *or* weight limit

Höchstgrenze (f) ceiling *or* upper limit

Höchstpreis (m) maximum price *or* ceiling price

Höchstproduktion (f) peak output

Höchststand (m) peak (n)

hochwertig high-quality

hochwertige Waren (fpl) high-quality goods

hohe Besteuerung high taxation

hohe Kosten (pl) *od* **hohe Ausgaben (fpl)** heavy costs *or* heavy expenditure

hohe Miete high rent

hohe Zinsen (pl) high interest

Höhepunkt (m) peak (n) *or* high (point)

höhere Führungskraft senior manager *or* senior executive

höhere Gewalt act of God *or* force majeure

Holdinggesellschaft (f) holding company *or* proprietary company (US)

Honorar (n) fee (for services) *or* honorarium; royalty

horizontale Integration horizontal integration

horizontale Kommunikation horizontal communication

Horten (n) von Vorräten hoarding of supplies

horten hoard (v)

Hotel (n) hotel

Hoteldirektor/-in hotel manager

Hotelpersonal (n) hotel staff

Hotelrechnung (f) hotel bill

Hotelunterbringung (f) hotel accommodation

Hülle (f) cover (n) *or* sleeve *or* case

Hypothek (f) mortgage (n)

hypothekarisch belasten mortgage (v)

Hypothekengläubiger (m) mortgagee

Hypothekenschuldner (m) mortgager *or* mortgagor

Hypothekenzahlungen (fpl) mortgage payments

Ii

IAO (Internationale Arbeitsorganisation) (f) ILO (= International Labour Organization)

illegal illegal(ly)

Illegalität (f) illegality

im Ausland abroad

im Bau (befindlich) under construction

im Durchschnitt on an average

im Einzelhandel kosten retail (v) *[sell for a price]*

im Jahr per annum

im Nachtrag further to

im Namen von on behalf of

im voraus bezahlen pay in advance *or* prepay

im voraus zahlbar payable in advance

im Wachsen begriffen sein on the increase

Image (n) (public) image

Imitation (f) imitation *or* fake (n)

imitieren imitate *or* fake (v)

immateriell intangible

immaterielle Vermögenswerte (mpl) intangible assets

Immobilien (pl) property *or* real estate

Immobilienbesitz verwalten manage property

Import (m) import (n) *or* importation *or* importing (n)

Import/Export- import-export (adj)

Importabgabe (f) import surcharge

Importeur (m) importer *[person, firm]*

Importfirma (f) importer *[firm]*

Importgenehmigung (f) import permit

importieren import (v)

Importlizenz (f) import licence

Importquote (f) import quota

Impuls (m) impulse

Impulskauf (m) impulse purchase

Index (m) index (n)

Index (m) der Einzelhandelspreise retail price index

Indexbindung (f) indexation

indexgebunden index-linked

indexieren index (v)

Indexierung (f) indexation

Indexzahl (f) *od* **Indexziffer (f)** index number

Indikator (m) indicator

indirekt indirect

indirekte Besteuerung indirect taxation

indirekte Steuer indirect tax

Indossant (m) endorser

Indossatar (m) endorsee

Indossierung (f) *od* **Indossament (n)** endorsement *[action]*

industrialisieren industrialize

Industrialisierung (f) industrialization

Industrie (f) industry

Industriedesign (n) industrial design

Industriegebiet (n) *od* **Industriegelände (n)** industrial estate *or* trading estate

Industriegesellschaften (fpl) industrialized societies

Industriegüter (npl) manufactured goods

industriell industrial

industrielle Expansion industrial expansion

industrielle Kapazität industrial capacity

Industrielle(r) industrialist

Industriezentrum (n) industrial centre

ineffizient inefficient

Ineffizienz (f) inefficiency

Inflation (f) inflation

inflationär inflationary

inflationäre Preise (mpl) inflated prices

Inflationsrate (f) rate of inflation

Inflationswährung (f) inflated currency

Information (f) information; information bureau

informieren inform *or* advise *or* brief (v)

Infrastruktur (f) infrastructure

Inhaber/-in *[Besitzer/-in]* proprietor/proprietress

Inhaber/-in *[Überbringer/-in]* bearer *or* holder

Inhaberscheck (m) cheque to bearer *or* negotiable cheque

Inhaberschuldverschreibung (f) bearer bond

Inhalt (m) contents

Inhaltsverzeichnis (n) *[Buch]* (table of) contents

Inhaltsverzeichnis (n) *[Warenbegleitschein]* docket *or* list of contents

Initiative (f) initiative

Inkassobeauftragte(r) (debt) collector

Inkassobüro (n) debt collection agency

inklusive inclusive

inklusive Steuer inclusive of tax

Inklusivpreis (m) inclusive charge *or* all-in price

inkompetent incompetent

Inkompetenz (f) incompetence

Inlandsabsatz (m) domestic sales *or* home sales

Inlandsmarkt (m) domestic market *or* home market

Inlandsproduktion (f) domestic production

Inlandsverbrauch (m) home consumption *or* domestic consumption

Innenrevision (f) internal audit

Innenrevisor/-in internal auditor

Innenstadt (f) town centre *or* city centre

innerbetrieblich in-house *or* internal *[inside a company]*

innerbetriebliche Ausbildung in-house training

innerbetriebliches Transport- und Lagerwesen materials handling

Innovation (f) innovation

innovativ innovative

Innung (f) guild

inoffiziell unofficial *or* off the record

Inserent (m) advertiser

inserieren advertise

Insider (m) insider

Insiderhandel (m) insider dealing

insolvent insolvent

Insolvenz (f) insolvency

Instandhaltung (f) maintenance *[in working order]*

instandsetzen repair (v)

Instandsetzung (f) repair (n)

Institut (n) institute (n) *or* institution

institutionell institutional

institutionelle Anleger (mpl) institutional investors

instruieren instruct *or* brief (v)

Instruktion (f) instruction

Instrument (n) instrument *[device]*

Interesse hervorrufen interest (v)

Interessenkonflikt (m) conflict of interest

Interessenten (mpl) potential customers

interessieren interest (v)

Interface (n) interface (n)

Interimszahlung (f) interim payment

intern internal *[inside a company]*

international international

Internationale Arbeitsorganisation (IAO) International Labour Organization (ILO)

internationaler Handel international trade

internationaler Selbstwählferndienst international direct dialling

Internationaler Währungsfonds (IWF) (m) International Monetary Fund (IMF)

internationales Recht international law

interne Revision internal audit

interne(r) Revisor/-in internal auditor

Interventionspreis (m) intervention price

Interview (n) interview (n)

interviewen interview (v)

Interviewer/-in interviewer

Inventar (n) *[Bestand]* stock *or* inventory (US)

Inventar (n) *[Verzeichnis]* inventory *or* stocklist

inventarisieren inventory (v)

Inventarliste (f) *od* **Inventarverzeichnis (n)** inventory (n) *[list of contents]*

Inventur (f) stocktaking

Inventur (f) machen take stock

Inventurausverkauf (m) stocktaking sale

investieren *[Geld anlegen]* invest *[money]*

investieren *[ausgeben]* spend *[money]* on

Investition (f) investment

Investitionsausgabe (f) capital expenditure

Investitionsgüter (npl) capital goods *or* capital equipment

Investor (m) investor

Inzahlungnahme (f) part exchange *or* trade-in

Irrtümer und Auslassungen vorbehalten (I.u.A.v.) errors and omissions excepted (e. & o.e.)

Ist-Kosten (pl) plus prozentualer Gewinnaufschlag cost plus

Ist-Zahlen (fpl) actuals

IWF (Internationaler Währungsfonds) (m) IMF (= International Monetary Fund)

Jj

jagen chase *[follow]*

Jahr (n) year

Jahr: im Jahr per annum

Jahresabschluß (m) annual accounts

Jahresbericht (m) annual report

Jahresende (n) year end

Jahresergebnis (n) annual results

Jahreszeit (f) season *[time of year]*

jahreszeitlich bedingt seasonal

jährlich annual(ly)

jährliche Zahlung yearly payment

je nach depending on

Job (m) job *[employment]*

Joint-venture (n) joint venture

Journal (n) journal *or* accounts book *or* daybook

junior junior (adj)

Juniorpartner/-in junior partner

juristisch legal *[referring to law]*

Kk

Kai (m) quay *or* wharf

Kalenderjahr (n) calendar year

Kalendermonat (m) calendar month

Kalkulation (f) calculation

kalkulieren calculate

Kaltlagerung (f) cold storage

Kampagne (f) campaign

Kanal (m) channel (n); canal

Kandidat/-in *[Bewerber/-in]* candidate *or* applicant

Kandidat/-in *[Nominierte(r)]* nominee

Kapazität (f) *[Fassungsvermögen]* capacity *[space]*

Kapazität (f) *[Ertragskraft]* (production) capacity

Kapazitätsauslastung (f) capacity utilization

Kapital (n) capital

Kapital festlegen *od* **binden** lock up capital

Kapital schlagen aus capitalize on

Kapitalanlage (f) investment

Kapitalanleger/-in investor

Kapitaleinbringung (f) *od* **Kapitaleinlage (f)** contribution of capital

Kapitalertrag (m) yield on capital *or* investment income

Kapitalflucht (f) flight of capital

Kapitalgesellschaft (f) corporation

kapitalintensive Industrie capital-intensive industry

kapitalisieren capitalize

Kapitalisierung (f) capitalization

Kapitalisierung (f) von Rücklagen capitalization of reserves

Kapitalkonto (n) capital account

Kapitalsumme (f) principal (n) *[money]*

Kapitalverkehr (m) movements of capital

Kapitalverlust (m) capital loss

kaputtgehen break down (v) *[machine]*

Karte (f) card *or* postcard; ticket

Kartei (f) card-index (file)

Karteikarte (f) filing card *or* index card

Karteikarten (fpl) anlegen card-index (v)

Kartell (n) cartel

Kartentelefon (n) card phone

Kartenverkäufer /-in booking clerk

Karton (m) carton *[material, box]*; card(board)

Kassageschäft (n) cash transaction *or* cash sale

Kassageschäft (n) *[Börse]* spot transaction *[stock exchange]*

Kassakauf (m) spot purchase

Kassakonto (n) cash account

Kasse (f) cash desk *or* pay desk *or* (supermarket) checkout

Kasse (f) cash register *or* cash till

Kasse (f) *[Theater]* ticket office *or* box office

Kasse: kleine Kasse cash *or* balance in hand; petty cash

Kassenbestand (m) cash balance

Kassenbon (m) sales slip

Kassenbuch (n) cash book

kassieren collect *or* take in *[money]*

Kassierer/-in cashier *or* teller

Katalog (m) catalogue

Katalogpreis (m) catalogue price

Kategorie (f) category *or* class

Kauf (m) purchase (n)

Kauf (m) mit Rückgaberecht sale or return

Kaufauftrag (m) purchase order

Kaufen (n) buying

kaufen buy (v) *or* purchase (v)

Käufer/-in buyer *or* purchaser; shopper

Käufermarkt (m) buyer's market

Kaufhaus (n) department store

Kaufkraft (f) purchasing power *or* spending power

kaufmännischer Lehrgang commercial course

Kaufoption (f) option to purchase

Kaufpreis (m) purchase price

Kaufvertrag (m) bill of sale *or* sale contract

Kaution (f) *[jur.]* bail

Kaution (f) *[Miete]* deposit *[rent]*

Kaution (f) *[Sicherheitsleistung]* surety (n) *or* security

keinerlei Erträge (mpl) nil return

Kenntnis (f) knowledge

Kenntnis: in Kenntnis setzen advise *or* inform *or* notify

Kenntnisse (pl) skills *or* knowledge

Kette (f) chain *[of stores]*

Kettenladen (m) chain store *or* multiple store

Kilo (n) *od* **Kilogramm (n)** kilo *or* kilogram

Kiste (f) (packing) case *or* crate *or* box

Klage (f) *[Beschwerde]* complaint

Klage (f) *[Prozeß]* action *or* lawsuit

klagen complain; sue *or* take legal action

Kläger/-in plaintiff *or* claimant

klar clear (adj) *[easy to understand]*

Klasse (f) class

Klasse (f) *[Kategorie]* (tax) bracket (n) *or* grade

klassifizieren classify

Klassifizierung (f) classification

Klausel (f) *[Absatz]* clause *or* article

Klausel (f) *[Bestimmung]* provision *or* stipulation

Kleinaktionäre (mpl) minor shareholders

Kleinanzeigen (fpl) classified advertisements *or* small ads

Kleinbetrieb (m) small-scale enterprise

Kleinbetriebe (mpl) small businesses

Kleingeld (n) small change

Kleintransporter (m) van

Kleinunternehmer (m) small businessman

klettern climb

Klientel (f) clientele *or* customers

knapp an short of

knappes Geld tight money

Kode (m) code

Kodierung (f) coding

Koffer (m) case (n) *or* suitcase

Kohlepapier (n) carbon paper

Komma (n) decimal point

Kommanditgesellschaft (f) limited partnership

kommerzialisieren commercialize

Kommerzialisierung (f) commercialization

kommerziell commercial (adj)

kommerzieller Mißerfolg *od* **kommerzielle Pleite** commercial failure

Kommission (f) commission *[committee]*

Kommissionär (m) commission agent

Kommunalverwaltung (f) local government

Kommunikation (f) communication *[general]*

Kompensationsgeschäft (n) barter (n)

Kompensationsgeschäfte machen barter (v)

Komplementär- complementary

komplett complete (adj)

Kompromiß (m) compromise (n)

Kondition (f) condition

Konferenz (f) conference *[large]*

Konferenzraum (m) conference room

Konferenzschaltung (f) conference link-up

konjunkturbedingt cyclical

konjunkturelle Entwicklung economic trend(s)

konjunkturelle Faktoren (mpl) cyclical factors

Konjunkturindikatoren (fpl) economic indicators

Konjunkturindustrie (f) boom industry

Konjunkturzyklus (m) economic cycle *or* trade cycle

Konkurrent/-in competitor

Konkurrenz (f) competition

konkurrenzfähig competitive

konkurrenzfähige Auspreisung competitive pricing

konkurrenzfähiger Preis competitive price

Konkurrenzfähigkeit (f) competitiveness

Konkurrenzprodukte (npl) competing *or* rival products

Konkurrenzunternehmen (n) rival company

konkurrieren compete

konkurrierende Unternehmen (npl) competing firms

Konkurs (m) bankruptcy *or* insolvency

Konkurseröffnungsbeschluß (m) declaration of bankruptcy

Konkursschuldner/-in bankrupt (n)

Konkursunternehmen (n) insolvent company

Konkursverwalter/-in official receiver *or* liquidator

Konnossement (n) bill of lading *or* shipping note

konsolidieren consolidate

Konsolidierung (f) consolidation

Konsortium (n) consortium

konstant constant

Konstruktionsabteilung (f) design department

konsultieren consult

Konsum (m) consumption

Konsument/-in consumer

Konsumgüter (npl) consumer goods *or* consumables

Kontakt (m) contact (n)

Kontakt aufnehmen zu contact (v)

Kontaktperson (f) contact (n) *[person]*

Kontenabstimmung (f) reconciliation of accounts

Kontingent (n) quota

kontinuierlich continuous

Konto (n) account

Konto (n) mit Habensaldo account in credit

Kontoauszug (m) bank statement

Kontokorrentkonto (n) drawing account *or* cash account

Kontokorrentkredit (m) advance on account

Kontostand (m) bank balance

Kontrollabschnitt (m) counterfoil

Kontrolle (f) control (n)

Kontrolle (f) *[Aufsicht]* supervision

Kontrolle (f) *[Überprüfung]* check (n) *or* inspection

kontrollieren *[überprüfen]* check (v) *or* inspect

kontrollieren *[leiten]* control (v)

Kontrolltaste (f) control key

Konvertierbarkeit (f) convertibility

Konvertierung (f) conversion

Konzept (n) draft (n) *or* rough copy

Konzern (m) group *[of businesses]*

Konzession (f) concession *or* licence

Konzessionär/-in *od* **Konzessionsinhaber/-in** concessionaire *or* licensee

konzipieren draft (v) *or* draw up

kooperativ co-operative (adj)

Kooperative (f) co-operative (n)

kooperieren co-operate

kooptieren co-opt

Kopie (f) *[Durchschlag]* copy (n) *[of document]*

Kopie (f) *[Imitation]* imitation

kopieren duplicate (v) *or* copy (v)

Kopierer (m) (photo)copier *or* copying machine

Kopierzentrum (n) photocopying bureau

körperliche Arbeit manual work *or* manual labour

Körperschaftssteuer (f) corporation tax

korrekt correct (adj)

Korrektur (f) correction

Korrespondent/-in correspondent *[journalist]*

Korrespondenz (f) correspondence

korrigieren correct (v)

kosten cost (v)

Kosten (pl) *[Preis]* cost(s) (n)

Kosten (pl) *[Ausgabe]* expense(s)

Kosten (pl) *[Gebühr]* charge(s) (n)

Kosten (pl) für die Allgemeinheit social costs

Kosten berechnen evaluate costs

Kosten, Versicherung, Fracht (cif) cost, insurance and freight (c.i.f.)

Kosten-Nutzen-Analyse (f) cost-benefit analysis

Kostenanalyse (f) cost analysis

Kostenanschlag (m) estimate *or* estimated cost

Kostenberechnung (f) costing

kostendeckend arbeiten break even (v)

Kostendeckungspunkt (m) breakeven point

Kostendruck-Inflation (f) cost-push inflation

Kostenfaktor (m) cost factor

kostenlos free (adj) *or* gratis

kostenlos free of charge *or* for nothing

kostenlos zur Probe free trial

Kostenrechner/-in cost accountant

Kostenrechnung (f) cost accounting

Kostenrentabilität (f) cost-effectiveness

Kostensenkung (f) cost-cutting

Kostenstelle (f) cost centre

Kostenvoranschlag (m) estimate (n) *or* quotation

Kostenwirksamkeit (f) cost-effectiveness

kostspielig costly *or* dear *or* expensive

Kraft (f) *[Energie]* energy *or* force *or* power *or* strength

Kraft (f) *[Geltung]* force *or* operation

Kraftfahrzeugsteuer (f) road tax

Kraftfahrzeugversicherung (f) motor insurance

Kran (m) crane

Krankenversicherung (f) health insurance *or* medical insurance

Kredit (m) credit (n) *or* loan (n)

Kredit (m) mit kurzer Laufzeit short credit

Kredit (m) mit langer Laufzeit long credit

Kredit aufnehmen borrow

Kreditaufnahme (f) borrowing

Kreditauskunft (f) credit *or* status inquiry

Kreditauskunftei (f) credit agency

Kreditbank (f) credit bank

Kredite (mpl) stoppen *od* **sperren** freeze credits

Kredite einschränken restrict credit

Kreditfähigkeit (f) borrowing power *or* creditworthiness

Kredithöchstgrenze (f) credit ceiling

Kreditinstitut (n) financial institution

Kreditkarte (f) credit card

Kreditkontrolle (f) credit control

Kreditlimit (n) credit limit

Kreditmodalitäten (fpl) credit facilities

Kreditnehmer/-in borrower

Kreditpolitik (f) credit policy

Kreditüberwachung (f) credit control

Kreditumschuldung (f) restructuring of a loan

kreditwürdig creditworthy

Kreditwürdigkeit (f) credit rating *or* creditworthiness

Kreisdiagramm (n) pie chart

Kreislauf (m) cycle; circulation

Kreuzparität (f) cross rate

Krisenmanager/-in crisis manager *or* troubleshooter

Krisenplan (m) contingency plan

Krone (f) krone *[currency used in Denmark and Norway]*

Krone (f) krona *[currency used in Sweden and Iceland]*

Krone (f) koruna *[currency used in Czech Republic]*

Kubikmaß (n) cubic measure

Kühlhaus (n) cold store

Kühlhauslagerung (f) cold storage

kumulativ cumulative

kumulative Vorzugsaktie cumulative preference share

kündbare Schuldverschreibung callable bond

Kunde/Kundin client *or* customer

Kundenbetreuer/-in account executive

Kundendienst (m) after-sales service *or* (customer) service department

Kundendienstabteilung (f) service department

Kundenkarte (f) charge card *or* store card

Kundenkonto (n) credit account *or* charge account

Kundenkredit (m) consumer credit

Kundenkreditkonto (n) charge account *or* credit account

Kundenkreis (m) clientele

Kundentreue (f) customer loyalty

Kundenverlust (m) loss of customers

Kundenwerber/-in canvasser *[for customers]*

Kundenwerbung (f) canvassing *[for custom]*

kündigen give notice

kündigen *[beenden]* terminate *or* cancel *or* foreclose

kündigen *[zurücktreten]* resign *or* quit

Kündigung (f) notice *[that worker is leaving his job]*

Kündigung (f) *[Entlassung]* dismissal

Kündigung (f) *[Rücktritt]* resignation

Kündigung (f) *[Beendigung]* termination *or* cancellation

Kündigungsfrist (f) period of notice

Kündigungsklausel (f) termination clause

Kundschaft (f) clientele

Kurier (m) courier *[messenger]*

Kurs (m) price *or* rate

Kurs (m) *[Lehrgang]* course *or* class

Kurs (m) *[Politik]* course *or* policy

Kurs-Gewinn-Verhältnis (n) price/earnings ratio (P/E ratio)

Kursblatt (n) stock list *or* list of quotations *[stock exchange]*

Kurve (f) curve

kürzen shorten *or* cut *or* dock (v) *[money]*

kurzfristig (adj) short-term (adj)

kurzfristig (adv) on a short-term basis; at short notice

kurzfristige Schulden (fpl) short-term debts

kurzfristige Verbindlichkeiten (fpl) current liabilities

kurzfristige Wechsel (mpl) short-dated bills

kurzfristiger Kredit short-term credit *or* short credit

kurzfristiges Darlehen short-term loan

Kürzung (f) *[Abbau]* retrenchment *or* cutback

Kürzung (f) *[Senkung]* cut (n) *or* reduction

Ll

Ladefähigkeit (f) deadweight tonnage *or* load-carrying capacity

Ladelinie (f) load line *or* Plimsoll line

Ladeliste (f) manifest

laden load (v)

Laden (m) shop

Ladenbesitzer/-in shopkeeper

Ladendieb/-in shoplifter

Ladendiebstahl (m) shoplifting

Ladenkasse (f) cash till

Ladenpreis (m) retail price

Ladenschluß (m) closing time

Ladentisch (m) (shop) counter

Ladeplatz (m) loading bay

Laderampe (f) loading ramp

Laderaum (m) hold (n) *[ship]*

Ladung (f) load (n) *or* cargo *or* shipment

Lage (f) location *or* position *or* situation *or* place

Lage (f) *[Situation]* position *or* situation *or* state of affairs

Lagebericht (m) progress report

Lager (n) *[Raum]* stockroom *or* storeroom

Lager (n) *[Haus]* warehouse (n)

Lager (n) *[Magazin]* store (n)

Lagerbestand (m) stock (level)

Lagerbestände (mpl) flüssigmachen liquidate stock

Lagerbewegung (f) stock movement(s)

Lagerfähigkeit (f) eines Produktes shelf life of a product

Lagerhalter (m) warehouseman *or* storeman

Lagerhaltungskontrolle (f) inventory control

Lagerhaus (n) *[Depot]* depot *or* store *or* warehouse

Lagerkapazität (f) storage capacity

Lagerkosten (pl) storage (n) (costs)

Lagermöglichkeiten (fpl) storage facilities

lagern warehouse (v) *or* store (v)

Lagersteuerer (m) stock controller

Lagersteuerung (f) stock control

Lagerumschlag (m) stock turnover

Lagerung (f) storage (n) *or* warehousing

Lagerungseinrichtungen (fpl) storage facilities

Land (n) *[Bundesland]* state (n) *or* province *or* Land

Land (n) *[Festland]* (dry) land

Land (n) *[ländliches Gebiet]* country *[not town]*

Land (n) *[Staat]* country *or* (nation) state

landen land (v) *[of plane]*

landesweit nationwide

landesweite Werbung national advertising

landwirtschaftlich agricultural

landwirtschaftliche Produkte (npl) agricultural produce

lang long

lange Öffnungszeiten (fpl) late(-night) opening

langfristig long-term *or* long-range

langfristige Planung long-term planning

langfristige Prognose long-term forecast

langfristige Verbindlichkeiten (fpl) long-term debts *or* long-term liabilities

langfristiger Kredit long credit

langfristiger Wechsel long-dated bill

langfristiges Darlehen long-term loan

langlebige Gebrauchsgüter (npl) *[Konsumgüter]* consumer durables

langlebige Güter (npl) durable goods

langsam slow

Laserdrucker (m) laser printer

Last(kraft)wagen (m) *od* **LKW (m)** truck *or* lorry

Lastschriftanzeige (f) debit note

Lastwagenfahrer/-in lorry driver

Lastwagenladung (f) lorry-load

Lauf (m) run (n) *[work routine]*

laufen *[gelten]* run (v) *[be in force]*

laufen lassen *[bedienen]* run (v) *[work machine]*

laufende Kosten (pl) running costs *or* running expenses

laufende Rendite current yield

laufende Summe running total

laufendes Konto current account *or* cheque account

Laufzeit (f) term *[time of validity]*

laut according to *or* under *or* as per

laut Rechnung as per invoice

laut Versandanzeige *od* **laut Avis** as per advice

lauterer Handel fair trading *or* fair dealing

Leasing (n) leasing

Lebenshaltungskosten (pl) cost of living

Lebenshaltungs(kosten)index (m) cost-of-living index

Lebenshaltungskostenzuschuß (m) cost-of-living allowance

lebenslanges Nutzungsrecht (n) *od* **lebenslange Nutznießung (f)** life interest

Lebenslauf (m) curriculum vitae (CV)

Lebensversicherung (f) life insurance *or* life assurance

Lebensversicherung (f) auf den Todesfall whole-life insurance

Lebensversicherungspolice (f) assurance policy

lebhafte Nachfrage (f) keen demand

leer empty (adj)

leer *[unausgefüllt]* blank (adj)

leere Stelle blank (n)

Leergewicht (n) deadweight

Leergut (n) empties

Leerpackung (f) dummy pack

leerräumen empty (v)

Leerung (f) postal collection; emptying

legal legal *[according to law]*

Lehrling (m) trainee

leicht easy

leihen borrow *or* hire

leihen loan (v) *or* lend

Leihwagen (m) hire car

Leistung (f) *[Beihilfe]* benefit (n)

Leistung (f) *[Ergebnis]* performance

Leistungsbeurteilung (f) performance rating

leistungsfähig efficient *or* capable

Leistungsfähigkeit (f) effectiveness *or* efficiency

Leistungslohn (m) payment by results

Leistungszulage (f) merit award *or* productivity bonus *or* incentive payment

leiten direct *or* manage *or* lead *or* conduct *or* run

leitende(r) Angestellte(r) senior manager *or* senior executive

leitendes Personal managerial staff *or* key personnel

Leiter/-in head *or* leader; manager *or* director

Leiter/-in der Finanzabteilung finance director

Leiter/-in der Schadenabteilung claims manager

Leiter/-in des Finanzamtes tax inspector

Leitung (f) *[Beherrschung]* control (n) *or* direction

Leitung (f) *[Führung]* management *or* leadership

Leitung (f) *[Verbindung]* (telephone) line

Leitzins (m) bank base rate

letzte Mahnung final demand

letzte Tilgungsrate final discharge

letzte(r,s) latest *or* final

letzter Termin closing date

letztes Quartal last quarter

Leverage (n) leverage

Leveraged Buy-Out (n) leveraged buyout (LBO)

liberalisieren decontrol *or* liberalize

Lieferant (m) supplier

Lieferauftrag (m) delivery order

liefern supply (v) *or* deliver

Lieferpreis (m) delivered price *or* supply price

Lieferschein (m) delivery note

Liefertermin (m) delivery date

Lieferung (f) *[Versorgung]* delivery *or* supply

Lieferung (f) *[Sendung]* consignment *or* delivery

Lieferung frei Haus free delivery

Lieferwagen (m) delivery van

Lieferzeit (f) delivery time *or* lead time

Liegegeld (n) demurrage

Liegeplatz (m) berth (n) *or* moorings

Lift (m) lift (n)

Limit (n) limit (n)

lineare Abschreibung straight line depreciation

Linie (f) line (n)

Linienflug (m) scheduled flight

Linienmanagement (n) line management

Linienorganisation (f) line organization

linke(r,s) left *[not right]*

Liquidation (f) liquidation *or* winding up

Liquidator (m) liquidator

liquidieren liquidate *or* wind up

Liquidität (f) liquidity

Liquiditätskrise (f) liquidity crisis

Liquiditätsreserven (fpl) cash reserves

Lire (f) lira *[currency used in Italy]*

Liste (f) list (n)

Listenpreis (m) list price

Liter (m *od* **n)** litre

Lizenz erteilen license

Lizenzerteilung (f) licensing

LKW (m) *[Last(kraft)wagen]* lorry *or* truck

Lockartikel (m) loss-leader

Logo (n) logo

Lohn (m) wage *or* pay

Lohnerhöhung (f) pay rise *or* wage rise

Lohnforderung (f) wage claim

Lohnhöhe (f) wage level

Lohnindexierung (f) wage indexation *or* threshold agreement

Lohnkosten (pl) labour costs

Lohnniveau (n) wage level

Lohnscheck (m) pay cheque

Lohnskala (f) wage scale

Lohnsteuer (f) (earned) income tax

Lohnstopp (m) wage freeze

Lohnstreifen (m) pay slip

Lohntarifvertrag (m) collective wage agreement

Lohnverhandlungen (fpl) wage negotiations

Lokopreis (m) spot price

Los (n) *[Warenposten]* batch (n) *[of products]*

Los (n) *[Auktion]* lot *[at auction]*

Löschungskosten (pl) und Löschungszölle (mpl) landing charges

lose loose

lösen *[annullieren]* terminate *or* cancel

lösen *[klären]* solve *or* sort out

Lösung (f) termination; solution

loswerden get rid of

Lücke (f) gap

Lücke (f) in der Steuergesetzgebung tax loophole

Luft air

luftdichte Verpackung airtight packaging

Luftfracht (f) air freight

Luftfrachtkosten (pl) air freight charges *or* rates

Luftpost (f) airmail (n)

Luftpostaufkleber (m) airmail sticker

Luftpostbrief (m) air letter

lukrativ lucrative *or* paying (adj)

lustlos flat (adj) *or* dull *or* quiet

Luxusartikel (mpl) luxury goods

Mm

Magazin (n) *[Lager]* store (n) *[place where goods are kept]*

Magazin (n) *[Zeitschrift]* magazine

Magister (m) in Betriebswirtschaft Master's degree in Business Administration (MBA)

Magnetband (n) magnetic tape *or* mag tape

Mahnung (f) reminder

Majorität (f) majority

Makler/-in agent *or* broker

Maklergebühr (f) brokerage *or* broker's commission

Makroökonomie (f) macro-economics

Management (n) management *[managers, concept]*

Management Buy-Out (n) management buyout (MBO)

Management-Team (n) management team

Manager-Ausbildung (f) management training

Manager/-in manager

Managerkurs (m) management course

Mangel (m) *[Fehler]* imperfection *or* fault *or* defect

Mangel (m) *[Engpaß]* shortage *or* lack

Manifest (n) manifest

Manipulation (f) manipulation *or* fiddle (n)

Mann (m) man (n)

manuell manual (adj)

Marge (f) margin *[profit]*

Mark (f) mark (n) *or* Deutschmark

Marke (f) brand *or* make

Markenimage (n) brand image

Markenname (m) brand name

Markenprofil (n) brand image

Markentreue (f) brand loyalty

Marketing (n) marketing

Marketing-Methoden (fpl) marketing techniques

Marketingabteilung (f) marketing department *or* marketing division

Marketingdirektor/-in marketing director

Marketingstrategie (f) marketing strategy

Markierung (f) mark(ing) *or* flag(ging)

Markt (m) *[Absatzgebiet]* market (n) *[for a product]*

Markt (m) *[Marktplatz]* market (n) *[marketplace]*

Marktabsprache (f) marketing agreement

Marktanalyse (f) market analysis

Marktanalytiker/-in market analyst

Marktanteil (m) market share

Marktbeherrschung (f) monopolization *or* market domination

Marktchancen (fpl) market opportunities

marktdeterminierte Preise (mpl) flexible prices

marktdeterminierte Preispolitik (f) flexible pricing policy

Marktdurchdringung (f) market penetration

Markteinführung (f) launch *or* launching (on the market)

Markteinführungstermin (m) launch *or* launching date

Marktentwicklung (f) market trend(s)

marktfähig marketable

Marktforschung (f) market research

Marktführer (m) market leader

Marktkräfte (fpl) market forces

Marktlücke (f) gap in the market

Marktplatz (m) marketplace *[in town]*

Marktpreis (m) market price *or* market rate

Marktprognose (f) market forecast

Markttendenzen (fpl) market trends

Marktwert (m) market value

Maschine (f) machine

Maschinen (fpl) plant (n) *or* machinery

Maschinist/-in machinist *or* operator

Masse (f) mass *or* bulk

Maße (npl) measurements

Massenabsatzstrategie (f) mass marketing

Massengutversand (m) bulk shipments

Massenmarkt (m) mass market

Massenmedien (pl) mass media

Massenprodukt (n) mass market product

Massenproduktion (f) mass production

mäßig moderate (adj)

mäßigen moderate (v)

Maßstab (m) standard *or* benchmark *or* yardstick

Materialsteuerung (f) materials control

materielle Vermögenswerte (mpl) tangible assets

Matrixdrucker (m) dot-matrix printer

Maut (f) toll

maximal maximum (adj)

maximieren maximize

Maximierung (f) maximization

Maximum (n) maximum (n)

Median (m) median

Medioabrechnung (f) mid-month accounts

Medium (n) medium (n)

Meeres- marine

Mehrbetrag (m) excess

mehrfach multiple (adj)

Mehrgewinn (m) excess profits

Mehrheit (f) majority

Mehrheitsaktionär/-in majority shareholder

Mehrweg- returnable

Mehrwertsteuer (MwSt.) (f) value added tax (VAT)

Mehrwertsteuererklärung (f) VAT declaration

Mehrwertsteuerrechnung (f) VAT invoice

Meinungsumfrage (f) opinion poll

Meinungsverschiedenheit (f) misunderstanding

meistbegünstigtes Land most-favoured nation

meistverkauft top-selling

meistverkauftes Automodell best-selling car

melden report (v) *or* notify

melden: sich melden report (for); answer (v) *[phone]*

Meldeschein (m) certificate of registration

Menge (f) mass *or* quantity *or* volume *or* bulk

Mengeneinkauf (m) bulk buying

Mengenrabatt (m) quantity discount *or* volume discount

Merchandising (n) merchandizing

Messe (f) trade fair *or* exhibition *or* show (n)

Messehalle (f) exhibition hall

Mietdauer (f) let (n) *or* tenancy

Miete (f) rent (n) *or* rental

Mieteinnahmen (fpl) rental income

mieten hire *or* rent (v)

Mieter/-in tenant *or* leaseholder

mietfrei rent-free

Mietkassierer/-in rent collector

Mietkauf (m) hire purchase (HP)

Mietpreisbindung (f) rent control

Mietverhältnis (n) tenancy *[agreement]*

Mietvertragsverlängerung (f) renewal of a lease

Mietwagen (m) hire car

Mikrocomputer (m) microcomputer

Mikroökonomie (f) micro-economics

Milliarde (f) billion

Million (f) million

Millionär/-in millionaire

Minderheit (f) minority

Minderheitsaktionär/-in minority shareholder

Minderung (f) lowering *or* reduction *or* diminution

minderwertig low-quality *or* low-grade *or* inferior

minderwertige Qualität poor *or* inferior quality

Mindestbetrag (m) minimum amount

Mindestdividende (f) minimum dividend

Mindestlohn (m) minimum wage

Mindestnachbestellung (f) reorder level

Mindestpreis (m) reserve price *or* upset price

Minimum (n) minimum (n)

Minister/-in government minister

Ministerium (n) ministry *or* government department

Minorität (f) minority

Minus (n) minus (figure) *or* deficit *or* shortage

minus minus

Minusbetrag (m) deficit

Minute (f) minute (n) *[time]*

Mischkonzern (m) conglomerate

Mischwirtschaft (f) mixed economy

mißlingen fall through *or* fail

Mißmanagement (n) mismanagement

Mißverständnis (n) misunderstanding

Mißwirtschaft (f) mismanagement *or* maladministration

mit (einem) Scheck bezahlen pay by cheque

mit (einer) Kreditkarte bezahlen pay by credit card

mit Auflagen conditional

mit Coupon (m) cum coupon

mit Dividende (f) cum dividend

mit einer Steuer belegen tax (v)

mit einer Strafe belegen penalize

mit Namen des Ausstellers versehene Schecks personalized cheques

Mitarbeit (f) co-operation

Mitarbeiter/-in staff member *or* employee *or* colleague

Mitbewerber/-in competitor

mitbringen bring

Mitdirektor/-in co-director

Miteigentum (n) co-ownership *or* common ownership *or* joint ownership

Miteigentümer/-in joint owner *or* part-owner *or* co-owner

Mitglied (n) member *[of a group]*

Mitglieder (npl) members *or* membership *[of a group]*

Mitgliedschaft (f) membership *[being a member]*

Mitinhaber/-in co-owner

mitteilen inform *or* notify

Mitteilung (f) message *or* communication *or* memorandum *or* note *or* notification

Mittel (n) means *or* way *or* method

Mittel (n) *[Durchschnitt]* average *or* mean (n)

Mittel (pl) means *or* resources *or* funds

mittelbar indirect

mittelfristig medium-term

mittelgroß *od* **mittelständisch** medium-sized

Mittelständler (m) middle-sized business *or* company

Mittelwert (m) average (n) *or* mean (n)

mittlere(r,s) middle *or* medium (adj) *or* average

mittleres Management middle management

Mitunterzeichner/-in joint signatory

Mitversicherung (f) co-insurance

mitzählen count (v) *or* include

mobilisieren mobilize

Mobilität (f) mobility

Mobiltelefon (n) mobile phone

Model (n) *[Mannequin]* model (n) *[person]*

Modell (n) *[Form]* model (n) *[small copy]*

Modell (n) *[Typ]* model (n) *[style of product]*

Modem (n) modem

möglich possible

Möglichkeit (f) possibility *or* opportunity *or* means *or* scope

Monat (m) month

monatlich monthly (adj, adv)

monatliche Zahlungen (fpl) monthly payments

monatlicher Kontoauszug monthly statement

Monatsende (n) month end

Mondscheintarif (m) night rate *or* cheap rate

monetär monetary

Monitor (m) monitor (n) *[screen]*

Monopol (n) monopoly

monopolisieren monopolize *or* corner the market

Monopolisierung (f) monopolization

monopolistischer Absatzmarkt captive market

Montage (f) assembly *[putting together]*

Moratorium (n) moratorium

mörderischer Wettbewerb cut-throat competition

Motivation (f) motivation

motiviert motivated

Mühe (f) effort

multilateral multilateral

multilateraler Handel multilateral trade

multilaterales Abkommen multilateral agreement

multinationaler Konzern multinational (n)

Multiplikation (f) multiplication

multiplizieren multiply

mündelsichere Staatspapiere (npl) gilt-edged securities *or* gilts

mündlich verbal

mündliche Vereinbarung verbal agreement

Münze (f) coin

Münzfernsprecher (m) pay phone

Muster (n) pattern *or* sample *or* swatch *or* specimen

Mustervertrag (m) model agreement *or* standard contract

Muttergesellschaft (f) parent company

Mutterschaftsurlaub (m) maternity leave

MwSt. (Mehrwertsteuer) (f) VAT (= value added tax)

Nn

nachbestellen reorder (v)

Nachbestellung (f) repeat order *or* reorder (n)

Nachfolger/-in successor

Nachfrage (f) demand (n) *[need]*

Nachfrage stillen *od* **befriedigen** satisfy a demand

nachgehen follow up

nachlassen knock off *or* take off *or* deduct

Nachlaßverwalterzeugnis (n) letters of administration

nachmachen forge *or* copy (v)

nachrangig inferior

nachrangiger (Konkurs)gläubiger deferred creditor

Nachricht (f) message *or* piece of news

Nachrichten (pl) news *[TV, radio]*

Nachrichtenagentur (f) news agency

Nachrichtendienst (m) news service

Nachsendeadresse (f) forwarding address

Nacht (f) night

Nachtrag (m) *[zu einem Brief]* postscript *[to a letter]*

Nachtrag (m) *[zu einem Buch]* supplement *or* addendum *[to book]*

Nachtrag (m) *[zu einem Testament]* codicil *[to a will]*

Nachtrag (m) *[zu einer Versicherung]* rider *or* endorsement *[on insurance]*

Nachtschicht (f) night shift

Nachttarif (m) night rate

Nachweis (m) proof

Nachwuchsmanager/-in junior executive *or* junior manager

Nachzahlung (f) back payment *or* extra payment

nagelneu brand new

nahe daran close to

nähere Angaben (fpl) particulars

natürliche Ressourcen (fpl) natural resources

natürlicher Arbeitskräfteabgang natural wastage

Naturschätze (pl) natural resources

Nebenausgaben (fpl) incidental expenses *or* extras

Nebenbeschäftigung (f) sideline *or* spare-time job

Nebenkasse (f) petty cash

Nebenkosten (pl) incidental expenses *or* incidentals

Nebenprodukt (n) by-product *or* spinoff

nebensächlich subsidiary (adj) *or* secondary *or* incidental

Nebensaison (f) off-season *or* low season

negativ negative *or* unfavourable

negativer Cash-flow negative cash flow

Negativfaktor (m) minus factor

Nennwert (m) *[Münze]* denomination *[of coins]*

Nennwert (m) *[Nominalwert]* face value *or* nominal value *or* par value

netto net (adj)

netto einnehmen *od* **verdienen** net (v)

Nettoeinkommen (n) net income

Nettoeinnahmen (fpl) net receipts

Nettoertrag (m) net yield *or* net proceeds

Nettogehalt (n) net salary

Nettogewicht (n) net weight

Nettogewinn (m) net profit *or* clear profit

Nettogewinnspanne (f) *od* **Nettomarge (f)** net margin

Nettopreis (m) net price

Nettoumsatz (m) net sales *or* net turnover

Nettoverdienst (m) net earnings

Nettoverlust (m) net loss

Netz (n) network (n)

neu anlegen reinvest

neu bewerten revalue *or* reassess

neu organisieren reorganize

neu regeln readjust

neu verteilen redistribute

Neubewertung (f) revaluation *or* reassessment

Neuerer (m) innovator

Neuerung (f) innovation

Neuerungen (fpl) einführen innovate

Neuordnung (f) reorganization

Neuregelung (f) readjustment

neuste(r,s) newest *or* latest

Nichtbezahlen (n) (einer Verbindlichkeit) non-payment (of a debt)

Nichtdiskriminierung (f) im Außenhandel fair trade

Nichterfüllung (f) default (n)

nichtig invalid *or* null *or* void

nichtig: für nichtig erklären invalidate *or* nullify

Nichtigkeit (f) invalidity

Nichtigkeitserklärung (f) invalidation *or* annulment

Nichtlieferung (f) non-delivery

Nichtverfügbarkeit (f) unavailability

niederlassen: sich niederlassen set up in business

Niederlassung (f) branch office

niedrig low (adj)

niedriger Tarif cheap rate

Niedrigpreis (m) cut price (n)

Niedrigstpreise (mpl) rock-bottom prices

Nische (f) niche

Niveau (n) level

Nominalkapital (n) nominal capital

Nominalwert (m) nominal value *or* face value *or* par value

nominelle Gebühr token charge

nominelle Miete *od* **Pacht (f)** nominal rent

Nominierte(r) nominee

Norm (f) norm *or* standard (n)

normal normal *or* ordinary *or* regular *or* standard

normale Abnutzungs- und Verschleißerscheinungen (fpl) fair wear and tear

Normalgröße (f) regular size *or* standard size

normen standardize

Normung (f) standardization

Notar/-in notary public

Notenbank (f) central bank *or* issuing bank

Notfall (m) emergency

Notfonds (m) emergency reserves

notieren note (v) *[details]*; be quoted *[on stock exchange]*

nötig necessary

Notiz (f) memo *or* note

Notlage (f) *od* **Notstand (m)** emergency

Notverkauf (m) distress sale *or* forced sale *or* fire sale

notwendig necessary

Null (f) nil *or* nought *or* zero

numerieren number (v)

numerisch numeric *or* numerical

numerische Tastatur numeric keypad

Nummer (f) number (n) *[figure]*

Nummernkonto (n) numbered account

nutzen exploit *or* use (v) *or* utilize

Nutzlast (f) payload

nützlich useful

Nutzung (f) utilization *or* use (n)

Oo

obere(r,s) top (adj)

oberste Preisgrenze price ceiling

objektiv objective (adj)

Obligation (f) debenture *or* debenture bond

Obligationär (m) bondholder *or* debenture holder

obligatorisch compulsory *or* obligatory

obsoleszent obsolescent

Obsoleszenz (f) obsolescence

obsolet obsolete

offen *[aufrichtig]* open *or* frank

offen *[ausstehend]* outstanding *or* receivable

offen *[nicht geschlossen]* open *[not closed]*

offen *[unbesetzt]* vacant

offene Stellen (fpl) appointments vacant

offener Briefumschlag unsealed envelope

offener Investmentfonds unit trust

offener Kredit open credit

offenes Ticket open ticket

öffentlich public (adj)

öffentliche Meinung public opinion

öffentliche Mittel (pl) *od* **Gelder (pl)** public funds

öffentliche Verkehrsmittel (npl) public transport

öffentlicher Feiertag public holiday

öffentlicher Sektor public sector

Öffentlichkeitsarbeit (f) public relations (PR)

offiziell official *or* formal

Öffnungszeit (f) opening time

Öffnungszeiten (fpl) opening hours *or* hours of business

oft often *or* frequently

ohne Begleitschreiben (n) compliments slip

ohne Coupon ex coupon

ohne Dividende ex dividend

ohne Steuer exclusive of tax

ökonomischer Aspekt economics *[profitability]*

Öl (n) oil

Ölförderländer (npl) oil-producing countries

Ölpreis (m) oil price

Ombudsmann (m) ombudsman

on line on line *or* online

OPEC (Organisation der ölexportierenden Länder) (f) OPEC (= Organization of Petroleum Exporting Countries)

operativer Gewinn operating profit

ordentliche Buchprüfung general audit

ordentliche Jahreshauptversammlung annual general meeting (AGM)

Orderpapier (n) (bank) order (n) *[money]*

ordnen *[anordnen]* order (v) *or* put in order *or* arrange *or* sort (out)

ordnen *[regeln]* regulate *or* settle *or* sort out

ordnungsgemäß duly *or* according to the rules

Organigramm (n) organization chart

Organisation (f) organization *[institution]*

Organisation (f) *[Aufbau]* organization *[way of arranging]*

Organisation (f) der ölexportierenden Länder (OPEC) Organization of Petroleum Exporting Countries (OPEC)

Organisation (f) und Verfahren (npl) organization and methods

Organisationsplan (m) organization chart

organisatorisch organizational

organisieren organize

organisiertes Verbrechen organized crime *or* racketeering

Original (n) original (n)

original original (adj)

Ort (m) place *or* point *or* spot

örtlich local

ortsansässige Arbeitskräfte (fpl) local labour

Ortsgespräch (n) local call

Ortsnetzkennzahl (f) area code *or* dialling code

Pp

Pacht (f) lease (n); rent (n) *or* rental

pachten lease (v); rent (v)

Pächter/-in lessee *or* tenant

Pachtvertrag (m) lease (n)

Päckchen (n) packet

Packen (n) packaging *[action]*

Packer/-in packer

Packliste (f) packing list

Packpapier (n) wrapping (paper) *or* brown paper

Packung (f) Briefumschläge pack of envelopes

Paket (n) *[Post]* parcel (n) *or* package

Paket (n) *[fig]* package *or* packet *[of goods, services]*

Paket (n) *[Partie]* block (n) *or* lot *or* parcel *[of shares]*

Paketpost (f) parcel post

Palette (f) pallet

palettieren palletize

Panel (n) panel

Panikkauf (m) panic buying

Papier (n) paper

Papiere (pl) (identity) papers *or* documents

Papiere zusammenheften staple papers together

Papiereinzug (m) paper feed

Papierkrieg (m) red tape

Papiertüte (f) paper bag

Papiervorschub (m) paper feed

Pappe (f) cardboard *or* carton *or* card *[material]*

Pappkarton (m) cardboard box

Paragraph (m) paragraph *or* article *or* section

paraphieren initial (v)

pari par

Parität (f) parity

Partei (f) party

parteiisch partial *or* biased *or* one-sided

Partie (f) batch *or* block (n) *[of shares]*

Partner/-in partner

Partnerschaft (f) partnership

Patent (n) patent

Patentanwalt/Patentanwältin patent lawyer

patentiert *od* **patentrechtlich geschützt** patented

Patenturkunde (f) letters patent

Patentverletzung (f) infringement of patent

pauschal comprehensive *or* wholesale *or* all-inclusive

Pauschalangebot (n) package deal *or* all-inclusive offer

Pauschale (f) *[Einheitspreis]* flat rate

Pauschale (f) *[Pauschalbetrag]* inclusive charge *or* inclusive sum *or* lump sum

Pauschalpreis (m) all-in price

Pause (f) break (n)

PC (m) (Personalcomputer) PC (= personal computer)

pendeln commute *[travel]*

Pendler/-in commuter

Pension (f) pension

Pensionierung (f) retirement

Pensionskasse (f) pension fund

per Einschreiben schicken register (v) *[letter]*

per Expreß schicken express (v) *[send fast]*

per Luftpost schicken airmail (v)

per Nachnahme cash on delivery (c.o.d.)

per Scheck bezahlen remit by cheque

per Telex schicken telex (v)

periodisch periodic *or* periodical (adj)

Peripheriegeräte (npl) peripherals

Personal (n) personnel *or* staff (n)

Personal (n) einstellen hire staff

Personalabteilung (f) personnel department

Personalakte (f) personal file

Personalbestand (m) manpower *or* number of staff *or* workforce

Personalbestandsprognose (f) manpower forecasting

Personalchef /-in personnel manager

Personalcomputer (PC) (m) personal computer (PC)

Personalführung (f) personnel management

Personalleiter/-in personnel manager

Personalplanung (f) manpower planning

Personalstärke (f) manning levels *or* staffing levels

Personalversammlung (f) staff meeting

Personengesellschaft (f) partnership

persönlich personal

persönliche (r) Assistent/-in personal assistant (PA)

persönlich personal(ly)

persönliches Einkommen personal income

persönliches Interesse vested interest

Peseta (f) *od* **Pesete (f)** peseta *[Spanish currency]*

Pfand (n) pledge *or* pawn; security; deposit

Pfandrecht (n) lien

Pflichten (fpl) responsibilities

pflichtwidrige Unterlassung nonfeasance

Pfund (n) pound *[weight: 0.45kg]*

Pfund (n) pound *[money]*

Pfund Sterling (n) pound sterling

Phase (f) phase *or* stage (n)

Phönix-Syndrom (n) phoenix syndrome

Pilot/-in pilot (n) *[person]*

Pionier/-in pioneer (n)

Pionierarbeit leisten pioneer (v)

Plakatwand (f) hoarding *[for posters]*

Plan (m) plan (n) *[project]*

Plan (m) *[Entwurf]* plan (n) *[drawing]*

planen plan (v)

Planer/-in planner

Planquadrat (n) grid

Planskizze (f) draft plan

Planung (f) planning

Platte (f) disk

Platz (m) *[Lage, Standort]* place *or* site *or* spot

Platz (m) *[verfügbarer Raum]* room *or* space

Platz (m) *[Rang]* place (n) *[in a competition]*

Platz (m) *[Sitzplatz]* seat

platzen *[Scheck]* bounce *[cheque]*

pleite broke *[informal]*

Pleite (f) *[Bankrott]* bankruptcy *or* collapse *or* (business) failure

Pleite (f) *[Reinfall]* flop (n)

Plombe (f) seal (n)

plötzlich fallen slump (v)

plus plus

Politik (f) policy; politics

populär popular

Port (m) computer port

Portfoliomanagement (n) portfolio management

Porto (n) postage

Porto (n) bezahlt postage paid

Porto (n) und Verpackung (f) postage and packing (p & p)

portofrei post free

Portokasse (f) petty cash (box)

Position (f) *[Stelle]* position *[job]*

positiv positive

positiver Cash-flow positive cash flow

positiver Faktor plus factor

Post (f) *[Dienst]* post (n) *or* mail (n) *[postal system]*

Post (f) *[Briefe]* post (n) *or* mail (n) *[letters sent or received]*

Post (f) auf dem Land-/Seeweg surface mail

Postanweisung (f) postal order *or* money order

Postausgang (m) outgoing mail

Posteingang (m) incoming mail

Posten (m) *[Eintrag]* item *or* entry

Posten (m) *[Los]* lot *[of items]* *or* quantity

Posten (m) *[Stelle]* post (n) *or* position

Postfach (n) P.O. box

Postgebühren (fpl) postal charges *or* postage

Postgirokonto (n) giro account

Postgirokontonummer (f) giro account number

Postkarte (f) postcard

postlagernd poste restante

Postleitzahl (f) postcode *or* zip code (US)

Posttarife (mpl) postal rates

Postversand (m) mail-order

Postwurfsendung (f) direct mail; mailing piece *or* mail shot

Potential (n) potential (n)

potentiell potential (adj)

potentielle Kunden (mpl) potential customers

potentieller Käufer prospective buyer

potentieller Markt potential market

PR-Abteilung (f) public relations department

PR-Beauftragte(r) public relations officer

Präferenzzoll (m) preferential duty *or* preferential tariff

praktisch practical; handy *or* convenient

Prämie (f) *[Belohnung]* bonus

Prämie (f) *[Versicherung]* insurance premium

Prämienzuschlag (m) additional premium

Präsentation (f) presentation *[exhibition]*

Präsentationsstand (m) display stand

präventiv preventive

Preis (m) price (n) *or* rate

Preis (m) bei Inzahlungnahme trade-in price

Preis (m) nach Abzug des Rabatts discount price

Preis ab Kai price ex quay

Preis ab Lager price ex warehouse

Preis ab Werk price ex works *or* factory price

Preisabsprache (f) price fixing *or* common pricing (US)

Preisangebot (n) quote (n) *or* quotation *[estimate of cost]*

Preisbindung (f) price controls

preisempfindliches Produkt price-sensitive product

Preiserhöhung (f) price increase *or* mark-up

Preisfestsetzung (f) pricing *or* price setting

preisgeben *[eine Information]* disclose *[a piece of information]*

Preisgefälle (n) price differential *or* price gap

preisgünstig good value (for money)

Preiskalkulation (f) pricing

Preisklasse (f) price range

Preiskontrolle (f) price control(s)

Preiskrieg (m) price-cutting war *or* price war

Preislage (f) price range

Preisliste (f) price list *or* scale of prices

Preisnachlaß (m) *[Rabatt]* discount (n) *or* rebate *or* price reduction

Preispolitik (f) pricing policy

Preisrückgang (m) fall *or* decline *or* decrease in price

Preisschild (n) price ticket *or* price label *or* price tag

Preissenkung (f) lowering of prices *or* price reduction *or* mark-down

Preisstabilität (f) price stability

Preisstopp (m) price(s) freeze

Preisunterschied (m) price differential *or* difference in price

preiswert good value (for money) *or* cheap *or* inexpensive

Presse (f) press

Pressekonferenz (f) press conference

Pressemitteilung (f) press release

Pressereferent/-in information officer

Presseverlautbarung (f) press release

Prestige (n) prestige

Prestigeprodukt (n) prestige product

Prime Rate (f) prime rate

Prinzip (n) principle

privat private *or* personal

Privatadresse (f) home address

Privateigentum (n) private ownership; private property

Privatgrundstück (n) private property

privatisieren privatize

Privatisierung (f) privatization

Privatsektor (m) private sector

Privatunternehmen (n) private enterprise

Privatvermögen (n) personal assets

pro per

pro Jahr per year *or* per annum

pro Kopf per head *or* per capita

pro Stunde per hour

pro Tag per day

pro Woche per week

Pro-forma-Rechnung (f) pro forma (invoice)

Probe (f) example *or* sample; test *or* trial

Probebilanz (f) trial balance

Probeentnahme (f) sampling *or* testing

Probestück (n) trial sample

Probezeit (f) probation *or* trial period

probieren sample (v) *or* test

Problem (n) problem

Problembereich (m) problem area

Problemlösung (f) problem solving

Produkt (n) product

Produktentwicklung (f) product development

Produktgestaltung (f) product design

Produktgruppe (f) product group *or* product line

Produktion (f) production *or* output

Produktionsabteilung (f) production department

Produktionseinheit (f) production unit

Produktionsfaktoren (mpl) factors of production

Produktionskosten (pl) production cost(s)

Produktionsleistung (f) rate of production *or* output

Produktionsleiter/-in production manager

Produktionsmittel (pl) capital equipment *or* means of production

Produktionsstandard (m) production standard(s)

Produktionsziel (n) production target

produktiv productive

produktive Gespräche (npl) productive discussions

Produktivität (f) productivity

Produktivitätsprämie (f) productivity bonus

Produktivitätsvereinbarung (f) productivity agreement

Produktlinie (f) product line

Produktmix (m) product mix

Produktpalette (f) product range

Produktwerbung (f) product advertising

Produktzyklus (m) product cycle

Produzent (m) producer

produzieren produce (v) *or* make

Profi (m) *[Fachmann]* professional (n) *or* expert

Profit (m) profit

Profit-Center (n) profit centre

profitieren von profit from *or* benefit from

Prognose (f) forecast (n) *or* forecasting

prognostizieren forecast (v)

Programm (n) programme *or* program

Programm (n) *[Computer]* computer program

Programm (n) *[Plan]* plan *or* scheme

Programm (n) *[Sortiment]* range *[of products]*

Programm (n) *[Tagesordnung]* agenda

programmieren programme (v)

Programmierer/-in computer programmer

Programmiersprache (f) programming language

progressiv *[dynamisch]* progressive *or* go-ahead (adj)

progressive Besteuerung progressive taxation

Projekt (n) project *or* undertaking

Projektanalyse (f) project analysis

Projektentwurf (m) draft project

Projektleiter/-in project manager

Prokurist/-in authorized signatory *or* holder of a power of attorney; company secretary (GB)

Prolongation (f) extension *or* renewal

prolongieren extend *or* renew

prompt prompt *or* immediate

prompter Service (m) *od* **prompte Bedienung (f)** prompt service

proportional proportional

Prospekt (m) prospectus

Prospekt (m) *[Broschüre]* brochure

Prospekt (m) *[Verzeichnis]* catalogue

Prospekt (m) *[Waschzettel]* leaflet *or* pamphlet

Protest (m) protest (n) *[against something]*

Proteststreik (m) protest strike

Protokoll (n) minutes (n) *[of meeting]* *or* record (n) *[of what has happened]*

protokollieren *od* **zu Protokoll nehmen** minute (v) *or* record (v)

Provision (f) commission *[money]*

Provisionsagent/-in commission agent

Provisionsvertreter/-in commission rep

provisorisch provisional

Prozent (n) percentage *or* per cent

Prozentpunkt (m) percentage point

Prozentsatz (m) percentage (rate)

prozentual per cent

prozentualer Anstieg percentage increase

prozentualer Rabatt percentage discount

Prozeß (m) *[Klage]* lawsuit *or* action

Prozeß (m) *[Gerichtsverfahren]* legal proceedings *or* court case

Prozeß (m) *[Strafverfahren]* trial

Prozeß (m) *[Vorgang]* process (n)

prüfen *[Bücher]* audit (v) *or* check (v) *or* examine *[accounts]*

prüfen *[kontrollieren]* check *or* inspect *or* examine

prüfen *[testen]* test (v) *or* verify

prüfen *[untersuchen, erwägen]* examine *or* study *or* consider

Prüfmuster (n) check sample

Prüfung (f) *[Bücher]* audit (n) *or* examination *[of accounts]*

Prüfung (f) *[Erwägung]* consideration *or* examination

Prüfung (f) *[Examen]* examination *or* test

Prüfung (f) *[Kontrolle]* check *or* inspection *or* examination

Prüfung (f) *[Test]* test (n) *or* verification

Public Relations (pl) public relations (PR)

Publicity (f) publicity

Punkt (m) point

Punkt (m) *[Unterteilung]* item *[on agenda]*

pünktlich punctual *or* on time

pünktliche Zahlung prompt payment

Qq

qualifiziert qualified *[skilled]*

Qualität (f) quality

Qualitätskontrolle (f) quality control

Qualitätskontrolleur/-in quality controller

Quantität (f) quantity

Quartal (n) quarter *[three months]*

Quartalstag (m) quarter day

quartalsweise quarterly (adv)

Quellensteuer (f) tax deducted at source *or* withholding tax

Quittung (f) receipt *[paper]*

Quittungsblock (m) receipt book

Quittungsduplikat (n) duplicate receipt *or* duplicate of a receipt

Quote (f) quota

Rr

R-Gespräch (n) reverse charge call *or* collect call (US)

Rabatt (m) rebate *or* price reduction *or* discount (n)

Rabatt gewähren discount (v)

Rahmen frame(work)

Rate (f) instalment

Rate (f) *[Verhältnis]* rate (n) *[amount]*

raten advise *[what should be done]*

raten zu *[empfehlen]* recommend *or* suggest action

raten *[erraten]* guess (v)

Ratenzahlung (f) *[aufgeschobene Zahlung]* deferred payment *or* payment by instalments

rationalisieren rationalize

Rationalisierung (f) rationalization

rationell *[sparsam]* economical

rationell *[wirtschaftlich]* efficient

Raum (m) area *or* room *or* space *[general]*

räumen vacate *or* clear

Räumlichkeiten (fpl) premises

Raummaß (n) cubic measure

Räumungsverkauf (m) *[Ausverkauf]* clearance sale

Räumungsverkauf (m) *[Totalausverkauf]* closing-down sale

Raumverteilungsplan (m) floor plan

rausgeworfen werden get the sack

Reaktion (f) reaction *or* response

Realeinkommen (n) real income

realisierbar *[durchführbar]* realizable *or* viable *or* practicable *or* feasible

realisierbare Vermögenswerte (mpl) realizable assets

Realisierbarkeit (f) feasibility

realisieren realize *[sell for money]*

Realisierung (f) von Vermögenswerten realization of assets

Reallohn (m) real wages

Rechenhilfe (f) calculator

Rechenschaft (f) ablegen account for

Rechenzeit (f) computer time

Rechenzentrum (n) computer bureau

Rechner (m) *[Computer]* computer

Rechner (m) *[Taschenrechner]* calculator

Rechnersystem (n) computer system

Rechnung (f) *[Einzelrechnung]* invoice (n) *or* bill (n)

Rechnung (f) *[Restaurant]* bill (n) *[in a restaurant]*

Rechnung (f) *[Sammelrechnung]* account

Rechnung: in Rechnung stellen charge (v) *or* bill (v)

Rechnung ausstellen invoice (v)

Rechnungsabteilung (f) invoicing department

Rechnungsbericht (m) für die Betriebsführung management accounts

Rechnungsbetrag (m) invoice total *or* invoice amount

Rechnungslegung (f) zum Wiederbeschaffungswert current cost accounting

Rechnungsnummer (f) invoice number

Rechnungsstellung (f) billing

Recht (n) *[Gesetz]* law *[study]*

Recht (n) *[Anspruch]* right (n) *[legal title]*

rechte Hand right-hand man

rechtfertigen warrant (v) *or* justify

rechtlich legal *[referring to law]*

rechtliche Stellung legal status

rechtliche(r) Vertreter/-in attorney

rechtmäßig lawful *or* legal *or* rightful

rechtmäßige(r) Besitzer/-in rightful owner

rechts on the right

Rechtsabteilung (f) legal department

Rechtsanwalt/Rechtsanwältin lawyer

Rechtsberater/-in; legal adviser

Rechtsberatung (f) legal advice

rechtsgültig (legally) valid

Rechtsgültigkeit (f) validity (in law)

rechtshängig sub judice

Rechtsmittel (n) appeal (n) *[against a decision]*

Rechtsmittel (n) einlegen appeal (v) *[against a decision]*

Rechtsnachfolger/-in assignee *or* legal successor

Rechtsposition (f) legal status

recyceln recycle

Recyclingpapier (n) recycled paper

redlich bona fide *or* honest

reduzieren reduce *or* decrease (v)

Reduzierung (f) reduction *or* decrease (n)

Reederei (f) shipping company *or* shipping line

Reexport (m) re-export (n)

REFA-Studie (f) time and motion study

Referenz (f) *[Person]* reference *or* referee

Referenz (f) *[Zeugnis]* (letter of) reference *or* testimonial

Refinanzierung (f) eines Kredites refinancing of a loan

Regal (n) shelf

Regal(auf)füller (m) shelf filler

Regale (npl) shelving *[shelves]*

Regel (f) rule (n)

Regelkreis (m) *[Steuerungssystem]* control system

regelmäßig regular

regeln *[regulieren]* regulate *or* control

regeln *[erledigen]* settle *or* sort out

Regelung (f) regulation *or* control (n)

Regelung (f) *[Erledigung]* settlement *or* arrangement

reger Handel flourishing trade

Regierung (f) government (n)

regional regional

Register (n) *[Index]* index (n) *[alphabetical]*

Register (n) *[Verzeichnis]* register (n) *[official list]*

Registerführer/-in registrar

Registratur (f) registration *[action]*

Registratur (f) *[Aktenschrank]* filing cabinet

Registratur (f) *[Büro]* registry *or* records office

registrieren register (v) *or* record (v) *[in official list]*

Registrierung (f) registration *or* recording

regulär regular

regulieren regulate *[adjust]*; settle *[claim]*

rehabilitierte(r) Konkursschuldner/-in certificated bankrupt

reichen stretch *or* extend *or* reach (v)

Reihenfolge (f) order (n) *[certain way]*

Reinertrag (m) net yield

Reinfall (m) flop (n)

Reingewinn (m) clear profit *or* net profit

Reinvermögen (n) net assets *or* net worth

reinvestieren reinvest

Reinvestition (f) reinvestment

Reiseleiter/-in courier *[guide]* *or* tour leader

Reiseroute (f) itinerary *or* route

Reiz (m) appeal (n) *or* attraction

reizen appeal to (v) *or* attract

Reklamation (f) complaint

Reklamationsabteilung (f) complaints department

Reklame (f) *[Einzelwerbung]* advertisement

Reklame (f) *[Werbung]* publicity *or* advertising

Reklame machen promote *or* advertise *or* publicize

Reklametafel (f) hoarding *[for posters]* *or* billboard *[US]*

Rekord (m) record (n) *[better than before]*

rekordbrechend record-breaking

Rekordverluste (mpl) record losses

relevant relevant

Rendite (f) return (n) *or* yield *[on investment]*

rentabel paying *or* profitable *or* profit-making

Rentabilität (f) profitability *or* viability

Rentabilitätsmessung (f) measurement of profitability

Rente (f) pension

Rentenalter (n) retirement age

Rentenversicherungssytem (n) pension scheme

reorganisieren reorganize *or* restructure

Reparatur (f) repair (n)

Reparaturwerkstatt (f) repair shop *or* workshop *or* service centre

reparieren repair (v) *or* fix *or* mend

Repräsentant (m) representative *[company, person]*

repräsentativ representative (adj)

Reserve (f) reserve(s) *[money, supplies]*

Reservewährung (f) reserve currency

reservieren reserve (v) *or* book (v)

Reservierung (f) reservation *or* booking

Resolution (f) *[Beschluß]* resolution *[political]*

Resonanz (f) response *or* feedback

respektieren respect (v)

Ressourcen (fpl) resources

Ressourcen (fpl) zusammenlegen pool resources

Rest (m) rest *or* remainder *or* remnant

Restbetrag (m) balance (n) *or* residue

Restdividende (f) final dividend

restriktiv restrictive

restriktive Praktiken (fpl) restrictive practices

Resultat (n) result (n) *[general]*

resultieren result (v)

Retourwaren (fpl) returns *[unsold goods]*

revidieren *[überarbeiten]* revise *[correct]*

revidieren *[Bücher]* audit (v) *or* check (v) *[accounts]*

Revision (f) *[Buchprüfung]* audit (n) *or* auditing

Revision (f) *[juristisch]* appeal (n) *[legal]*

Revision (f) *[Überarbeitung]* revision *[correction]*

Revisor/-in auditor

Revolvingkredit (m) revolving credit

Rezeption (f) reception (desk)

Rezession (f) recession

richten an *[adressieren]* address to

Richter/-in judge (n)

richtig right (adj) *or* correct (adj)

Richtlinien (fpl) guidelines

Risiko (n) risk (n) *or* exposure

risikofreie Investition safe *or* secure investment

Risikokapital (n) risk capital *or* venture capital

risikolose Anlage risk-free investment

Risikopapiere (npl) junk bonds

Risikoprämie (f) risk premium

riskant risky

riskieren risk (v) *or* venture (v)

Rohentwurf (m) rough draft

Rohgewicht (n) gross weight

Rohgewinn (m) gross profit

Rohstoffe (mpl) raw materials

rollender Plan rolling plan

Ro-Ro-Schiff (n) roll on/roll off ship

Routine (f) routine (n)

Routineanruf (m) routine call

Routinearbeit (f) routine work

routinemäßig routine (adj)

Rückantwort (f) reply coupon

rückdatieren backdate

Rückerstattung (f) refund (n)

Rückforderung (f) clawback

Rückfracht (f) homeward freight

Rückgabe (f) return (n) *[sending back]*; restitution

Rückgang (m) *[Abflauen]* downturn

Rückgang (m) *[Abnahme]* decline (n) *or* decrease (n)

Rückgang (m) *[Sinken]* fall (n) *or* drop (n)

rückgängig machen revoke *or* rescind *or* call off

Rückkaufswert (m) surrender value

Rückkehr (f) return (n) *[going back]*

Rücklage (f) reserve(s) *[money]*

rückläufig *[nach unten]* declining *or* falling *or* downward(s)

Rückreise (f) return *or* homeward journey

Rückschlag (m) setback *or* reverse (n)

Rückseite (f) back (n)

Rücksendung (f) *[Rückgabe]* return (n) *or* sending back

Rücksendungen (fpl) *[Retourwaren]* returns *[unsold goods]*

Rückstand (m) backlog

Rückstand: im Rückstand in arrears

Rückstand: in Rückstand geraten fall behind

Rückstände (mpl) arrears

Rückstellung (f) provision *[money put aside]*

Rücktritt (m) resignation; withdrawal *[from a contract]*

Rücktrittsfrist (f) cooling off period *[on signing a contract]*

Rücktrittsklausel (f) cancellation clause *or* escape clause *or* let-out clause

Rückvergütung (f) rebate *or* refund (n)

Rückversicherer (m) reinsurer

rückversichern reinsure

Rückversicherung (f) reinsurance

rückwirkend retroactive *or* retrospective *or* backdated

rückwirkende Gehaltserhöhung retroactive pay rise

rückzahlbar repayable

Rückzahlung (f) payback *or* repayment

Rückzahlungsklausel (f) payback clause

Rufnummer (f) telephone number

Ruhestand (m) retirement

Ruhestand: in den Ruhestand treten retire (v)

ruhig calm *or* quiet *or* slack

ruinieren ruin (v) *or* bankrupt (v)

Rummel (m) hype (n)

Rumpfbelegschaft (f) skeleton staff

Rundschreiben (n) mailing shot *or* mail shot *or* circular (letter)

Rush-hour (f) rush hour

Rüstzeit (f) make-ready time *or* setting-up time

Ss

Sachanlagen (fpl) tangible assets

Sachbearbeiter/-in official; senior clerk

Sachbearbeiter/-in *[Fachmann]* specialist

Sache (f) matter (n) *or* affair *or* business

Sachkenntnis (f) expertise

sachkundig experienced *or* knowledgeable *or* (well-)informed

sachlich objective (adj)

Sachschaden (m) damage to property

Sachverständige(r) *[Experte]* expert

Sachverständige(r) *[Gutachter/-in]* surveyor

Safe (m) safe (n)

Saison (f) season *[time for something]*

saisonbedingt seasonal

saisonbedingte Abweichungen (fpl) seasonal variations

saisonbedingte Nachfrage seasonal demand

saisonbereinigte Beträge (mpl) seasonally adjusted figures

Saisonbereinigungen (fpl) seasonal adjustments

saldieren balance (v)

Saldo (m) balance (n)

Sammelladung (f) consolidated shipment

sanieren *[Stadtviertel]* redevelop *or* reconstruct *[district]*

sanieren *[Unternehmen]* turn round *or* rescue *or* reorganize *[company]*

Sanierung (f) *[Stadtviertel]* redevelopment *or* reconstruction *[of district]*

Sanierung (f) *[Unternehmen]* turnround *or* rescue operation *[of company]*

Sattelschlepper (m) articulated lorry *or* articulated vehicle

sättigen saturate

Sättigung (f) saturation

Satz (m) *[Set]* set (n)

Satz (m) *[Tarif]* rate (n) *[price]*

Satzung (f) *[Gesellschaftsvertrag]* articles of association

säumige(r) Schuldner/-in defaulter

säumiger Zahler slow payer

Schachtel (f) packet *or* box

Schachtel (f) Zigaretten packet of cigarettes

Schaden (m) damage (n) *or* harm (n)

Schaden erleiden *od* **nehmen** suffer damage

Schadenabteilung (f) claims department

Schadenersatz (m) damages *or* compensation for damage *or* indemnification

Schadenersatz leisten indemnify *or* pay damages

Schadenersatzklage (f) action for damages

Schadenfeststellung (f) damage survey *or* assessment of damages

Schadenfreiheitsrabatt (m) no-claims bonus

Schadenprüfung (f) damage survey

schadhaft *[beschädigt]* damaged

schadhaft *[defekt]* defective *or* faulty

schaffen *[gründen]* establish *or* create

Schalterstunden (pl) hours of business *or* opening hours

scharfer Wettbewerb stiff *or* keen competition

Schattenwirtschaft (f) black economy

schätzen *[taxieren]* assess *or* value (v)

schätzen *[ungefähr berechnen]* estimate (v) *or* calculate

schätzen *[würdigen]* value (v) *or* appreciate

Schätzer/-in valuer *or* assessor *or* estimator

Schätzung (f) *[Überschlag]* estimate (n) *or* estimation

Schätzung (f) *[Veranlagung]* rating *or* valuation *or* assessment

Schätzwert (m) estimated value

Schauermann (m) stevedore

Schaufenster (n) shop window

Schaufensterdekoration (f) window display *or* window dressing

Schaukasten (m) display case *or* showcase

Schaupackung (f) display pack *or* dummy pack

Scheck (m) cheque *or* check (US)

Scheckabschnitt (m) cheque stub

Scheckheft (n) cheque book

Scheckkarte (f) cheque (guarantee) card

Schecknummer (f) cheque number

Schein (m) banknote *or* bill (US)

scheinen appear *or* seem

scheitern break down (v) *or* fail *or* fall through

Scheitern (n) breakdown (n) *[talks]* *or* failure

schenken give *[as gift]* *or* present (v)

Schicht (f) shift (n) *[team of workers]*

Schichtarbeit (f) shift work

schicken send *or* dispatch (v)

Schiebung (f) fiddle (n) *or* fix (n) *or* shady deal

Schiedsgericht (n) für Mietstreitigkeiten rent tribunal

Schiedsgericht (n) für wirtschaftliche Streitigkeiten industrial arbitration tribunal

Schiedsgerichtverfahren (n) arbitration

Schiedskommission (f) arbitration board *or* arbitration tribunal

Schiedsrichter/-in arbitrator

Schiedsrichter/-in in einem Disput sein adjudicate in a dispute

Schiedsspruch (m) (arbitration) award

Schiff (n) ship (n)

Schiffsmakler/-in ship broker

Schild (n) *[Aushang]* sign (n)

Schild (n) *[Preisschild]* (price) tag *or* ticket

Schilderung (f) description

schlecht verwalten mismanage

schlechte Verwaltung maladministration

schlechter Kauf bad buy

schlechter Service poor service

Schleuderpreise (mpl) knockdown prices *or* rock-bottom prices

Schlichter/-in *[Krisenmanager/-in]* troubleshooter

Schlichter/-in *[Schiedsrichter/-in]* arbitrator *or* adjudicator *or* mediator

Schlichtung (f) conciliation *or* arbitration *or* mediation

Schlichtungskommission (f) arbitration board *or* arbitration tribunal

schließen *[eingehen]* conclude *or* make *[deal]*

schließen *[einstellen]* close down *or* shut down *or* wind up

schließen *[Versammlung beenden]* close *or* wind up *[meeting]*

schließen *[zumachen]* close (v) *or* shut (v)

Schließung (f) closing (n) *or* closure

Schloß (n) lock (n)

Schlupfloch (n) in der Steuergesetzgebung tax loophole

Schluß (m) end (n) *or* close (n) *or* closing *or* conclusion

Schlußbestand (m) closing stock

Schlußdividende (f) *[Aktien]* final dividend

Schlußdividende (f) *[Versicherung]* terminal bonus

Schlüssel (m) key

Schlüssel (m) *[Kode]* code

schlüsselfertiges Projekt turnkey operation *or* project

Schlüsselindustrie (f) key industry

Schlüsselposition (f) *od* **Schlüsselstellung (f)** key post

Schlußnotierung (f) *[Börse]* closing price

Schlußsaldo (m) closing balance

Schlußtag (m) closing date

schmieren bribe (v)

Schmiergeld (n) bribe (n) *or* backhander

Schnäppchen (n) bargain (n) *or* snip

schnell steigen take off *or* rise fast

schnell verkäufliche Artikel (mpl) fast-selling items

Schnittstelle (f) interface (n)

Schnitzer (m) slip (n) *or* blunder (n)

schon lange bestehend long-standing

Schönschrift (f) near letter-quality (NLQ)

Schranke (f) barrier

Schreibarbeit (f) clerical work *or* paperwork

schreiben write

Schreiben (n) writing *[action]*

Schreibfehler (m) clerical error

Schreibkräfte (fpl) clerical staff

Schreibtisch (m) desk

Schriftführer/-in secretary *[company official]*

schriftlich abfassen put in writing

schriftliche Vereinbarung written agreement

Schriftverkehr (m) correspondence

Schritt halten mit keep up with

schrittweise einführen phase in

Schuld (f) *[Verantwortlichkeit]* blame (n) *or* fault (n)

Schuld (f) *[Zahlungsverpflichtung]* debt

schulden owe

Schulden (fpl) einziehen *od* **eintreiben** collect a debt

Schulden machen *od* **in Schulden geraten** get into debt *or* incur debts

Schuldeneintreiber/-in debt collector

Schuldeneintreibung (f) debt collection

Schuldentilgung (f) in voller Höhe full discharge of a debt

Schuldner/-in debtor

Schuldrecht (n) contract law

Schuldschein (m) note of hand *or* promissory note *or* IOU

Schuldverschreibung (f) debenture (bond)

Schulung (f) training

Schundanleihen (fpl) junk bonds

Schutz (m) shelter *or* protection *or* cover

schützen safeguard *or* protect

Schutzzoll (m) protective tariff

schwacher Markt weak market

schwanken fluctuate *or* vary

Schwankung (f) fluctuation *or* variation

schwarze Liste black list (n)

Schwarzmarkt (m) black market

schwebend pending

Schwelle (f) threshold

Schwellenpreis (m) threshold price

Schwemme (f) glut (n)

Schwergut (n) deadweight cargo

Schwerindustrie (f) heavy industry

Schwermaschinen (fpl) heavy equipment *or* heavy machinery

Schwertransporter (m) heavy goods vehicle (HGV)

Schwestergesellschaft (f) sister company

Schwesterschiff (n) sister ship

Schwindelgeschäft (n) fraudulent transaction

Schwund (m) wastage *or* shrinkage *or* leakage

Seehandel (m) maritime trade

Seerecht (n) maritime law

Seeversicherer (m) marine underwriter

Seeversicherung (f) marine insurance

seit langem bestehend old-established

seit langem bestehender Vertrag long-standing agreement

Seite (f) side

Sekretär/-in secretary

Sekretärinnenschule (f) secretarial college

Sektor (m) sector

selbständig self-employed *or* independent

selbstdurchschreibend carbonless

selbstfinanzierend self-financing (adj)

Selbstfinanzierung (f) self-financing (n)

Selbstkosten (pl) direct cost(s) *or* prime cost(s)

Selbstkostenpreis (m) cost price

Selbstläufer (mpl) fast-selling items

selbstregulierend self-regulatory

Seltenheitswert (m) rarity *or* scarcity value

Semester (n) (half-yearly) term

Sendung (f) dispatch (n) *or* consignment *or* shipment

Sendung (f) *[TV, Radio]* broadcast *or* programme

Seniorpartner/-in senior partner

senken cut (v) *or* bring down *or* lower (v) *or* mark down

Senkung (f) cut (n) *or* reduction *or* lowering *or* abatement

Sequester (m) sequestrator

Sequestration (f) sequestration

sequestrieren sequester *or* sequestrate

Serie (f) series *or* batch (n) *[of products]*

serienmäßig herstellen mass-produce

serienmäßige Herstellung mass production

Seriennummer (f) serial number *or* batch number

seriös serious *or* reputable *or* reliable

Service (m) service (n) *[business]*

Set (n) set (n)

setzen place *or* put (v)

Shifttaste (f) shift key

sicher *[geschützt]* safe (adj) *or* secure

sicher *[gewiß]* certain *or* sure

sichere Investition *od* **Kapitalanlage** secure investment

sicherer Arbeitsplatz secure job

Sicherheit (f) *[Schutz]* safety *or* security

Sicherheit (f) *[Deckung]* collateral (n) *or* guarantee *or* security

Sicherheit (f) *[Zuverlässigkeit]* reliability *or* sureness

Sicherheit (f) des Arbeitsplatzes job security *or* security of employment

Sicherheitsleistung (f) security *or* surety

Sicherheitsvorkehrungen (fpl) safety measures *or* safety precautions

Sicherheitsvorschriften (fpl) safety regulations

sichern *[Computer]* back up (v) *or* save *[on computer]*

sichern *[schützen]* safeguard *or* save

sichern: sich sichern secure *[funds]*

Sicherungskopie (f) backup copy

Sicht (f) sight

sichtbare Importe (mpl) visible imports

sichtbarer Handel visible trade

Sichteinlage (f) demand deposit *or* sight deposit

Sichttratte (f) sight draft

Sichtwechsel (m) demand bill *or* sight draft

Silo (m) silo *or* (grain) elevator

Sinken (n) fall (n) *or* drop (n) *or* decline (n)

sinken fall (v) *or* drop (v) *or* go down *or* decrease (v)

Situation (f) situation *or* state of affairs

Sitz (m) base (n) *or* headquarters

Sitzladefaktor (m) load factor

Sitzstreik (m) sit-down protest *or* sit-down strike

Sitzung (f) meeting *or* session

Sitzungssaal (m) boardroom

Skala (f) scale *[system]*

Skonto (m *od* **n)** cash discount

sofortig immediate *or* instant *or* prompt

Sofortkredit (m) instant credit

Sofortliquidität (f) spot cash

Software (f) software

Solidargläubiger (m) co-creditor

Solidaritätsstreik (m) sympathy strike

Soll (n) debit (n)

Soll und Haben debits and credits

Sollbuchung (f) debit entry

Sollsaldo (m) debit balance

Sollspalte (f) debit column

Sollzinsen (mpl) interest charges

solvent solvent (adj)

Solvenz (f) solvency

Sommerschlußverkauf (m) summer sale(s)

Sonderabschreibung (f) accelerated depreciation

Sonderangebot (n) special offer *or* bargain offer

Sonderausgaben (fpl) extras

Sonderposten (mpl) exceptional items *or* extraordinary items

Sonderurlaub (m) special leave *or* leave of absence

Sonderziehungsrechte (npl) (SZR) special drawing rights (SDRs)

Sonderzubehör (npl) optional extras

sondieren sound out *or* explore

Sorge (f) worry *or* concern (n)

Sortiment (n) product range

Sozialhilfe (f) social security

sozialökonomische Gruppierungen (fpl) socio-economic groups

Sparbuch (n) savings book *or* bank book *or* passbook

sparen save (v)

Sparkonto (n) deposit account *or* savings account

sparsam economical

sparsam wirtschaften economize

Sparsamkeit (f) economy *[saving]*

spät late (adv)

Spediteur (m) *[Befrachter]* shipper *or* shipping agent

Spediteur (m) *[Fernspediteur]* road haulier *or* haulage contractor

Spediteur (m) *[Zwischentransporteur]* forwarding agent *or* freight forwarder

Spedition(sfirma) (f) shipping agency *or* freight forwarder *or* removals company *or* haulage firm

Speicher (m) sore *or* storage

Speicher (m) *[Computer]* computer memory

Speichereinheit (f) storage unit

speichern store (v) *[keep for future]*

Sperre (f) stop (n) *or* check (n)

sperren freeze *[credits]*; stop *[cheque]*; block *[trade]*

sperrig bulky

Spesen (pl) expenses

Spesenaufstellung (f) statement of expenses

Spesenkonto (n) *od* **Spesenrechnung (f)** expense account

spezialangefertigt custom-built *or* custom-made

Spezialisierung (f) specialization

Spezialist/-in specialist

speziell special

Spezifikation (f) specification

spezifizieren specify

spezifizierte Rechnung detailed account

Spitze (f) top (n) *or* head (n)

Spitzen- first-class *or* top-grade *or* high-level

Spitzenqualität (f) top quality

Spitzenumsätze (mpl) record sales

Sponsern (n) sponsorship

sponsern sponsor (v)

Sponsor/-in sponsor (n)

Spontankäufer/-in impulse buyer

Spottpreis (m) bargain price

sprunghaft ansteigen soar

Staat (m) *[Land]* country *or* nation state

Staat (m) *[Regierung]* state (n) *[government]*

staatlich state (adj) *or* government(al) (adj)

staatlich gefördert government-sponsored

staatlich gelenkt government-controlled *or* state-controlled

staatlich vorgeschrieben government-regulated

Staatsanleihen (fpl) government bonds *or* government stock

Staatsanwalt/Staatsanwältin prosecution counsel

Staatsanwaltschaft (f) prosecution *[party in legal action]*; public prosecutor's office

Staatsfinanzen (pl) public finance(s)

Staatshaushalt (m) budget (n) *[government]*

Stabdiagramm (n) bar chart

stabil stable *or* firm (adj) *or* sound (adj)

stabile Preise (mpl) stable prices

stabile Währung stable currency

stabile Wirtschaft stable economy

stabiler Wechselkurs stable exchange rate

stabilisieren stabilize *or* peg *[prices]*

Stabilisierung (f) stabilization

Stabilität (f) stability *or* steadiness

Stadium (n) stage (n) *or* phase (n)

Stadtplan (m) town plan *or* street directory

staffeln *[Arbeitszeit, Ferientermine]* stagger (v) *[times]*

staffeln *[Zahlungen]* grade (v) *or* stage (v) *[payments]*

Staffeltarife (mpl) differential tariffs

Stagnation (f) stagnation

stagnierend stagnant

Stammaktien (fpl) equities *or* ordinary shares

Stammkunde/Stammkundin regular customer; customer of long standing

Stand (m) *[Markt]* market stall

Stand (m) *[Messe]* stand (n) *[at exhibition]*

Stand (m) *[Niveau]* level

Stand (m) *[Lage]* position *or* state of affairs

Stand: auf dem neusten Stand up to date

Standard (m) standard (n)

Standardbrief (m) standard letter

Standardgröße (f) stock size *or* regular size

standardisieren standardize

Standardisierung (f) standardization

Standby-Kredit (m) standby credit

Standby-Ticket (n) standby ticket

Standesamt (n) registry office

Standesbeamte(r)/-beamtin registrar

ständig wiederkehrend recurrent

ständiges Personal regular staff

Standort (m) base (n) *or* site *or* location

Stange (f) *[Karton]* carton *[box]*

Stapel (m) pile (n) *or* stack (n); batch (n) *[of orders]*

stapeln pile up *or* stack (v); batch (v) *[orders]*

Stapelverarbeitung (f) batch processing

stark strong *or* heavy *or* severe *or* hard

starke Währung strong currency

starker Konjunkturrückgang slump (n) *[depression]*

Start (m) start (n)

Startkapital (n) initial capital

stationieren station (v) *or* base (v) *[in a place]*

Statistik (f) statistics

Statistiker/-in statistician

statistisch statistical

statistische Analyse statistical analysis

stattfinden take place

stattgeben allow *or* grant (v)

Status (m) status

Statussymbol (n) status symbol

Stauer (m) stevedore

Stecker (m) plug (n) *[electric]*

steigen advance (v) *or* appreciate *or* climb *or* gain *or* improve *or* increase (v)

steigende Gewinne (mpl) increasing profits

steigende Tendenz upward trend

Stelle (f) *[Arbeit]* appointment *or* job *or* employment *or* place *or* post

Stelle (f) *[math.]* decimal place

Stelle (f) *[Ort, Platz]* place *or* spot

Stelle (f) *[Zeitpunkt]* point (in time)

Stellenangebote (npl) situations vacant *or* appointments vacant *or* job vacancies

Stellenbeschreibung (f) job specification *or* job description

Stellenbewerber/-in applicant for a job

Stellenbewerbung (f) application for a job *or* job application

Stellenkürzungen (fpl) job cuts

Stellenvermittlung (f) employment agency *or* employment bureau

Stellung (f) *[Posten, Arbeitsplatz]* position *or* post *or* job

Stellung (f) *[Rang]* position *or* rank *or* status

stellvertretend *[von Amts wegen]* deputy *or* vice- *or* assistant

stellvertretend *[vorübergehend]* acting

stellvertretend abgegebene Stimme proxy vote

stellvertretende(r) geschäftsführende(r) Direktor/-in deputy managing director

stellvertretende(r) Geschäftsführer/-in deputy manager

stellvertretende(r) Leiter/-in assistant manager *or* acting manager

Stellvertreter/-in *[Bevollmächtigte(r)]* proxy *or* representative

Stellvertreter/-in *[Vize]* deputy *or* assistant (n)

Stempel (m) stamp (n) *or* seal; postmark

Stempelgebühr (f) stamp duty

stempeln stamp (v) *[mark]*; postmark (v)

Sterling (m) sterling

Sterne-Hotel (n) graded hotel

stetig steady *or* continuous

Steuer (f) tax (n) *or* duty *or* levy (n)

Steuerabzüge (mpl) tax deductions *[taken from salary to pay tax]*

Steueranpassungen (fpl) tax adjustments

Steuerausweichung (f) tax avoidance

steuerbefreit tax-exempt

Steuerbefreiung (f) tax exemption *or* exemption from tax

Steuerbegünstigung (f) tax concession *or* tax shelter

Steuerberater/-in tax adviser *or* tax consultant

Steuerbescheid (m) tax assessment *[notice]*

Steuerdelikt (n) tax offence

Steuereinnehmer/-in tax collector

Steuereinziehung (f) tax collection

Steuererklärung (f) tax return *or* tax declaration

Steuererleichterung (f) tax relief

steuerfrei free of tax *or* tax-free *or* tax-exempt

Steuerfreibetrag (m) tax allowance

steuerfreies Einkommen non-taxable income

Steuergutschrift (f) tax credit

Steuerhinterziehung (f) tax evasion

Steuerjahr (n) tax year *or* fiscal year

Steuerklasse (f) tax bracket *or* tax schedule

steuerlich absetzbar *od* **steuerlich abzugsfähig** tax-deductible

Steuern hinterziehen evade tax

Steueroase (f) tax haven

steuerpflichtig taxable

steuerpflichtiges Einkommen taxable income

Steuersatz (m) tax rate

Steuerschuld (f) back tax

Steuersenkungen (fpl) tax reductions *or* tax cuts

Steuerungssystem (n) control system

Steuerveranlagung (f) tax assessment *[process]*

Steuervergünstigung (f) tax concession *or* tax relief

Steuerzahler (m) taxpayer

Stichprobe (f) random check *or* random sample

Stichprobenauswahl (f) random sampling

Stichprobenerhebung (f) sample survey

Stichtag (m) *[Frist]* deadline

Stichtag (m) *[jur.]* effective date

stille Reserven (fpl) hidden reserves

stille(r) Teilhaber/-in sleeping partner *or* silent partner

Stillegung (f) closure *or* shutdown

stillschweigende Genehmigung tacit approval

Stillstand (m) *[Halt]* standstill *or* stop (n) *or* stoppage *or* deadlock

Stillstand (m) *[Stagnation]* stagnation

Stimulus (m) stimulus

Stipendium (n) grant (n)

Stock (m) floor *[level]*

stockend stagnant

Stockung (f) hold-up (n) *or* stoppage *or* jam

Stopp (m) stop (n) *or* halt (n); freeze (n) *[wages]*

stoppen stop (v) *or* block (v) *or* freeze (v)

stornieren cancel *[order, cheque]*

stornieren *[Buchung]* reverse (v) *or* contra (v) *[an entry]*

Störung (f) *[Defekt]* fault *or* defect

Störung (f) *[Unterbrechung]* disturbance

Stoß (m) *[Stapel]* batch (n) *or* stack *[of orders]*

Stoßzeit (f) peak period *or* rush hour

Strafe (f) punishment *or* penalty *or* fine

Strafklausel (f) penalty clause

strafrechtlich verfolgen prosecute

strafrechtliche Verfolgung prosecution *[legal action]*

Strafverteidiger/-in defence counsel

Straße (f) street *or* road

Straßentransport (m) road transport

Strategie (f) strategy

strategisch strategic

strategische Planung strategic planning

streben nach aim (v) *or* strive for

Strecke (f) route (n) *or* run (n)

streichen *[entfernen]* cross off *or* delete *or* remove

streichen *[kürzen]* cut (v) *or* cancel

Streik (m) strike (n)

streiken strike (v)

Streikende(r) striker

Streikverbotsabkommen (n) no-strike agreement

Streikverbotsklausel (f) no-strike clause

Streit (m) argument *or* dispute (n)

streuen spread *[risk]*

Strichkode (m) bar code

Struktur (f) structure (n)

strukturell structural

strukturelle Anpassung structural adjustment

strukturelle Arbeitslosigkeit structural unemployment

strukturieren structure (v) *[arrange]*

Stück (n) *[Einheit]* unit *[item]*

Stück (n) *[Teil]* piece

Stückkosten (pl) unit cost(s)

Stücklohnsatz (m) piece rate

Stückpreis (m) unit price

Studie (f) study (n) *[analysis]*

stufen grade (v) *[prices]*

Stunde (f) hour

Stundenlohn (m) hourly wage

Stundensatz (m) hourly rate

stundenweise hourly

stundenweise bezahlte Arbeiter (mpl) hourly-paid workers

stündlich hourly

Sturmschaden (m) storm damage

Sturz (m) fall (n) *or* drop (n) *or* collapse (n) *or* slump (n)

stürzen fall (v) *or* drop (v) *or* slump (v) *or* plunge

Stützungspreis (m) support price

Submittent (m) bidder *or* tenderer

Substanzwert (m) asset value *[of a company]*

Subunternehmer (m) subcontractor

Subunternehmervertrag (m) subcontract (n)

Subvention (f) subsidy *or* subvention *or* grant (n)

subventionieren subsidize

Summe (f) sum *or* amount *or* total (n)

Summe (f) der Aktiva total assets

Supermarkt (m) supermarket

Symbol (n) symbol *or* token

symbolische Zahlung token payment

Sympathiestreik (m) sympathy strike

Synergie (f) synergy

System (n) system

Systemanalyse (f) systems analysis

Systemanalytiker/-in *od* **Systemberater/-in** systems analyst

Tt

tabellarisch darstellen tabulate (v)

tabellarische Aufstellung tabulation

tabellarisieren tabulate (v)

Tabellarisierung (f) tabulation

Tabelle (f) table *or* chart *or* scale

Tabellenkalkulation (f) spreadsheet *[computer]*

Tabulator (m) tabulator

Tachograph (m) tachograph

Tag (m) day

Tag (m) des Inkrafttretens effective date

Tageskurs (m) *[Devisen]* current rate of exchange

Tageskurs (m) *[Effekten]* current price *[shares]*

Tagesordnung (f) agenda

Tagespreis (m) current price

täglich daily *or* day-to-day

Tagschicht (f) day shift

Tagung (f) conference

Tanker (m) tanker

Tantiemen (fpl) royalty

Tara (f) tare

Tarif (m) tariff *[price]*

Tasche (f) *[Handtasche]* bag

Tasche (f) *[Kleidung]* pocket (n)

Taschengeld (n) spending money *or* pocket money

Taschenkalender (m) pocket diary

Taschenrechner (m) pocket calculator

Tastatur (f) keyboard (n)

Taste (f) key *[on keyboard]*

tätig werden take action

tatsächlich actual

Tausch (m) exchange (n) *or* swap (n) *or* barter (n)

tauschen exchange (v) *or* convert *or* swap (v) *or* barter (v)

Tauschgeschäft (n) barter (deal)

Tauschhandel (m) barter(ing)

Tauschhandel treiben barter (v)

technisch auf dem neusten Stand state-of-the-art

Teil (m) part (n) *or* proportion *or* piece

teilabschreiben write down *[assets]*

Teilabschreibung (f) writedown *[of asset]*

teilen divide (v)

teilen: sich teilen share (v)

Teilhaber/-in associate (n) *or* partner (n)

Teilhaberschaft (f) partnership

teilnehmen (an) attend *[meeting]* *or* participate

Teilschaden (m) partial loss

Teilzahlung (f) part payment *or* partial payment; hire purchase

Teilzahlungskauf (m) hire purchase (HP)

Teilzahlungskreditinstitut (n) hire-purchase company

Teilzeitarbeit (f) part-time work

Teilzeitbeschäftigung (f) part-time employment

Teilzeitkraft (f) part-timer

Telefax (n) fax (n)

telefaxen fax (v)

Telefon (n) phone (n) *or* telephone (n)

Telefonbuch (n) phone book *or*

telephone book *or* telephone directory

Telefongespräch (n) phone call *or* telephone call

Telefonist/-in telephonist

Telefonkarte (f) phone card

Telefonleitung (f) telephone line

Telefonnummer (f) phone number *or* telephone number

Telefonverkauf (m) telesales

Telefonzentrale (f) *[in einem Unternehmen]* telephone switchboard

Telefonzentrale (f) *[Vermittlungsamt]* telephone exchange

telegrafieren cable (v) *or* telex (v)

Telegrammanschrift (f) cable address

Telex (n) telex (n)

Tendenz (f) tendency *or* trend

Termin (m) *[Frist]* (delivery) date *or* deadline

Termin (m) *[Verabredung]* appointment *[meeting]*

Terminabsage (f) cancellation of an appointment

Terminal (m *od* **n)** *[Flughafen]* airport terminal

Terminal (n) *[Computer]* computer terminal

Termineinlage (f) time deposit *or* term deposit

Terminjäger (m) progress chaser

Terminkalender (m) appointments book *or* diary

Terminkauf (m) forward buying

Terminkontrakt (m) forward contract *or* futures contract

Terminkurs (m) forward rate *or* futures rate

Terminlieferung (f) future delivery

Terminmarkt (m) forward market *or* futures market

Terminplanung (f) scheduling

Terminverkäufe (mpl) forward sales *or* futures sales

Test (m) test (n)

testen test (v)

teuer dear *or* expensive *or* highly-priced

Teuerungszulage (f) cost-of-living bonus

Texteingabe (f) keyboarding

Textmarker (m) marker pen

Textverarbeitung (f) word-processing

Thema (n) theme *or* matter (n) *or* subject *or* topic

Tiefpunkt (m) *od* **Tiefstand (m)** bottom *or* low (point)

tilgen redeem *or* pay off *[debt]*; amortize

Tilgung (f) repayment *or* redemption *[of a loan]* *or* amortization *or* discharge [of debt]

Tilgungstermin (m) redemption date

Tilgungszeitraum (m) payback period

Timing (n) timing

Tip (m) tip (n) *[advice]*

tippen auf tip (v) *[say what might happen]*

Tischkalender (m) desk diary

Tochter(gesellschaft) (f) subsidiary (company)

Tonnage (f) tonnage

Tonne (f) ton *or* tonne

Topmanagement (n) top management

tot dead (adj)

total total *or* complete *or* all-out *or* full-scale

Totalausverkauf (m) closing-down sale

Totalverlust (m) dead loss *or* total loss

Touristenklasse (f) economy class *or* tourist class

tragbar portable

tragen *[haben]* bear (v) *or* carry *or* have

tragen *[übernehmen]* bear (v) *or* pay for *or* defray *[costs]*

Transfer (m) transfer (n)

Transitraum (m) transit lounge

Transitvisum (n) transit visa

Transitwaren (fpl) goods in transit

Transport (m) transport (n) *or* transportation; shipping

Transport (m) auf dem Land- und Seeweg surface transport

Transporteinrichtungen (fpl) transport facilities

Transporter (m) carrier *or* transporter *[vehicle]*

Transportflugzeug (n) freight plane *or* cargo plane

transportieren transport (v)

Transportkosten (pl) haulage *or* freight costs *or* carriage

Transportmöglichkeiten (fpl) transport facilities

Transportschiff (n) cargo ship

Transportunternehmen (n) carrier *or* haulage firm *or* shipping company

Transportunternehmer (m) haulage contractor *or* haulier *or* shipper

Trassant (m) drawer

Trassat (m) drawee

Tratte (f) draft (n) *or* bill of exchange

Treffpunkt (m) meeting place

Trend (m) trend

trennen separate (v)

Tresen (m) (shop) counter

Tresor (m) *[Raum]* strongroom *or* safe deposit *or* (bank) vault

Tresor (m) *[Safe]* safe (n) *or* strongbox

Treuhandgesellschaft (f) trust company

Treuhandkonto (n) escrow account

tricksen fiddle (v)

Trinkgeld (n) tip (n) *[money]*

Trinkgeld geben tip (v) *[give money]*

Tür (f) door

Tüte (f) bag

Typenraddrucker (m) daisy-wheel printer

typisch typical *or* characteristic *or* representative (adj)

Uu

überarbeiten revise *or* rework

überbelegen overbook (v); over crowd (v)

Überbelegung (f) overbooking; overcrowding

Überbesetzung (f) overmanning

Überbestand (m) excess stock *or* overstocks (US)

überbewerten overvalue

Überbezahlung (f) overpayment

überbieten outbid

Überbringer/-in bearer

Überbringerscheck (m) cheque to bearer

überbuchen overbook

Überbuchung (f) overbooking

Übereignungsurkunde (f) deed of assignment

Übereinkunft (f) understanding *or* arrangement *or* agreement

übereinstimmen mit *[Meinung]* agree with *[of same opinion]*

übereinstimmen mit *[Zahlen]* agree with *[be the same as]*

überfällig overdue

überfällige Bestellungen abwickeln release dues

überflüssig superfluous *or* redundant

übergeben hand over *or* present (v)

übergeordnet senior

Übergewicht (n) excess baggage

Übergewicht haben be overweight

Übergewinn (m) excess profit(s)

Übergröße (f) outsize (OS)

Überhang (m) surplus *or* glut (n)

überhöhte Preise (mpl) inflated prices

Überkapazität (f) overcapacity *or* excess capacity

überlegen *[bedenken]* consider

überlegen *[besser]* superior (adj) *[better quality]*

Überlegungsfrist (f) cooling off period *[on signing a contract]*

übermäßig excessive

übermäßige Kosten (pl) excessive costs

Übernahme (f) *[von Firmen]* takeover *[of companies]*

Übernahme (f) *[von Verantwortung, Risiko]* assumption *or* acceptance *[of risk, responsibility]*

Übernahme (f) aller Kosten all expenses paid

Übernahmeangebot (n) takeover bid

Übernahmekonsortium (n) takeover consortium; underwriting syndicate

Übernahmeobjekt (n) takeover target

übernehmen *[ablösen]* take over *[from someone else]*

übernehmen *[sich verpflichten]* undertake *or* take on *or* assume

übernehmen *[tragen]* defray *or* bear *[costs]*

Überproduktion (f) overproduction

überproduzieren overproduce

überprüfen check (v) *or* examine *or* inspect *or* verify

Überprüfung (f) check (n) *or* examination* inspection *or* verification

überragend outstanding *or* exceptional

überregionale Werbung national advertising

überschätzen overestimate (v)

Überschlag (m) estimate (n) *or* rough calculation

überschreiten exceed *or* overrun

Überschuß (m) surplus *or* excess

überschüssige Warenbestände veräußern dispose of excess stock

überschwemmen flood (v) *or* swamp (v)

Übersee overseas (n)

Überseehandel (m) overseas trade

überseeisch overseas (adj)

Überseemärkte (mpl) overseas markets

übersetzen translate

Übersetzer/-in translator

Übersetzung (f) translation

Übersetzungsbüro (n) translation bureau

übersteigen exceed *or* top (v)

Überstunden (fpl) overtime

Überstundenlohn (m) overtime pay

Überstundenverbot (n) overtime ban

übertragbar transferable

übertragbares Wertpapier negotiable instrument

übertragen carry forward *or* transfer

übertragener Saldo balance carried down *or* carrried forward

Übertragung (f) *[eines Wechsels]* delivery *[of bill of exchange]*

Übertragung (f) *[Übergabe]* assignment *or* cession *or* transfer

Übertragungsurkunde (f) (deed of) conveyance

übertreten infringe *or* violate

überwachen monitor (v) *or* supervise

Überwachung (f) monitoring *or* supervision *or* control (n)

überwechseln switch over to

überweisen transfer (v) *or* remit (v)

Überweisung (f) transfer (n) *or* remittance

überzählig surplus (adj) *or* spare

überziehen overdraw

Überziehungskredit (m) overdraft (facility)

überzogenes Konto overdrawn account

üblich usual *or* normal *or* standard

üblicher Satz going rate

übrigbleiben remain *or* be left

Ultimo (m) month end

Ultimoabrechnung (f) month-end accounts

umfassend comprehensive *or* extensive *or* full-scale

umgehen avoid *or* evade *or* get round *[a problem]*

umgehend immediate(ly) *or* prompt(ly)

Umgehung (f) avoidance *or* evasion

umgekehrt reverse (adj)

umkehren reverse (v)

Umlauf (m) *[Rundschreiben]* circular (letter)

Umlauf (m) *[Verbreitung]* circulation *[of money]*

Umlaufvermögen (n) current assets

Umrechnungskurs (m) conversion price *or* conversion rate

Umsatz (m) turnover *or* sales

Umsatzanalyse (f) sales analysis

Umsatzkurve (f) sales curve

umsatzloses Konto dead account

Umsatzrückgang (m) drop in sales

Umsatzsteuer (f) turnover tax *or* sales tax

Umsatzvolumen (n) sales volume

Umschalttaste (f) shift key

Umschlaghafen (m) entrepot port *or* port of transshipment

Umschlaghäufigkeit (f) turnover *[of stock]*

umschulden refinance *or* reschedule *or* roll over *[a debt]*

umschulen retrain

Umschulung (f) retraining

Umschwung (m) reversal *or* about-turn

umsehen: sich umsehen look around; shop around

umsetzen turn over (v) *[make sales]*

umsonst *[gratis]* gratis *or* free (of charge)

umstellen switch over to *or* convert

umstrukturieren restructure *or* reorganize

Umstrukturierung (f) restructuring *or* reorganization

umtauschbar exchangeable

umtauschen *[Geld]* change (v) *or* convert

umtauschen *[Waren]* exchange (v) *[one thing for another]*

umverteilen redistribute

umwandeln change (v) *or* convert *or* commute

Umwandlung (f) change (n) *or* conversion

umziehen move (v) *[house, office]*

Umzug (m) move (n) *or* removal *[to new house]*

unabhängig *[autonom]* self-sufficient

unabhängig *[ungebunden]* independent

unabhängige Revision independent *or* external audit

unabhängiges Unternehmen independent company

unangemeldeter Vertreterbesuch *od* **unangemeldetes Verkaufsgespräch** cold call

unausgefüllt *[Formular]* blank (adj)

unbedeutend insignificant *or* minor *or* negligible

unbeschränkte Haftung unlimited liability

unbeschränktes Monopol absolute monopoly

unbesetzt free (adj) *or* vacant *or* unoccupied

unbestätigt unconfirmed

unbezahlt unpaid *or* owing *or* outstanding

unbezahlte Rechnungen (fpl) unpaid invoices

uneinbringliche Forderung irrecoverable debt *or* bad debt

uneinheitlich *[unterschiedlich]* mixed *[neither good nor bad]* *or* varied

unerläßlich essential *or* imperative

unerlaubt unauthorized *or* illegal *or* illicit

unerledigte Aufträge (mpl) back orders *or* outstanding orders

unerschwinglich prohibitive *or* exorbitant

unfähig *[körperlich]* incapable *or* unable

unfähig *[inkompetent]* incompetent *or* inefficient

ungeachtet regardless of *or* in spite of

ungebunden *[unabhängig]* independent *or* unattached

ungedeckter Scheck dud cheque *or* rubber check (US)

ungefähr approximate *or* rough

ungelernt unskilled

ungelernte Arbeitskraft unskilled *or* manual worker

ungenau inaccurate *or* inexact

ungenutzte Kapazität aufbrauchen use up spare capacity

ungeprüft unchecked *or* untested

ungeprüfte Geschäftsbücher (npl) unaudited accounts

ungerade odd *[not even]*

ungerade Zahlen (fpl) odd numbers

ungerechtfertigte Entlassung unfair dismissal

ungesetzlich illegal *or* unlawful

Ungesetzlichkeit (f) illegality

ungültig void (adj) *or* invalid (adj)

ungültig: für ungültig erklären invalidate *or* void (v)

Ungültigkeit (f) invalidity

Ungültigkeitserklärung (f) invalidation

ungünstig unfavourable *or* adverse

ungünstiger Wechselkurs unfavourable exchange rate

unilateral unilateral

Universalversicherung (f) comprehensive *or* all-risks (insurance) policy

unkündbare Anleihe irredeemable bond

unlauter unfair

unlautere Geschäftspraktik sharp practice

unlauterer Wettbewerb unfair competition

unmittelbar direct(ly) *or* immediate(ly)

unrechtmäßige Entlassung wrongful dismissal

Unregelmäßigkeiten (fpl) irregularities

unrichtig incorrect *or* false

unsaubere Geschäftspraktik sharp practice

unsichtbare Einkünfte (pl) invisible earnings

unsichtbare Vermögenswerte (mpl) invisible assets

unsichtbarer Handel invisible trade

unter der Bedingung, daß ... on condition that

unter Kontrolle under control

unter neuer Leitung under new management

unter staatlicher Aufsicht (f) government-controlled

unter Vorbehalt conditional

unterbewerteter Vermögenswert hidden asset

unterbezahlt underpaid

unterbieten undersell; undercut

Unterbrechung (f) interruption *or* suspension *or* stoppage

untere(r) Angestellte(r) junior clerk

unterentwickelte Länder (npl) underdeveloped countries

untergeordnet junior *or* low-level *or* subordinate (adj)

Unterlagen (pl) documents *or* records *or* papers

unterlassen fail *or* omit *[to do something]*

unterliegen be liable to *or* be subject to

Untermieter/-in sublessee *or* subtenant

Unternehmen (n) *[Betrieb]* business *or* company *or* corporation *or* firm

Unternehmen (n) *[Projekt]* undertaking *or* enterprise *or* venture

Unternehmen (n) mit hohem Fremdkapitalanteil (m) highly-geared company

Unternehmen (n) mittlerer Größe middle-sized company

Unternehmensberater/-in management consultant

Unternehmensgewinne (mpl) corporate profits

Unternehmensgruppe (f) group *[of businesses]*

Unternehmensleitung (f) management *[managers]*

Unternehmensplan (m) corporate plan

Unternehmensplanung (f) corporate planning

Unternehmensrecht (n) company law

Unternehmensspitze (f) top management

Unternehmenszusammenschluß (m) *[Fusion]* merger

Unternehmer/-in entrepreneur; employer; industrialist

unternehmerisch entrepreneurial

Unternehmertum (n) enterprise; employers

Unternehmerverband (m) employers' association

Unterpacht (f) subtenancy

unterscheiden differentiate *or* distinguish

unterscheiden: sich unterscheiden differ *or* vary

Unterschied (m) difference

unterschiedlich different *or* varying *or* differing

unterschlagen embezzle

Unterschlagung (f) embezzlement

unterschreiben sign (v)

Unterschrift (f) signature

unterstehen: jdm unterstehen be subordinate to *or* report to someone

unterstellt: jdm unterstellt sein be responsible to someone

unterstützen assist *or* back up (v) *or* support (v)

Unterstützung (f) assistance *or* help *or* support (n)

untersuchen *[begutachten]* survey (v)

untersuchen *[ermitteln]* investigate

untersuchen *[prüfen]* examine *or* study (v)

untersuchen *[sondieren]* explore

Untersuchung (f) *[Ermittlung]* investigation

Untersuchung (f) *[Gutachten]* survey (n) *[general report]*

Untersuchung (f) *[Prüfung]* examination *[inspection]*

Untersuchung (f) *[Studie]* study (n)

untervermieten *od* **unterverpachten** sublet *or* sublease (v)

Untervermieter/-in *od* **Unterverpächter/-in** sublessor

Untervermietung (f) *od* **Unterverpachtung (f)** sublease (n) *or* underlease

Untervertrag (m) subcontract (n)

unterworfen liable to *or* subject to

unterzeichnen sign (v)

Unterzeichner (m) signatory

Unterzeichnete(r) undersigned

untragbar intolerable *or* unbearable

untragbar *[unerschwinglich]* prohibitive

ununterbrochen *[durchgehend]* non-stop *or* continual(ly)

unverändert unchanged

unverkauft unsold

unverpackt loose *or* unpackaged

unverzüglich instant (adj) *or* immediate *or* prompt

unvorhergesehenes Ereignis (n) contingency *or* unforeseen event

unwichtig unimportant *or* minor *or* petty

unwiderruflich irrevocable

unwiderrufliche Annahme irrevocable acceptance

unwiderrufliches Akkreditiv irrevocable letter of credit

unwirtschaftliche Miete *od* **Pacht** uneconomic rent

unzeitgemäß out of date *or* old-fashioned

unzulänglich *[mangelhaft]* defective *or* inadequate

unzulänglich *[nicht ausreichend]* insufficient

unzulänglich ausgerüstet underequipped

unzureichende Kontendeckung insufficient funds (US)

Urkunde (f) document *or* deed *or* instrument

Urkundenbeweis (m) documentary proof *or* documentary evidence

Urkundenfälschung (f) forgery *[action]*

urkundlich documentary

Urlaub (m) holiday *or* leave (n) *or* vacation (US)

Urlaubsgeld (n) holiday pay

ursprüngliche Anschaffungskosten (pl) *od* **Herstellungskosten (pl)** historic(al) cost

Ursprungsland (n) country of origin

Urteil (n) judgement *or* judgment

Urteilsschuldner/-in judgment debtor

Vv

variabel variable

variable Kosten (pl) variable costs

Verabredung (f) appointment *[meeting]* *or* engagement

Veralterung (f) obsolescence

veraltet obsolete *or* out of date

verändern change *or* alter *or* amend *or* modify

Veranlagung (f) assessment

veranschlagen estimate (v) *or* budget (v)

veranstalten stage (v) *or* organize *or* put on

Veranstaltungsort (m) venue

verantworten accept responsibility for

verantworten: sich verantworten account for *or* answer for

verantwortlich responsible *or* accountable *or* answerable

Verantwortung (f) *od* **Verantwortlichkeit (f)** responsibility

verarbeiten process (v) *[raw materials]*

verarbeitende Industrie secondary industry *or* processing industries

veräußern dispose of *or* sell *or* realize

Veräußerung (f) disposal

Veräußerungsgewinn (m) capital gains

Veräußerungsgewinnsteuer (f) capital gains tax

Verband (m) *[Gesellschaft]* association

verbessern *[besser machen]* improve

verbessern *[korrigieren]* correct (v)

Verbesserung (f) improvement; correction

verbieten ban (v) *or* forbid *or* prohibit

verbilligtes Benzin cut-price petrol

verbinden connect *or* join *or* link (v)

verbindlich binding *or* compulsory

verbindliche Gebührenordnung fixed scale of charges

Verbindlichkeit (f) obligation *or* liability *or* commitment

Verbindlichkeiten (fpl) accounts payable *or* liabilities

Verbindung (f) connection

Verbindung (f) *[Kontakt]* contact (n)

Verbindung (f) *[Zusammenschluß]* tie-up *or* link

Verbindungen (fpl) communications

Verbot (n) ban (n)

Verbrauch (m) consumption

Verbraucher/-in consumer

Verbraucherabholmarkt (m) cash and carry

Verbraucherausgaben (fpl) consumer spending

Verbraucherforschung (f) consumer research

Verbrauchermarkt (m) hypermarket *or* superstore

Verbraucherpanel (n) consumer panel

Verbraucherpreisindex (m) consumer price index

Verbraucherschutz (m) consumer protection

Verbrauchertestgruppe (f) consumer panel

Verbrauchsgüter (npl) consumer goods *or* consumables

Verbrauchssteuer (f) excise duty

Verbreitung (f) circulation *or* distribution

verbringen spend *[time]*

verbuchen post *[an entry]*; register

verbunden associate (adj) *or* affiliated

verderben spoil

verderbliche Fracht (f) perishable cargo

verderbliche Waren (fpl) perishable goods

verdienen *[einnehmen]* earn *[money]*

verdienen *[zu Recht bekommen]* deserve

Verdienst (n) *[Einkommen]* earnings *or* income

Verdienst (n) *[Leistung]* merit

Verdienstmöglichkeit (f) earning capacity

verdoppeln double (v)

verdreifachen treble (v) *or* triple (v)

Verein (m) society *or* club *or* association

vereinbaren agree *or* arrange

vereinbarter Preis agreed price

Vereinbarung (f) agreement *or* arrangement

Vereinbarung (f) auf Gegenseitigkeit reciprocal agreement

Vereinbarung (f) auf Treu und Glauben gentleman's agreement

Verfahren (n) *[Methode]* process (n) *or* method *or* technique

Verfahren (n) *[Vorgehensweise]* procedure

Verfahrensregeln (fpl) code of practice

Verfall (m) *[Verwirkung]* forfeit (n) *or* forfeiture

Verfall (m) *[Verfalltag]* date of maturity

verfallen lapse (v) *or* expire

Verfallsdatu (n) expiry date

Verfälschung (f) falsification

verfehlen miss *[not to hit]*

verfolgen chase *[follow]*

verfügbar available

verfügbares Kapital available capital

Verfügbarkeit (f) availability

vergeben give away; award (v) *or* allocate

Vergleich (m) comparison

Vergleich (m) *[Übereinkunft]* settlement *or* agreement; composition *[with creditors]*

vergleichbar comparable

Vergleichbarkeit (f) comparability

vergleichen (mit) compare (with)

Vergleichsjahr (n) base year

vergrößern expand *or* enlarge *or* extend *or* increase

Vergrößerung (f) expansion

Vergünstigung (f) concession *[reduction]*

vergüten *[Leistung]* remunerate *or* pay (v)

vergüten *[Preis]* refund (v)

vergüten *[Unkosten]* reimburse

vergüten *[Verlust]* compensate *or* indemnify

vergüten *[Zinsen]* pay (v) *[interest]*

Vergütung (f) *[Entschädigung]* indemnity *or* compensation

Vergütung (f) *[Leistung]* remuneration *or* payment

Vergütung (f) *[Preis]* refund (n) *or* refunding

Vergütung (f) *[Unkosten]* reimbursement

Verhältnis (n) *[Beziehung]* relations *or* relationship

Verhältnis (n) *[Proportion]* ratio *or* proportion

Verhältnis (n) Fremdkapital/Eigenkapital gearing

Verhältnisse (pl) conditions *or* circumstances

verhandeln negotiate

Verhandlung (f) negotiation

Verhandlungen abbrechen break off negotiations

Verhandlungen beginnen *od* **aufnehmen** open negotiations

Verhandlungen führen conduct negotiations

Verhandlungen wiederaufnehmen resume negotiations

Verhandlungsführer/-in negotiator

Verhandlungsposition (f) bargaining position

Verhandlungsstärke (f) bargaining power

verhindern prevent

Verhinderung (f) prevention

verhüten prevent

Verjährungsfrist (f) statute of limitations

Verkauf (m) sale (n) *or* selling

Verkauf (m) auf Kreditkarte credit card sale

Verkauf (m) zum halben Preis half-price sale

verkaufen sell

Verkäufer/-in *[fin, jur]* seller *or* vendor

Verkäufer/-in *[in Geschäft]* salesman *or* saleswoman *or* sales clerk *or* shop assistant

Verkäufermarkt (m) seller's market

verkäuflich saleable *or* sellable

Verkaufsabteilung (f) sales department

Verkaufsaktion (f) sales campaign

Verkaufsargument (n) sales pitch

Verkaufsbedingungen (fpl) conditions of sale *or* terms of sale

Verkaufserlös (m) sales revenue

Verkaufsförderung (f) sales promotion *or* merchandizing

Verkaufsgespräch (n) sales pitch *or* sales talk

Verkaufskampagne (f) sales campaign *or* sales drive

Verkaufskonferenz (f) sales conference *or* sales meeting

Verkaufsleiter/-in sales executive *or* sales manager

Verkaufsort (m) point of sale (p.o.s. *or* POS)

Verkaufspersonal (n) counter staff *or* sales people

Verkaufspreis (m) selling price *or* retail price

Verkaufsstelle (f) *[im Laden]* point of sale (p.o.s. *or* POS)

Verkaufsstelle (f) *[Laden]* (sales) outlet *or* retail outlet

Verkaufsteam (n) sales team

Verkaufszahlen (fpl) sales figures

Verkaufsziel (n) sales target

verkehren *[fahren]* run (v) *or* go *[buses, trains, boats]*

verkehren *[fliegen]* fly *or* go

Verkehrsunternehmen (n) transport company

Verkehrsverbindungen (fpl) communications *or* links

verklagen sue *or* take legal action

Verladekosten (pl) shipping charges *or* shipping costs

Verlagerung (f) shift (n) *[change]*

verlangen *[berechnen]* ask *or* charge

verlangen *[erfordern]* require

verlangen *[fordern]* demand (v)

verlangen *[fragen nach]* ask for

verlängern extend *or* prolong *or* renew

verlängerter Kredit extended credit

Verlängerung (f) renewal *or* extension

verlangsamen slow down

Verlangsamung (f) slowdown

verlassen leave (v) *or* go away *or* abandon

Verlauf (m) progress (n) *or* course

verlegen *[versetzen]* transfer (v) *or* relocate *or* move (v)

Verleihen (n) lending

verleihen lend; hire (out) *or* rent (out)

verletzen *[übertreten]* infringe *or* violate

Verletzung einer vertraglichen Zusicherung breach of warranty

verlieren lose *[something]*

verlockendes Gehalt attractive salary

Verlust (m) loss *[of something]*

Verlust (m) *[Einbuße]* loss *[not a profit]*

Verlust (m) *[Schwund]* leakage

Verluste ausweisen report a loss

Verlustfaktor (m) downside factor *or* loss factor

Vermarktung (f) marketing

vermeiden avoid

vermieten let (v)

Vermieter (m); Vermieterin (f) landlord; landlady

Verminderung (f) decrease (n) *or* reduction

vermitteln mediate

vermitteln *[aushandeln]* arrange *or* negotiate

vermitteln *[finden]* arrange *or* find *or* obtain

Vermittler/-in intermediary *or* negotiator *or* mediator

Vermittlung (f) mediation *or* negotiation

Vermittlung (f) *[Amt]* telephone exchange

Vermittlung (f) *[Beschaffung]* arrangement *or* placement

Vermittlung (f) *[in einer Firma]* switchboard; switchboard operator

Vermittlung (f) für Zeitarbeit temp agency

Vermögensverschleierung (f) concealment of assets

Vermögenswerte realisieren *od* **veräußern** realize property *or* assets

Vermögenswerte und Verbindlichkeiten assets and liabilities

vernachlässigtes Unternehmen neglected business

vernetzen network (v) *[computers]*

veröffentlichen release (v) *or* make public *or* publish

Verordnung (f) directive *or* decree

Verordnungen (fpl) regulations

verpachten lease (v) *[of landlord]* *or* rent out

Verpächter/-in lessor

verpacken pack (v) *or* package (v)

Verpackung (f) packing *or* packaging *[material]*

Verpackungsgewicht (n) tare

Verpackungskosten (pl) packing charges

Verpackungsmaterial (n) packaging material

verpassen miss *[train, plane, opportunity]*

verpflichten bind *or* commit *or* oblige

verpflichten: sich verpflichten commit oneself *or* undertake

Verpflichtung (f) obligation *or* commitment

Verpflichtungen (fpl) responsibilities

verplomben seal (v) *[attach a seal]*

verrechnen *[begleichen]* settle *[bill]*

verrechnen *[gegeneinander aufrechnen]* balance (v) *or* offset (v)

verrechnen *[Scheck]* clear (v) *[cheque]*

verrechnen *[verbuchen]* credit (v) *or* debit (v) to an account

verrechnen: sich verrechnen miscalculate *or* make a mistake

Verrechnung (f) eines Schecks clearance of a cheque

Verrechnungsscheck (m) crossed cheque

verringern reduce *or* decrease (v) *or* diminish

Verringerung (f) reduction *or* decrease (n) *or* slowdown

Versagen (n) failure

Versammlung (f) assembly *or* meeting

Versand (m) *[Verschiffung]* shipping *or* shipment

Versand (m) *[Versenden]* consignment *or* sending *or* dispatch (n)

Versandabteilung (f) dispatch department

Versandanweisungen (fpl) shipping instructions *or* forwarding instructions

Versandanzeige (f) advice note

Versandhaus (n) mail-order business *or* mail-order firm *or* mail-order

Versandhauskatalog (m) mail-order catalogue

Versandkosten (pl) shipping charges *or* shipping costs

Versandschein (m) dispatch note

Versäumnis (n) *[Nichterfüllung]* omission *or* default (n)

verschärfen tighten up on *or* intensify

verschenken give away

verschicken send *or* consign *or* forward *or* ship (v)

verschieben put back *or* hold over *or* postpone

verschieden different *or* miscellaneous *or* sundry *or* various

verschiedene Artikel (mpl) miscellaneous items

Verschiedenes sundry items *or* sundries; any other business

Verschiffung (f) shipping *or* shipment

Verschleiß (m) wear (and tear)

verschlossene Angebote (npl) sealed tenders

verschlossener Briefumschlag sealed envelope

Verschulden (n) fault *or* blame

verschulden be to blame for *or* be responsible for

verschulden: sich verschulden get into debt

verschuldet indebted

Verschuldung (f) indebtedness

verschwenden waste (v)

Versehen (n) slip (n) *or* mistake *or* error

versenden send *or* dispatch (v) *or* forward *or* ship (v)

versetzen *[verlegen]* transfer (v) *[move to new place]*

versetzen *[verpfänden]* pawn (v)

versicherbar insurable

Versicherer (m) insurer

versichern insure

Versicherung (f) insurance *or* assurance

Versicherung (f) abschließen insure

Versicherungsanspruch (m) insurance claim

Versicherungsantrag (m) insurance proposal

Versicherungsbeitrag (m) insurance premium

versicherungsfähig insurable

Versicherungsgesellschaft (f) insurance company

Versicherungsmakler/-in insurance broker

Versicherungsmathematiker/-in actuary

Versicherungspolice (f) insurance policy

Versicherungsprämie (f) insurance premium

Versicherungsprämiensatz (m) insurance rates

Versicherungsschutz (m) insurance cover

versicherungsstatistische Tabellen (fpl) actuarial tables

Versicherungsträger (m) insurer *or* underwriter

Versicherungsverein (m) auf Gegenseitigkeit (VVaG) mutual (insurance) company

Versicherungsvertrag (m) insurance contract

Versicherungsvertreter/-in insurance agent

versiegeln seal (v) *[attach a seal]*

Versiegelung (f) seal (n)

versorgen supply (v) *or* provide *or* furnish

Versorgung (f) supply (n) *[action]*

verspätet late *or* delayed

versprechen promise (v)

Versprechensurkunde (f) deed of covenant

verstaatlichte Industrie nationalized industry

Verstaatlichung (f) nationalization

verständigen: sich verständigen *[mitteilen]* communicate

verständigen: sich verständigen *[sich einigen]* come to an agreement *or* understanding

Verständigung (f) *[Einigung]* agreement *or* understanding

Verständigung (f) *[Mitteilung]* communication *[general]*

verständlich clear (adj) *or* comprehensible

verstehen understand

versteigern auction (v)

Versteigerung (f) auction (n) *or* sale by auction

versteuert tax paid

verstorben dead (adj) *[person]*

Verstoß (m) gegen die Zollbestimmungen infringement of customs regulations

Versuchsprojekt (n) pilot scheme

versuchsweise on approval *or* on trial

vertagen adjourn *or* hold over *or* defer *or* postpone

Vertagung (f) postponement *or* deferment *or* adjournment

verteidigen defend

Verteidiger/-in defence counsel

Verteidigung (f) defence

verteilen distribute *or* share *or* allot

Verteiler (m) distributor

Verteilernetz (n) distribution network *or* network of distributors

Verteilung (f) distribution *or* allotment

vertikale Integration vertical integration

vertikale Kommunikation vertical communication

Vertrag (m) contract (n) *or* agreement *or* covenant (n)

Vertrag (m) mit kurzer Laufzeit short-term contract

Vertrag (m) mit teilweise offenen Modalitäten (pl) open-ended agreement

vertraglich contractual(ly)

vertraglich vereinbaren covenant (v)

vertraglich verpflichtet under contract

vertragliche Leistung contract work

Vertragsabschluß (m) completion of a contract

Vertragsbestimmung (f) stipulation

Vertragsbruch (m) breach of contract

Vertragshaftung (f) contractual liability

Vertragshändler/-in authorized dealer *or* distributor

Vertragspartner/-in contracting party

Vertragsrecht (n) contract law

Vertragsurkunde (f) deed of covenant

Vertrauen (n) confidence *or* trust (n)

vertraulich confidential

vertraulicher Bericht confidential report

Vertraulichkeit (f) confidentiality

vertreiben distribute *or* market (v) *or* sell *[goods]*

vertreten represent

Vertreter/-in *[Ersatz]* replacement *or* deputy

Vertreter/-in *[Handelsvertreter/-in]* sales representative *or* agent

Vertretung (f) *[Agentur]* agency

Vertretung (f) *[Ersatz]* replacement *[person]*

Vertretung (f) *[Repräsentant]* representative *[company]*

Vertretung (f) *[Vollmacht]* proxy *[deed]*

Vertrieb (m) *[Absatz]* sales (department)

Vertrieb (m) *[Verteilung]* distribution; sale

Vertrieb (m) *[Vertriebsrecht]* distributorship

Vertriebsabteilung (f) sales department

Vertriebskosten (pl) distribution costs

Vertriebskosten (pl) *[Absatzkosten]* cost of sales

Vertriebsleiter /-in distribution manager

Vertriebsleiter/-in *[Verkaufsleiter/-in]* sales manager

Vertriebsnetz (n) distribution network

Vertriebsrecht (n) distributorship

Vertriebswege (mpl) channels of distribution *or* distribution channels

veruntreuen misappropriate *or* embezzle

Veruntreuung (f) misappropriation *or* embezzlement

Vervielfältigung (f) duplication

Verwaltung (f) administration *or* management

Verwaltungskosten (pl) administrative expenses

verwaltungstechnisch administrative

verweigern refuse (v)

Verweigerung (f) refusal

Verwendung (f) utilization *or* use (n)

verwirken forfeit (v)

Verwirkung (f) forfeit (n) *or* forfeiture

verzeichnen record *or* show (v)

Verzeichnis (n) *[Inhaltsverzeichnis]* index

Verzeichnis (n) *[Liste]* list (n); schedule

Verzeichnis (n) *[Register]* register (n) *or* directory

Verzeichnis (n) der Aktionäre register of shareholders

Verzicht (m) renunciation *or* waiver *[of right]*

verzichten auf waive *or* renounce

Verzichtklausel (f) waiver clause

verzögern hold up (v) *or* delay (v)

Verzögerung (f) hold-up (n) *or* delay (n)

verzollte Waren (fpl) duty-paid goods

Verzug (m) *[Verzögerung]* delay (n)

Verzug (m) *[Zahlung]* default *or* arrears

Verzug: in Verzug geraten fall behind *or* be late

Veto (n) veto (n)

Veto: ein Veto einlegen veto (v)

Vetorecht (n) right of veto

vielfach multiple (adj)

Viertel (n) quarter *[25%]*

Viertel (n) *[Gebiet]* area *or* district *or* quarter *[of town]*

Vierteljahr (n) quarter *[three months]*

vierteljährlich quarterly (adj, adv)

viertes Quartal fourth quarter

VIP-Lounge (f) VIP lounge

Visitenkarte (f) business card

Visum (n) visa

Visum (n) zur mehrmaligen Einreise multiple entry visa

Vitrine (f) display case *or* showcase

Volkswirt/-in economist

Volkswirtschaft (f) economics *[study]*

voll abschreiben write off *[debt]*

Vollabschreibung (f) write-off *[loss]*

voller Preis full price

voller Rechnungsbetrag total invoice value

völlig full *or* complete(ly) *or* total(ly)

Vollmacht (f) proxy *or* power of attorney

vollständig complete(ly) *or* full(y)

Vollstreckungsaufschub (m) stay of execution

vollziehen implement (v) *or* carry out

Volumen (n) volume

von Bedeutung sein matter (v)

von der Mehrwertsteuer befreit zero-rated

vorantreiben hurry up *or* chase *[an order]*

vorausbezahlt prepaid

vorausgehend prior *or* preliminary

vorausgesetzt, daß provided that *or* providing

Voraussage (f) forecast *or* prediction

voraussagen forecast (v) *or* predict

voraussichtlich prospective

Vorauszahlung (f) advance payment *or* prepayment *or* money up front

Vorbehalt (m) proviso *or* reservation *or* qualification

vorbehaltlos unconditional

Vorbereitung (f) arrangement *[system]*; preparation

Vorbestellung (f) advance booking *or* advance order

Vorbestellungen (fpl) dues *[advance orders]*

vorbeugend preventive

Vorbeugung (f) prevention

vorbringen raise (v) *or* air (v) *[a question]*

vordatieren postdate

vordrängeln: sich vordrängeln jump the queue

Vordruck (m) form (n) *[document]*

Vordruck (m) für die Steuererklärung tax form

Vorfinanzierung (f) pre-financing

vorführen demonstrate *or* display (v) *or* show (v)

Vorführer/-in demonstrator

Vorführmodell (n) demonstration model

Vorführung (f) demonstration *or* display (n)

Vorgehen (n) action *[thing done]*

Vorgehensweise (f) procedure

Vorgesetzte(r) superior (n) *[person]*

vorgetragener Saldo balance brought down *or* brought forward

vorhaben intend *or* propose to *[do something]*

Vorhand (f) first option

vorhergehend previous *or* preceding

Vorhersage (f) forecast (n) *or* projection

vorig previous *or* last

Vorkehrungen (fpl) treffen (für) make provision for *or* take precautions

Vorladung (f) summons *or* subpoena

Vorlage (f) presentation *or* production *[showing]*

vorläufig provisional *or* temporary

vorläufige Umsatzprognose provisional forecast of sales

vorläufiger Etat provisional budget

vorläufiger Versicherungsschein (m) cover note

vorlegen *[einreichen]* submit *or* file (v) *[request]*; render *[account]*

vorlegen *[vorzeigen]* produce (v) *or* present (v) *[document]*

Vorliebe (f) preference *[liking]*

Vorrat (m) reserve(s) *or* stock(s) *or* store *or* supply

Vorräte anlegen stockpile (v) *or* stock up

Vorrichtung (f) device

vorschießen advance (v) *[lend]*

Vorschlag (m) proposal *or* suggestion

vorschlagen propose *or* suggest

Vorschriften (fpl) *[Anweisungen]* instructions *or* directions

Vorschriften (fpl) *[Verordnungen]* regulations *or* rules

vorschriftsmäßig due *or* correct; duly *or* in due form

vorschriftswidrig irregular *or* contrary to regulations

Vorschriftswidrigkeit (f) irregularity

Vorschuß (m) advance (n) *[loan]*

vorsehen *[bestimmen]* designate *or* earmark

vorsehen *[einplanen]* provide for *or* allow for

vorsehen *[planen]* plan (v) *or* schedule(v)

Vorsitzende(r) chairman *or* chairwoman

Vorsorge (f) treffen für make provision for *or* provide for

Vorspiegelung (f) falscher Tatsachen false pretences *or* fraudulent misrepresentation

Vorstand (m) *[Gremium]* executive committee *or* board of directors

Vorstand (m) *[Person]* chairman *or* managing director

Vorstandssitzung (f) board meeting

vorstellen introduce *or* present (v)

Vorstellung (f) presentation *[exhibition]* *or* introduction

Vorstellungsgespräch (n) interview (n) *[for a job]*

Vorsteuer (f) input tax

vorteilhaft favourable *or* advantageous

vorübergehende Anstellung temporary employment

Vorverkaufsstelle (f) (advance) booking office

Vorwahl (f) area code *or* dialling code

Vorzeigen (n) production *[showing]*

vorzeigen produce (v) *or* show (v)

vorzeitig early

vorziehen prefer

Vorzug (m) *[Vorrang]* preference *[better treatment]*

Vorzug (m) *[Vorteil]* advantage

Vorzugsaktien (fpl) preference shares

Vorzugsgläubiger (m) preferred *or* secured creditor

Vorzugszins (m) prime rate

Vorzugszoll (m) preferential duty *or* preferential tariff

Ww

Wachmann (m) security guard *or* nightwatchman

wachsend increasing *or* growing

Wachstum (n) growth

Wachstumsindex (m) growth index

Wachstumsrate (f) growth rate

Wagniskapital (n) venture capital *or* risk capital

Wahl (f) election *or* vote *or* ballot

Wahl (f) *[Auswahl]* choice (n) *or* choosing *or* pick

wählen *[pol.]* elect (v) *or* vote (v)

wählen *[tel.]* dial (v)

ählen *[auswählen]* choose (v) *or* pick (v)

Währung (f) currency

Währungseinheit (f) monetary unit *or* unit of currency

Währungskonvertierung (f) currency conversion

Währungsreserven (fpl) currency reserves

Wandel (m) shift (n) *or* change (n)

Wandelanleihe (f) convertible loan stock

Waren (fpl) goods *or* merchandise

Waren (fpl) zweiter Wahl seconds

Warenaufzug (m) goods elevator

Warenausgänge (mpl) book sales

Warenausgangsbuch (n) sales book *or* sales ledger

Warenbegleitschein (m) docket *or* delivery note

Warenbeschreibung (f) trade description *or* description of goods

Warenbestand (m) stock (n) *or* inventory

Warenbörse (f) commodity market *or* commodity exchange

Warencode (m) stock code

Warenhandel (m) visible trade

Warenhaus (n) department store

Warenlager (n) goods depot

Warenlieferung (f) delivery of goods

Warenpackung (f) pack (n)

Warenprobe (f) sample (n)

Warentermingeschäft (n) commodity futures

Warenumsatzsteuer (f) sales tax

Warenzeichen (n) trademark

warten wait (for) *or* await

warten *[tel]* hold on *[telephone]*

warten *[Maschine]* service (v) *[a machine]*

Wartung (f) service (n) *or* maintenance *[of machine]*

Wartungshandbuch (n) service manual

waschen launder (money)

Waschzettel (m) leaflet

Wechsel (m) *[Änderung]* change (n) *or* alteration

Wechsel (m) *[Tratte]* bill of exchange *or* draft

Wechselautomat (m) change machine

Wechselforderungen (fpl) bills receivable

Wechselgeld (n) change (n); cash float

Wechselkurs (m) rate of exchange *or* exchange rate

wechseln change (v) *or* exchange (v)

Wechselprotest (m) protest (n) *[official document]*

Wechselprotest einlegen protest a bill

wechselseitig reciprocal

Wechselstube (f) bureau de change

Wechselverbindlichkeiten (fpl) bills payable

Weg (m) way

Wegbereiter/-in pioneer (n)

wegen owing to *or* due to

Wegerecht (n) right of way

Wegwerf- disposable

weiche Verkaufstechnik soft sell

weiche Währung soft currency

Weihnachtsgeld (n) Christmas bonus

weitere Details *od* **Einzelheiten erfragen** ask for further details *or* particulars

weitergehen go on *or* progress (v)

weiterleiten refer *or* pass on *or* forward (v)

Weiterverkauf (m) resale

weitverbreitet common *or* widespread

Welt (f) world

Weltmarkt (m) world market

Weltwährungsfonds (IWF) (m) International Monetary Fund (IMF)

weltweit worldwide (adj)

Wende (f) turning point

Werbeabteilung (f) publicity department

Werbeagentur (f) advertising agency

Werbeaktion (f) publicity campaign *or* advertising campaign

Werbebeilage (f) magazine insert

Werbebranche (f) advertising *[business]*

Werbeetat (m) advertising budget *or* promotional budget *or* publicity budget

Werbefläche (f) advertising space

Werbegeschenk (n) free gift *or* premium offer *or* freebie

Werbekampagne (f) advertising campaign *or* publicity campaign

Werbekosten (pl) publicity expenditure *or* advertising costs

Werbeleiter/-in advertising manager *or* publicity manager

Werbematerial (n) sales literature *or* publicity material

Werbematerial (n) an der Verkaufsstelle point of sale material (POS material)

werben promote *or* advertise *or* publicize

Werbespot (m) commercial *[TV, radio]*

Werbung (f) promotion *or* publicity *or* advertising

Werbung (f) *[Anzeige]* advertisement

Werbung (f) *[Werbespot]* (TV, radio) commercial

Werbung (f) durch Postwurfsendung direct-mail advertising

Werbung für ein neues Produkt machen advertise a new product

Werk (n) works *or* plant (n) *or* factory

Werk(s)spionage (f) industrial espionage

Werkstatt (f) workshop *or* garage *[for repairs]*

Werkzeug (n) implement (n) *or* tool(s)

Wert (m) value (n) *or* worth (n)

wert sein be worth

Wertberichtigung (f) *[Rückstellung]* provision *or* valuation adjustment

Wertberichtigung (f) auf Anlagevermögen (npl) allowance for depreciation

wertlos worthless

Wertminderung (f) decrease in value *or* depreciation

Wertminderung (f) von Beteiligungen dilution of equity *or* of shareholding

Wertpapiere (npl) securities *or* stocks and shares

Wertpapierhandel (m) stockbroking

Wertpapiermakler/-in stockbroker

Wertschätzung (f) appreciation *or* esteem *or* respect

Wertsteuer (f) ad valorem tax

Wertzuwachs (m) gain (n) *or* appreciation *[in value]*

wesentlich essential *or* fundamental

Wettbewerb (m) competition

Wettbewerbsbeschränkung (f) restraint of trade

wettbewerbsfähig competitive

wettbewerbsfähig im Preis competitively priced

wettbewerbsfähige Auspreisung competitive pricing

wettbewerbsfähiger Preis competitive price

Wettbewerbsfähigkeit (f) competitiveness

wettmachen make good *[a defect, loss]*

wichtig important

Wichtigkeit (f) importance

Widerklage (f) counter-claim (n)

Widerklage erheben counter-claim (v)

widerrechtliche Aneignung von Geldern conversion of funds

widerrufen countermand *or* cancel *or* revoke *or* withdraw

widrigenfalls failing that *or* which

wieder in Besitz nehmen repossess

Wiederanlage (f) reinvestment

wiederauffüllen restock (v)

Wiederauffüllung (f) (des Lagers) restocking

wiederaufnehmen resume

Wiederausfuhr (f) re-export (n) *or* re-exportation

wiederausführen re-export (v)

Wiederbelebung (f) recovery

Wiederbeschaffungswert (m) replacement value

Wiedereinfuhr (f) reimport (n) *or* reimportation

wiedereinführen reimport (v)

wiedereinstellen re-employ *or* reappoint *or* reinstate

Wiedereinstellung (f) re-employment *or* reappointment

wiedererlangbar recoverable *or* retrievable

Wiedererlangung (f) retrieval *or* recovery

wiederernennen reappoint *or* reassign

Wiederernennung (f) reappointment *or* reassignment

Wiedergewinnung (f) recovery *or* retrieval

wiedergutmachen make up for

wiederholen repeat

wiederholend: sich wiederholend recurrent

wiederholt repeated(ly)

Wiederverkauf (m) resale

Wiederverkaufspreis (m) resale price

Wiederwahl (f) re-election

wiederwählen re-elect

wiegen weigh

wilder Streik unofficial *or* wildcat strike

Winterschlußverkauf (m) winter sale *or* end of season sale

wirksam operative (adj) *or* effective

wirksam werden operate *or* become operative *or* take effect

Wirksamkeit (f) effectiveness

Wirtschaft (f) *[Finanzwelt]* business world

Wirtschaft (f) *[Handel, Geschäftsleben]* trade and industry

Wirtschaft (f) *[Volkswirtschaft]* economy *or* economic system

wirtschaftlich *[ökonomisch]* economic *[study]*

wirtschaftlich *[persönlich]* financial

wirtschaftlich *[rentabel]* economic *or* commercial

wirtschaftlich *[sparsam]* economical

wirtschaftliche Entwicklung economic development

wirtschaftliches Interesse vested interest

Wirtschaftlichkeit (f) *[Rentabilität]* economic efficiency *or* profitability

Wirtschaftlichkeit (f) *[Sparsamkeit]* economy *[saving]*

Wirtschaftsmodell (n) economic model

Wirtschaftsplanung (f) economic planning

Wirtschaftsspionage (f) industrial espionage

Wirtschaftswachstum (n) economic growth

Wirtschaftswissenschaft (f) economics *[study]*

Wirtschaftswissenschaftler/-in economist

Wirtschaftszweig (m) branch of industry

Woche (f) week

wöchentlich weekly

Wohnblock (m) block (n) *[building]*

wohnhaft resident (adj)

Wohnsitz (m) domicile

Wohnung (f) flat (n) *or* apartment

Wohnungsmakler/-in estate agent *or* letting agency

Workstation (f) computer workstation

Wrack (n) wreck (n)

Wühlkorb (m) dump bin

Zz

Zahl (f) number (n) *or* figure

zahlbar payable

zahlbar bei Aufforderung payable on demand

zahlbar bei Lieferung payable on delivery

zahlbar innerhalb von sechzig Tagen payable at sixty days

zählen count (v)

Zahlen (fpl) figures

Zahlen auswerten process figures

Zahlenkolonne (f) column of figures

zahlenmäßig numeric *or* numerical

Zahler (m) payer

Zahlung (f) payment

Zahlung (f) durch Scheck payment by cheque

Zahlung (f) in voller Höhe full payment

Zahlung anweisen authorize payment

Zahlung leisten remit (v)

Zahlungen (fpl) in Stufen *od* **Etappen** staged payments

Zahlungsanweisung (f) money order

Zahlungsaufforderung (f) call (n) *[for money]* *or* demand *[for payment]*

Zahlungsaufschub (m) deferment of payment *or* moratorium

Zahlungsbedingungen (fpl) terms of payment

Zahlungsbilanz (f) balance of payments

Zahlungseinstellung (f) suspension of payments *or* stoppage of payments

Zahlungsempfänger/-in payee

Zahlungserleichterungen (fpl) easy terms

zahlungsfähig solvent (adj)

Zahlungsfähigkeit (f) solvency

zahlungsunfähig insolvent *or* bankrupt (adj)

Zahlungsunfähigkeit (f) insolvency

Zahlungsverzug (m) delay in payment

Zahlungsverzug: in Zahlungsverzug geraten default (v)

Zahlungsweise (f) mode of payment

Zedent (m) assignor

Zehnertastatur (f) numeric keypad

Zeichen (n) *[in der Korrespondenz]* reference *[in correspondence]*

Zeichen (n) *[Markierung]* sign (n) *or* token *or* mark (n)

Zeichnungsangebot (n) offer for sale *or* subscription offer

zeigen show (v) *or* display (v) *or* indicate

Zeilendrucker (m) line printer

Zeit (f) time; period

Zeit- und Bewegungsstudie (f) time and motion study

Zeitarbeit (f) temporary employment *or* work

Zeitarbeiter/-in temporary worker *or* temp (n)

Zeitarbeitskräfte (fpl) temporary staff

Zeitkarte (f) season ticket *or* travelcard

zeitlich begrenzte Lebensversicherung term insurance

zeitliche Begrenzung time limitation

zeitlicher Rahmen time scale

Zeitlimit (n) time limit

Zeitlohn (m) time pay *or* time rate

Zeitraum (m) period

Zeitschrift (f) periodical (n) *or* magazine

Zeitschriftenzustellung (f) per Post magazine mailing

Zeitung (f) newspaper

Zeitungsausschnittdienst (m) clipping service *or* press cutting agency

zeitweilig einstellen suspend

zeitweilige Einstellung suspension

Zeitwert (m) present value

zentral central

Zentralbank (f) central bank

Zentrale (f) main office *or* head office *or* headquarters

Zentraleinkauf (m) *od* **zentraler Einkauf** central purchasing

zentralisieren centralize

Zentralisierung (f) centralization

Zentralwert (m) median (n) *or* middle value

Zentrum (n) centre

zerbrechlich fragile

zerstören wreck (v) *or* ruin (v) *or* destroy

Zession (f) cession *or* assignment *or* transfer

Zessionsurkunde (f) deed of transfer

Zettel (m) slip (n) of paper

Zeuge/Zeugin witness (n)

Zeugnis (n) letter of reference *or* reference

z.Hd. (zu Händen von) FAO (for the attention of)

Ziel (n) aim (n) *or* goal *or* objective (n) *or* target (n)

Ziele setzen set targets

Zielmarkt (m) target market

Ziffer (f) digit *or* figure *or* number

Zimmer (n) room

Zimmerbelegung (f) occupancy rate

Zimmerreservierung (f) room reservations

Zimmerservice (m) room service

Zins und Zinseszins (m) cumulative interest

Zinsbelastung (f) interest charge(s)

Zinsen (mpl) interest (n) *[paid on investment]*

Zinsen zahlen pay interest

Zinseszins (m) compound interest

zinsgünstiger Kredit soft loan

zinsloses Darlehen interest-free credit

Zinssatz (m) interest rate

Zinsthesaurierung (f) accrual of interest

zinstragende Bankeinlagen (fpl) interest-bearing deposits

Zinszuwachs (m) accrual of interest

Zirkularkreditbrief (m) circular letter of credit

zitieren quote (v) *[a reference number]*

Zivilrecht (n) civil law

Zoll (m) *[Kontrollstelle]* customs (post)

Zoll (m) *[Zollabgabe]* customs duty

Zoll (m) *[Zollbehörde]* customs *[officials]*

Zollabfertigung (f) customs clearance

Zollabfertigungsschein (m) clearance certificate

Zollabgabe (f) customs duty

Zollager (n) bonded warehouse

Zollanmeldestelle (f) customs entry point

Zollbeamte(r)/Zollbeamtin customs officer *or* customs official

Zollbehörde (f) customs (authorities)

Zollerklärung (f) customs declaration

Zollerklärungsformular (n) customs declaration form

Zollformalitäten (fpl) customs formalities

zollfrei duty-free *or* free of duty

Zollfreigebiet (n) free zone *[EU]*

Zollkontrolle (f) customs examination

Zollmakler/-in customs broker

Zollquittung (f) customs receipt

Zollschranke (f) customs barrier

Zollschranken (fpl) tariff barriers

Zollsiegel (n) customs seal

Zolltarife (mpl) customs tariffs

Zollunion (f) customs union

Zollverschluß (m) customs seal

Zone (f) zone *or* area

zu bekommen obtainable

zu berechnen chargeable

zu bewältigen manageable

zu einer Entscheidung kommen reach a decision

zu einer Geldstrafe verurteilen fine (v)

zu einer Vereinbarung kommen reach an agreement

zu günstigen Bedingungen (fpl) on favourable terms

zu hohe Bestände (mpl) haben overstock (v)

zu Protokoll nehmen minute (v)

zu Rate ziehen consult

zu verkaufen for sale

zu viel ausgeben overspend

zu viel berechnen overcharge (v)

zu wenig ausgeben underspend

zu wenig berechnen undercharge

zu zahlender Betrag (m) amount owing

zuerkennen award (v)

zufällig random *or* chance (adj)

zufällige Stichprobe random sample

Zufallsfehler (m) random error

Zufriedenheit (f) satisfaction

Zufriedenheit (f) am Arbeitsplatz job satisfaction

zufriedenstellen satisfy *[customer]*

Zufriedenstellung (f) satisfaction

Zufriedenstellung (f) der Kunden customer satisfaction

Zug (m) train (n)

Zugabe (f) premium offer *or* bonus

zugeben admit *[confess]*

zukleben seal (v) *[envelope]*

Zulage (f) weighting *or* allowance

Zulage (f) *[Gehaltserhöhung]* (pay) rise

Zulage (f) *[Prämie]* bonus

Zulassung (f) *[amtlich]* authorization *or* registration

Zulassung (f) *[Dokument]* licence *or* permit *or* vehicle registration document

Zulassung (f) *[Zutritt]* admission *or* admittance

Zulassungsbescheinigung (f) certificate of approval *or* test certificate

Zulieferer (m) supplier

zumachen close (down) *or* shut (down)

Zunahme (f) *[Anstieg]* rise (n)

Zunahme (f) *[Erhöhung]* increase (n)

Zunahme (f) *[Wachstum]* growth

Zunahme (f) *[Zuwachs]* gain (n) *[getting bigger]*

zunehmen *[ansteigen]* rise (v)

zunehmen *[anwachsen]* grow

zunehmen *[sich erhöhen]* increase (v)

zunehmend increasing *or* mounting

Zunft (f) guild

zurechtkommen cope *or* get along *or* get on

zurückbekommen get back *or* recover *[something lost]*

zurückdatieren antedate *or* backdate

zurückerstattbar refundable

zurückerstattbare Kaution refundable deposit

zurückfallen hinter fall behind *[be in a worse position]*

zurückgeben return (v) *or* give back

zurückgehen decline (v) *or* decrease *or* fall away *or* drop (v)

zurückgewinnen retrieve *or* win back

Zurückgewinnung (f) retrieval

zurückhalten keep back *or* hold back

zurückkaufen buy back *or* repurchase

zurückrufen phone back *or* ring back

zurücksenden return (v) *or* send back

Zurückstellung (f) shelving *or* deferment

zurücktreten *[Vertrag]* back out *or* withdraw

zurücktreten *[kündigen]* resign *or* retire *or* stand down

zurückweisen reject *or* turn down *or* repudiate

zurückzahlen pay back *or* refund (v) *or* repay

zurückziehen withdraw *[an offer]*; abandon *[an action]*

Zusage (f) *[Annahme]* acceptance

Zusage (f) *[Bestätigung]* confirmation

Zusage (f) *[Verpflichtung]* undertaking *or* commitment

Zusage (f) *[Versprechen]* promise (n)

Zusage (f) *[Zustimmung]* assent (n) *or* consent (n)

zusagen promise (v) *or* confirm *or* accept

Zusammenarbeit (f) collaboration *or* co-operation

zusammenarbeiten collaborate *or* co-operate

Zusammenbau (m) assembly *[putting together]*

zusammenbrechen break down *or* collapse (v) *or* crash (v) *or* fail

Zusammenbruch (m) breakdown *or* collapse (n) *or* crash (n) *or* failure

zusammenfassen *[kurz darstellen]* summarize

zusammenfassen *[vereinigen]* bracket together *or* group together *or* combine

Zusammenhang (m) connection *or* context *or* background

zusammenhängend mit relating to

zusammenheften staple (v)

zusammenlegen amalgamate *or* consolidate *or* combine *or* merge

Zusammenlegung (f) amalgamation *or* consolidation *or* merger

zusammenschließen amalgamate *or* merge

Zusammenschluß (m) amalgamation *or* combination *or* merger *or* tie-up

zusammensetzen put together *or* assemble

zusammensetzen: sich zusammensetzen consist of *or* be made up of

Zusammenstellung (f) grouping *[of shipments]*

Zusammenstoß (m) crash (n) *or* collision

zusammenstoßen crash (v) *or* collide

Zusatz (m) *[Anhang]* appendix *or* rider *or* codicil

Zusatz (m) *[Ergänzung]* supplement *or* addition

Zusatzklausel (f) rider *or* additional clause

zusätzlich additional *or* supplementary *or* extra

Zusatzvereinbarung (f) rider *[to a contract]*

Zuschlag (m) *[Aufgeld]* premium *[extra charge]*

Zuschuß (m) grant (n) *or* subsidy *or* allowance

Zusicherung (f) undertaking *or* assurance *or* guarantee

zusprechen award (v)

Zustand (m) state (n) *or* condition

zuständig (für) responsible (for)

Zuständigkeit (f) responsibility *or* competence; jurisdiction

zustellen deliver

zustimmen agree *or* consent *or* approve

zustimmend affirmative *or* positive

Zutritt (m) admission *or* admittance

Zutritt (m) gewähren admit *or* let in

zuverlässig reliable

Zuverlässigkeit (f) reliability

zuvorkommen pre-empt *or* forestall

Zuwachs (m) gain (n) *or* increase (n); accrual

zuweisen allocate *or* assign *or* appropriate (v) *[funds]*

Zuwendung (f) subsidy *or* handout

zuzüglich plus

Zwangsliquidation (f) compulsory liquidation

Zwangsverkauf (m) forced sale

zwangsverwalten sequester *or* sequestrate

Zwangsverwalter/-in sequestrator *or* official receiver

Zwangsverwaltung (f) sequestration *or* receivership

Zweigstelle (f) branch (office)

zweiseitig bilateral

zweiseitiger Handel reciprocal trade

zweite(r,s) second (adj)

zweite Klasse second class (n)

zweiter Klasse second-class (adj)

zweites Quartal second quarter

Zweitschrift (f) duplicate (n)

Zwischenbericht (m) interim report

Zwischendividende (f) interim dividend

Zwischenhändler (m) middleman

Zwischensumme (f) subtotal

zyklisch cyclical

zyklische Faktoren (mpl) cyclical factors

Zyklus (m) cycle